# 基础教育中的经典教育

中小学经典阅读推广文库

李 杨 著

朝华出版社
BLOSSOM PRESS

图书在版编目（CIP）数据

基础教育中的经典教育 / 李杨著. -- 北京：朝华出版社，2023.6
（中小学经典阅读推广文库 / 王余光主编）
ISBN 978-7-5054-4595-6

Ⅰ.①基… Ⅱ.①李… Ⅲ.①基础教育—研究 Ⅳ.①G63

中国版本图书馆 CIP 数据核字（2022）第 055595 号

## 基础教育中的经典教育

| 著　　　者 | 李　杨 |
|---|---|
| 选题策划 | 张汉东 |
| 责任编辑 | 刘小磊 |
| 责任印制 | 陆竞赢　崔　航 |

| 出版发行 | 朝华出版社 | | |
|---|---|---|---|
| 社　　址 | 北京市西城区百万庄大街 24 号 | 邮政编码 | 100037 |
| 出版合作 | （010）68995532 | | |
| 订购电话 | （010）68996522 | | |
| 传　　真 | （010）88415258（发行部） | | |
| 联系版权 | zhbq@cicg.org.cn | | |
| 网　　址 | http://zhcb.cipg.org.cn | | |
| 印　　刷 | 文畅阁印刷有限公司 | | |
| 经　　销 | 全国新华书店 | | |
| 开　　本 | 710mm×1000mm　1/16 | 字　　数 | 245 千字 |
| 印　　张 | 19 | | |
| 版　　次 | 2023 年 6 月第 1 版　2023 年 6 月第 1 次印刷 | | |
| 装　　别 | 平 | | |
| 书　　号 | ISBN 978-7-5054-4595-6 | | |
| 定　　价 | 88.00 元 | | |

版权所有　翻印必究·印装有误　负责调换

# 中小学经典阅读推广文库
# 编委会

总 主 编　王余光

编　　委　（按姓氏音序排列）

高海英　耿建明　宫昌俊　郝伟杰

李　杨　李志刚　廖建兰　孙玉美

王　伟　熊　静　张　岩

# 前言

　　中华传统经典是中华优秀传统文化的结晶，开展中华传统经典教育是传承中华优秀传统文化直接且有效的方式，中小学生是优秀传统文化的传承人，在中小学开展中华传统经典教育意义重大。21世纪以来，传统文化传承的问题越来越受到社会各界重视，对于中华传统经典的学习和教育模式也呈现出良莠不齐的状况，在这样的形势下，怎样统一社会认识，树立社会各界对优秀传统文化传承的意识，在中小学校园中可以开展哪些教育内容，如何开展，通过何种形式激发学生学习兴趣，完善教师开展此类教育的教学方法和策略，帮助中小学生打开通向中华传统经典的大门，就成为一个非常值得研究的课题。

　　笔者对中华传统经典教育的各环节展开全面探索，系统梳理了中华传统经典中"经典"概念的发展和演变历程，从中华古代典籍到中国当代学者对经典的释义，再到西方学者从文学评论、诠释学不同角度对经典的释义，完成对经典概念的限定，并对中华传统经典教育与其他教育模式的区别进行辨析。最终厘清中华传统经典教育中"经典"及"经典教育"的概念。

　　笔者阐释了中国中小学中华传统经典教育产生和发展的各个历史阶段。从历史的角度，追溯了1912年以来中国的社会、经济、文化和教育环境，使中小学中华传统经典教育在发展进程中呈现出曲折发展、修正恢复、蓬勃前进的历史全貌，揭示中小学中华传统经典教育发端的内外部环境，并结合时代语境高度概括各时期中小学中华传统经典教育的基本理念和实践情况，高度浓缩其历史发展的脉络。

在文献和数据调研的基础上，笔者对新中国语文教材和高考试卷所涉传统经典内容的变化进行整体把握，梳理其特点、成因和发展趋势；对东、中、西不同地区的中小学校园开展中华传统经典教育的现状进行对比分析，解析当下中小学中华传统经典教育形成的形态，回答其运作模式和特点；对中小学图书馆开展中华传统经典教育的现状进行调研，分析我国不同省份中小学图书馆开展此类教育的模式和特点。

笔者最后总结了中国中小学中华传统经典教育的特点、成就和所面临的挑战，通过对中华传统经典教育与社会因素相互关系的论述，深化开展此类教育与社会发展的理论认识，为我国中小学更好地开展此类教育提供参考借鉴，丰富了中华传统经典教育的研究内容和理论研究体系。同时，论文还致力于强调吸引全国各界，特别是教育领域、图书馆领域、编辑出版领域对中华传统经典教育的重视，鼓励社会各界营造良好教育氛围，增强中国中小学中华传统经典教育工作的深度和广度。

# 目录

**绪论 / 1**
 第一节 背景及缘由 / 1

**第一章 中华传统经典教育的理论基础 / 5**
 第一节 "经典"与"经典教育"概念辨析 / 5
 第二节 开展中华传统经典教育的现实价值与意义 / 30

**第二章 中国中小学中华传统经典教育历程 / 41**
 第一节 民国时期中小学中华传统经典教育发展历程 / 41
 第二节 新世纪以来新中国中小学中华传统经典教育历程 / 51

**第三章 新中国中小学语文教材及高考试卷中华传统经典教育内容分析 / 57**
 第一节 教材出版概述 / 57
 第二节 实证研究数据来源 / 63

第三节　教材中的传统经典篇目总体分析 / 64

第四节　教材中的传统经典篇目时序分析 / 81

第五节　教材中的传统经典篇目内容分析 / 93

第六节　高考试卷对于传统经典考察的分析 / 98

## 第四章　中小学校园中华传统经典教育现状 / 109

第一节　基础设施建设与资料配备 / 109

第二节　课程设置与建设 / 114

第三节　学生活动开展与团体组织 / 124

第四节　师资力量配置与管理 / 133

第五节　家庭教育与家长态度 / 142

第六节　学生参与及学生态度 / 146

第七节　对中华传统经典教育价值意义的认识与态度 / 151

第八节　中华传统经典书目推荐 / 158

## 第五章　中小学图书馆中华传统经典教育现状 / 163

第一节　中小学图书馆中华传统经典教育概述 / 164

第二节　中小学图书馆中华传统经典阅读推广概述 / 169

第三节 基于问卷调查的中小学图书馆中华传统经典教育现状分析 / 178

## 第六章 中小学中华传统经典教育的问题与完善路径 / 201

第一节 中华传统经典教育与社会因素相互关系的阐述 / 201
第二节 中华传统经典教育中教材及语文高考试卷的完善路径 / 216
第三节 中小学开展中华传统经典教育的对策 / 218
第四节 中小学图书馆开展中华传统经典教育的方法与建议 / 232

## 参考文献 / 239

# 绪论

## 第一节 背景及缘由

21世纪以来,互联网技术不断发展,移动终端的全民化、大众化冲击了人们原本的阅读形式和生活方式,读书的问题再次引起了人们的普遍关注。2012年,《中国青年报》社会调查中心进行的一项调查显示:83.6%的受访者认为国人汉语应用水平下降,69.1%的人希望推广传统文化和经典文学。[①]全国政协委员、韬奋基金会理事长聂震宁在《国民阅读的状况与全民阅读的意义》一文中,专门对国民阅读中我国学生的阅读状况进行分析,指出要从娃娃抓起,改善国民阅读状况,培养良好的阅读习惯。[②]国人越来越意识到,中华传统经典教育已经离我们渐行渐远,在新时代很有必要重返经典阅读。中华传统经典的教育和阅读是人才培养的重要途径,是进行通识教育、素质教育的基础与核心,有利于中小学生阅读现状的改善,有利于降低信息爆炸对中小学生造成的不良影响。

党的十八大以来,社会各界高度重视全民阅读。2012年11月,党的十八大报告提出"开展全民阅读活动"。[③]2014年以来,"全民阅读"

---

[①] 黄冲.83.6%受访者认为国人汉语应用水平下降[N].中国青年报,2012-01-10(7).
[②] 聂震宁.国民阅读的状况与全民阅读的意义[J].现代出版,2015(1):5-10.
[③] 胡锦涛.坚定不移沿着中国特色社会主义道路前进,为全面建成小康社会而奋斗——在中国共产党第十八次全国代表大会上的报告[R/OL].(2012-11-18)[2019-04-08].http://cpc.people.com.cn/n/2012/1118/c64094-19612151-1.html.

连续四年被写入政府工作报告。《中华人民共和国国民经济和社会发展第十三个五年规划纲要》要求"推动全民阅读",并将全民阅读工程列为"十三五"时期文化重大工程之一,2016年12月17日印发的《全民阅读"十三五"时期发展规划》又将全民阅读提升到国家战略高度。

2017年1月,中共中央办公厅、国务院办公厅联合印发《关于实施中华优秀传统文化传承发展工程的意见》(以下简称《意见》)。《意见》的重要意义在于实施中华优秀传统文化传承发展工程,这是建设社会主义文化强国的重大战略任务,对于传承中华文脉、全面提升人民群众文化素养、维护国家文化安全、增强国家文化软实力、推进国家治理体系和治理能力现代化,具有重要意义。《意见》的总体目标是到2025年,中华优秀传统文化传承发展体系基本形成,研究阐发、教育普及、保护传承、创新发展、传播交流等方面协同推进并取得重要成果,具有中国特色、中国风格、中国气派的文化产品更加丰富,文化自觉和文化自信显著增强,国家文化软实力的根基更为坚实,中华文化的国际影响力明显提升。

在教育实施方面,《意见》要求把中华优秀传统文化全方位融入思想道德教育、文化知识教育、艺术体育教育、社会实践教育各环节,贯穿于启蒙教育、基础教育、职业教育、高等教育、继续教育各领域。以幼儿、小学、中学教材为重点,构建中华文化课程和教材体系。要求实施中华经典诵读工程,开设中华文化公开课,抓好传统文化教育成果展示活动。①

开展对中华传统经典教育的研究,不仅响应了国家对中华优秀传统文化传承的号召,也是为社会发展需求提供文化供给方案,更是为"立德树人"这一教育大计找到更为合适的生命教育、道德教育、通识教育

---

① 中共中央办公厅、国务院办公厅印发关于实施中华优秀传统文化传承发展工程的意见[EB/OL].(2017-01-25)[2017-10-24]. http://www.gov.cn/zhengce/2017-01/25/content_5163472.htm.

绪论

方法。当下社会倡导推广经典阅读，进行经典教育并不是要盲目地夸大中华传统经典的作用，而是要在充分挖掘经典价值的同时，又不能进行神化。中华传统经典之所以受到重视，"不在于它能够为现代性的多元化提供一种特别的路径。而在于它作为人类文明的源头，能够为今天反思共同的现代性提供最重要的资源"[①]，如何让中华传统经典适应现代社会，服务于现代社会，提供有用的资源和有效的价值，需要世人去探索与设计。学者们对学习经典的现代意义有过不少的探讨。

何官峰从宏观视角与微观视角对经典阅读的现代意义进行了五点总结。从宏观视角而言，经典阅读推广是国家实现文化强国与中华民族伟大复兴中国梦的战略需要，是社会文化发展与精神文明塑造的需要，是推动图书馆事业与出版业发展的源泉；从微观视角而言，经典阅读推广能够促进读者精准有效地获取知识精华，能够帮助读者完善人格和提升自我修养。[②]正如朱自清先生所言,经典训练的价值不在实用,而在文化。[③]文化作为符号最为核心的内容就是中华优秀传统文化，传统文化是中华民族的根，是中华民族能够屹立于世界之林的根基。传统文化的传承就是为了能够让中华儿女弄明白：我是谁，从哪里来，往哪里去的问题。在此意义上，陈少明认为经典教育有利于理解传统何以为传统，传统是我们共同生活的秩序规则，了解规则才能完成身份认同的想象，从哪里来到哪里去的问题，这是伦理教育；经典教育是生命教育，有利于理解道德生活的意义，懂得爱及如何去爱；经典教育是国情教育，有利于培养人们对国家的情感，理解国家的发展实际。[④]对中华传统经典教育的研究不仅是对国家决策的建言献策，更是为了中华儿女的全面发展而深耕细作。

---

① 陈壁生."国学"定义的重新检讨[J].当代儒学，2011（01）：283–294.
② 李西宁，张岩.图书馆经典阅读推广[M].北京：朝华出版社，2015：15–17.
③ 朱自清.经典常谈[M].北京：中华书局，2009：1.
④ 陈少明.经典教育的现代意义[J].城市国学讲坛，2015（00）：17–45+16.

中华传统经典教育是进行传统文化传承的有效途径，是进行中小学素质教育的必由之路。经典练习是对传统的继承，可以让人的情趣和语言表达能力得以提高。经典练习是文化传承的重要路径，是对文化传统的继承和传递。中国的传统文化主要是通过文献记录这一媒介进行传承，这些文献，我们谓之"文化经典"。传统文化经典作为传统文化的载体，肩负着文化传承的历史使命，是文化传承的重要着落点。中华传统经典是优秀传统文化的精髓，只有在阅读、理解、研究传统文化经典的基础上才能温故知新，重新认识自己的文化价值。

在这样的大趋势和大背景下，各地纷纷出台"全民阅读促进条例"，央视的"中国诗词大会"已成为家喻户晓、老少皆知的著名节目，"阅读节""读书日"等活动琳琅满目，具有特色教育经验的"书香校园"不断涌现。正是在这种精彩纷呈的中华传统经典教育发展形势下，更需要对中华传统经典教育进行较为全面的研究，对中国的中小学开展中华传统经典教育的历程进行梳理，探究目前教育现状和特点，总结经验教训，了解发展需求，提供参考借鉴，探索未来的发展和落实，为中小学开展此类教育工作提供有益的参考意见。

# 第一章　中华传统经典教育的理论基础

## 第一节　"经典"与"经典教育"概念辨析

### 一、"经典"的内涵与范围

在古今中外大量著述中，对经典有着不同的理解和阐释，对于经典的概念定义至今仍存在争议。当今国人所用经典的内涵，基本是从朱自清先生的《经典常谈》中对经典的内涵与外延进行丰富和扩充而来的。

#### （一）"经典"概念的发展演变

"经"原指织物中与纬线垂直的纵线。《说文解字》认为，"經"字从糸(mì)，表示与线丝有关，巠声。① 经与纬的存在能够起到规范之作用，其引申为"常道""常法"，故进一步被引申为"是故三纲、五常、六艺，谓之天地之常经"②。在中国古代图书分类法中，"经"的基本内涵常作为儒家经典，有"六经""十三经"。《说文解字》解释说："典，五帝之书也。从册，在丌上，尊阁之也。"并引庄都之说云："典，大册也。"③ "典"就是放置在案上形制大于一般书的重要书籍。"典"是特殊的简册，主

---

① ［东汉］许慎.说文解字［M］.北京：中华书局，1963：271.

② ［东汉］许慎.［清］段玉裁，注.说文解字注·十三篇上糸部［M］.上海：上海古籍出版社，1988：644.

③ ［东汉］许慎.说文解字［M］.北京：中华书局，1963：99.

要记载帝王之言行。《尔雅·释诂上》云:"典,常也"①,典引申义为"常"和"法","经"与"典"之引申义相近。根据上述含义,将"经典"并用,经典便是可以规范人的行为、可供信奉的权威书籍。

在英语世界中,有"经典"含义的词汇主要包括:Sutra、Classic 和 Canon。Sutra,专指宗教经典文本,例如佛经;Classic,包含"古典"之义,是超越时间、富有价值的典范权威之作,多指古典作品;Canon,表明经典是一个具有宗教起源的词语,引申为具有规范性和典范性的作品,如《圣经》等。②

在中华文明中,传统意义上的"经典"概念基本被固化为儒家经典。儒家经典是指"孔子将民族生活感情流传下来的以古典为规范的生活,作为人们应以古典作为规范生活"③,儒家经典的"十三经"以王者之道作为内容,含万世普遍妥当之原理,儒家经典的形成是经圣人集团的编写制作,并被官学化的结果。中国随着时代的发展,经典逐渐从儒家经典扩大到诸子百家之经典。例如,初唐陆德明在《经典释文》中所说的"经典"不仅包括了儒家主要的"经",同时也涵盖了《老子》《庄子》,④这两部著作被列入其中是因为其性质与《论语》相近,其中文献可以与儒家经典相较而论,这也是在历史的传承中诠释学派不断发展的结果。在中华文明的历史长河中,无论是《老子》《庄子》,还是《大学》《中庸》等此类著作受到社会文化、政治因素等多方面的影响,都经历了经典化的过程,并最终确立了其经典的地位。随着佛教的传入,佛教也将自己的重要文献称之为"经",道教、伊斯兰教及后来传入的基督教都将自身宗教重要文献称为"经典"。再者,今人也将某一领域或者

---

① 钦定四库全书荟要·经部·尔雅注疏眷卷一·释诂 [DB/OL]. [2022-02-07]. http://ctext.org/library.pl?if=gb&file=72777Qpage=48&remap=gb.
② 郑丽芬. 百年推荐书目中的外国经典与高校图书馆经典阅读推广 [J]. 高校图书馆工作,2015,35(02):19–23.
③ 林庆彰,蒋秋华. 经典的形成、流传与诠释 [M]. 台北:台湾学生书局,2007:506.
④ [唐] 陆德明. 经典释文 [M]. 张一弓,点校. 上海:上海古籍出版社,2012.

# 第一章
## 中华传统经典教育的理论基础

科学著作称之为经典，例如，《本草纲目》《九章算术》《茶经》，等等。

经典这一范畴被社会大众所认知和运用，可以从民国报刊中得到印证。在全国报刊索引数据库中以"经典"为题进行检索，限定时间为1912年至1949年，得到450条文献（截至2017年10月25日）。在所能检索到的民国报刊中，与"经典"一词关联度最高的就是儒家、宗教和医学的经典。1933年报刊上一些文章开始出现"经典"一词与经济学的关联使用，例如，《马谢尔底经济体系：新经典学派经济之批判的研究》[1]《经济学中之经典学派》[2]等，后逐渐开始与政治学词汇关联使用，例如三民主义经典、科学共产主义经典，等等。此处的经典似乎已经扩充成为代表性著作的含义，实则不然，此处经典其内在含义仍在借用经典旧义，指人们可以信奉的规范典籍，但是已开始有了将经典外延进一步进行扩充的迹象。

朱自清先生热衷于讨论经典与文化的关系，如果以这一标准来审视民国报刊文献，可以发现在所能检索到的450篇文献中，最早可见为1932年笔名为猩酉所写的《经典文化论》《经与文化的管见》二文，猩酉认为"经"书中有不少腐朽的地方，但"经里头的文化是精神文化，无论若何世界，都须有这种精神。无有这种精神，不成世界"[3]。孙毓棠先生曾写《经典》一诗感叹经典圣贤带给他的精神食粮，"慢翻古代的经卷，镌刻着万载的精英；默对着性灵的山水，低头向伟大的心灵。……向群星低首，静听山海的颂歌；满眼金燈炫灿，指路向永恒的天国"[4]。从诗中所看，经卷与精英对应的仍是儒家经典与古代圣贤。值得注意的是，将经典放置于文化的范畴进行关联讨论，实际上已经开始与旧义"经典"所展现出的文化意识形态有所变化。旧义"经典"可以说是中国

---

[1] 伍衡. 马谢尔底经济体系：新经典学派经济之批判的研究[J]. 世界文化讲座. 1933（创刊号）：1–22.
[2] 唐慶增. 经济学中之经典学派[J]. 学艺. 1933（学艺百号纪念增刊）：227–231.
[3] 猩酉. 经与文化的管见[N]. 广智馆星期报. 1932（191）：1–2.
[4] 孙毓棠. 经典[J]. 清华周刊. 1932, 37（8）：44.

古代意识形态的全部，是需要全盘接受的，而将经典放置于文化的范畴中，实质是现代化反思的过程，是将经典放置在了审美及社会性认知的讨论范畴，所以这里的经典仍是与现代意义的经典相对的，仍为狭义的经典。

朱自清先生的《经典常谈》于1942年首次出版，他这样解释经典的含义，"本书所谓经典是广义的用法，包括群经、先秦诸子、几种史书、一些集部；要读懂这些书，特别是经、子，得懂得'小学'，就是文字学，所以《说文解字》等书也是经典的一部分"[1]。朱自清先生这一经典的用法不同于旧日的读经教育以经典训练为教育唯一项目的做法，他扩大了经典的范围，不以"经"为限。朱自清对于经典的提法，也顺应了民国时期教育发展的潮流，其在《经典常谈》序言中引用了民国初、高中国文课程标准里的话，"使学生从本国语言文字上了解固有文化""培养学生读解古书，欣赏中国文学名著之能力"[2]。《经典常谈》一书一经问世，备受社会各界关注。《中学生》等报刊转引书中序言并推荐此书，叶圣陶等人对此书加以讨论和推荐，逐步将经典内涵进行丰富，外延也逐步扩大，形成了当今的广义"经典"。

（二）中国当代学者的"经典"释义

### 1."经典"的形成需要一个动态的发展过程

王中江在《经典的条件：以早期儒家经典的形成为例》一文中论述了早期儒家六部典籍经历了从"书""典"到"经"的名称确立过程，阐述了书籍经典化需要的条件。从内在条件而言，书籍自身要具有内在的超越性和原创性，具有打动人的魅力；从外在条件而言，经典要经过时空的反复考验，也要经历漫长的流传、汇集、编纂和定本的过程，而且要经历整体意义上的符号化并且被不断地称引、理解和解释，最后经

---

[1] 朱自清.经典常谈[M].北京：中华书局，2009：序1.
[2] 朱自清.经典常谈[M].北京：中华书局，2009：序1.

典要经历体制化和制度化的过程。①孔子之前典籍就早已存在,但是并没有被冠以"经"之名,六经正是被孔子所解释用以垂训设教,规范伦理,陶冶情操,才得以流传下来,进而被赋予儒家经典的意义,而称之为"经"。王中江对于经典的阐述,明显范围要小,历史也更悠久,毕竟其有一个特殊条件,便是经典要被多次汇集、编纂、定本等,例如唐宋诗词就未经历这个过程,但其他条件确实为经典形成的关键甚至必要条件。

关于经典的动态形成过程,龚鹏程也有过相关的论述。龚鹏程在经典译述、经典重刊、经典阅读和经典教育等方面做了大量的工作,他认为对于什么是经典这一问题,不同的时代、地域、团体有不同的认定。著作由一般书籍被推尊而崇高化、经典化而成为经典,经典本身是变动的,我们要用动态的观念、历史的眼光看待经典。他认为经典之所以能够成为经典,"一方面是经典本身的原因,因为它具有真理,足以启发后人,故为人所尊崇,视为恒经,乃不刊之理论。另一方面,它也形成于圣典崇拜之中。在经典化及其竞争关系里,某些书虽然也很重要,但未被经典化;某些书,原亦平常,却在某一历史条件下经典化了。它显示的,就是这样的动态关系"②。他还强调经典为社会共许之宝典,为儿童青少年必读之书,编译经典应为主流社会知识阶层共同参与之事务。③

2."经典"能够经受得起时间的考验

正如上文所说,经典是一个动态形成的过程。这种动态的形成过程,恰恰反映了经典经受住了时间的考验、历史的检验。经过人们反复融合,将中华文明的精髓融入到经典之中。

如王锦贵先生认为:"经典文献是各个领域的大师们用艰苦劳动(创作的)凝结而成的能够深刻反映人类文明并经过一定时间考验的伟大成

---

① 王中江.经典的条件:以早期儒家经典的形成为例[G]//刘小枫,陈少明.经典与解释的张力.上海:上海三联书店,2003:3-26.
② 龚鹏程.读经有什么用:现代七十二位名家论学生读经之是与非[M].上海:上海人民出版社,2008:429-431.
③ 龚鹏程.向古人借智慧——如何阅读中国文化经典[M].天津:百花文艺出版社,2005:2.

果。"①冯天瑜在其著作《中华元典精神》中把"经典"称为"元典",认为"元典"是"那些具有深刻而广阔的原创性意蕴,又在某一文明民族的历史上长期发挥精神支柱作用的书籍。"②张隆溪在谈论经典时就很强调经典的文化展现作用,他在《经典在阐释学上的意义》中提出:"所谓经典就最能显示历史和文化传统的作用。经典体现一种规范性和基本价值,而且这种规范和价值总是可以超越时间的限制。"③

经典不仅仅是经历了时间的考验,而且在中华传统文化的发扬光大方面,有着至关重要的作用。在强调经典的现实意义这一点上,王龙也认为经典在任何一个时代都能绽放光芒,他在《阅读史导论》中提道:"经典之所以是经典,并不只是在于它具有时间和空间的永恒性,更在于人们对其意义的不断发掘,即不断地以新的视域发现其时代的新意,并能为时代所用。"④江弱水认为:"传统的活力来自不断的再解释,这是一种拂拭与擦亮的行为,它将使疏离的传统与当代重新发生关系,从而激发出活性并生成新的意义。"⑤

### 3. "经典"形成应具备的特征及要素

经典的文化属性和时间性是一部作品成为经典需要具备的特征及要素之一,国内部分专家学者更加全面地总结了经典之所以为经典的特征和要素。

王余光先生认为:"我们常说的经典,是指那些具有重要影响的、经久不衰的著作,其内容或被大众普遍接受,或在某专业领域具有典范性与权威性。"⑥除去专业经典,就一般意义上的经典而言,通常具有三个重要的特性,也是经典能够成为经典的必备要素,包括:影响力、时间性、

---

① 王锦贵.论经典文献[J].新世纪图书馆,2004(6):47-50.
② 冯天瑜.中华元典精神[M].上海:上海人民出版社,1994:2.
③ 张隆溪.经典在阐释学上的意义[G]//黄俊杰.中国经典诠释传统(一)通论篇.台北:喜玛拉雅基金会,2002:3.
④ 王龙.阅读史导论[M].北京:国家图书馆出版社,2017:96.
⑤ 江弱水.古典诗的现代性[M].北京:生活·读书·新知三联书店,2010:2.
⑥ 王余光.阅读与经典同行[M].深圳:海天出版社,2013:17.

广泛性。所谓影响力,是指作品内容具有吸引力;所谓时间性,是指作品经得起时间的检验和历史的考验;所谓广泛性,是指作品所讨论的问题是人们所普遍关心和接受的。①

张岂之先生同样认为经典是经过历史筛选出来的,他认为经典应有三项标准:经典是民族与国家的文化精髓,能够集中反映其文化本质和价值理想的作品;经典具有独特性和无可替代的代表性,是难以复制和模仿的;经典是历史长期检验的产物,历久不衰,历史、时间是经典最公正的评判者。②他还认为经典是人们宝贵的精神财富,需要人们不断挖掘、继承、创新与发扬。

潘立勇先生认为,"经"即经久不朽,"典"即杰出典范,所谓"经典"即是经久不朽的杰出典范,是经过时间的大浪淘沙、读者的本然选择而成的不朽精粹。他将经典归为真、诚、深、精、新五个点。所谓真,是指经典是对真实的写照;所谓诚,是指经典乃作者诚意之作,真诚的表达;所谓深,是指经典有深度情感和深刻思想;所谓精,是指经典在文学艺术特性上有技巧、有功夫;所谓新,是指经典不是一成不变的,是与时俱进的。③

牟钟鉴先生在《谈谈"读经"》一文中,认为经典要具备这样几个条件:第一,它是大的文化体系创建时期的代表性作品,具有始祖性而不是流派性;第二,它包含着这一文化体系的基因,对该文化传统的形成,起着定型、导向的作用;第三,它是大悟性大智慧的结晶,故内涵丰富深厚,可以做无穷尽地解释发挥,所以不会过时;第四,它世代为广大范围的人群所奉读,在社会许多文化领域有普遍的影响,甚至成为一种共同性的文化语言。④国内学者关于经典应具备的特征和要素还有很多

---

① 王余光.阅读与经典同行[M].深圳:海天出版社,2013:17-18.
② 张岂之."经典"一词不宜泛化[N].人民政协报,2014-05-12(009).
③ 潘立勇.何谓经典[J].艺术广角,2015,(03):55-58.
④ 牟钟鉴.谈谈"读经"[G]//陈明.原道.北京:中国社会科学出版社,团结出版社,1994:145.

论述，例如，詹福瑞认为经典应具有传世性、普适性、权威性、耐读性、累积性，以及经典与政治的相互作用[①]，等等，此处不一一列举。

### （三）西方学者的"经典"释义

西方学者对于经典也有着不同的立场和多样的理解，此部分从文学评论界及诠释学界两个角度梳理了西方部分学者对于经典的解释。

#### 1. 文学评论的角度

卡尔维诺（Italo Calvino）对经典的解释是多维度的，他在《为什么读经典》（*Perché Leggere i classici*）一书中，分别从读者阅读与影响的角度、文学批评与经典的关系、经典与时代的相互关系、经典之间的互文性、经典与集体无意识的关系来界定经典，对"经典"下了十四个定义，形象地阐释了经典的属性、阅读经典的状态及作用等内容。他认为经典是可以反复重读的书，能够产生特殊的影响，它们是经过文化或者多种文化（或只是多种语言和风俗）留下的足迹。[②]

卡尔维诺对于经典有过精辟有趣的描述，他认为一部经典每次重读都像初读，即使是初读也好像在重温，这说明经典蕴含了丰富玄妙的信息，这些信息带有人们经验的普遍性和"普时性"，揭示的是生命与世界本原的东西，正如卡尔维诺所言："一部经典作品是一本永不会耗尽它向读者所要说的一切东西的书。"[③]一部经典尽管被前人阐释过无数遍，但当下人们阅读时仍会有新的发现；一个人可能看一部经典很多遍了，但每次看都能有新的感悟；即使一个人第一次接触这部经典也能感同身受，这就是经典的魅力所在。

哈罗德·布鲁姆（Harold Bloom）等西方学者在解构经典的时候，

---

① 詹福瑞. 论经典［M］. 北京：人民文学出版社，2016.
② ［意］伊塔洛·卡尔维诺. 为什么读经典［M］. 黄灿然，李桂蜜，译. 南京：译林出版社，2006：1–9.
③ ［意］伊塔洛·卡尔维诺. 为什么读经典［M］. 黄灿然，李桂蜜，译. 南京：译林出版社，2006：3.

## 第一章 中华传统经典教育的理论基础

站在审美的立场维护传统经典的地位。他强调以经典的审美价值为核心，经典是对美的追求，是否符合美学标准是评判经典与否的唯一标准。他在《西方正典：伟大作家和不朽作品》(The Western Canon)中写道"美学尊严是经典作品的一个清晰标志，是无法借鉴的"[①]。经典之美在于"娴熟的形象语言、原创性、认知能力、知识以及丰富的词汇"[②]。布鲁姆把经典的文学性特征置于一切社会政治因素之上，并具体归纳为原创陌生性、读者影响的普遍性、美学上的竞争性和作品产生的焦虑性。

与哈罗德·布鲁姆强调经典的文学性大于政治性不同的是，萨义德（Edward W. Said）在《东方学》(Orientalism)《文化与帝国主义》(Culture and Imperialism)《知识分子论》(Representations of the Intellectual)等多种著述中反复论述文学经典与帝国之间的关系问题，提出了许多关于经典形成、解读的新观念。他认为经典不是固定规则和典范，它承载着历史与文化的遗迹，现代的东西通过重读经典能够激活经典，并能够基于经典做出新的阐释，形成一个更为宽阔的历史境域；这个历史境域的好处在于，它向我们表明，作为一个争论的过程，历史还处在构成之中，而不是一劳永逸地完成和固定了的。[③]

但是，在经典与政治意识形态的问题上，后现代主义批评家认为，"何为经典"这一议题是毋庸讨论的。他们认为经典的形成最主要是受政治与意识形态的影响，经典之所以成为经典并不是因为经典作品本身有任何内在的价值，而是因为某些作品代表了文化的主流思想，得到社会上少数掌权人的认可，加之编辑、出版商及其所代表的利益集团的支持，才获得了经典的地位，甚至可以通过权力运作推翻原来的经典，重新建

---

① [美]哈罗德·布鲁姆.西方正典：伟大作家和不朽作品[M].江宁康，译.南京：译林出版社，2005：29.
② [美]哈罗德·布鲁姆.西方正典：伟大作家和不朽作品[M].江宁康，译.南京：译林出版社，2005：20.
③ [美]爱德华·萨义德.人文主义与民主批评[M].朱生坚，译.北京：新星出版社，2006：29-30.

立符合某一集团利益的新的传统和经典。[①]他们不仅忽略了经典的内在价值，而且忽略了经典经历了不同的朝代和统治阶层，统治阶层的意识形态在变，然而经典依然被大多数人所接受的事实。

### 2. 西方诠释学的角度

这种经典永恒的魅力，是对时间的超越。正如阐释学家伽达默尔（Hans-Georg Gadamer）曾经说过，"经典是没有时间性的"[②]，这便是说经典的特征或存在方式就是对时间的超越。[③]经典的时间性也体现在经典在不同的时代都具有现实意义，正如美国教育家赫钦斯（Robert Maynard Hutchins）所说："经典著作乃是每一个时代都具有当代性的书籍。例如，苏格拉底的对话提出的那些问题，对于今天来说，就是同柏拉图写这些问题的时候同样地紧迫。"[④]经典可以照进现实，这恰恰说明了经典所蕴含的永恒性价值观。又如艾德勒（Mortimer J. Adler）这样描述阅读经典的感受："阅读这些书的目的不是研究文物，其兴趣不是在学考古学，也不是在学语言学……反之，我们要阅读这些书，是因为这些书不因为岁月流逝而改变其重要性，而且因为他们论及的问题和提出的思想，不受生生不息规律（永无止境的进步规律）所支配。"[⑤]

西方当代诠释学认为经典的重要性不在于它的过去，而在于它的存在能够发挥持续有价值的意义。我们对经典的解释，不是重构作者的生命和经典创作的主客观条件，而是强调过去与现在的沟通与融合，对经典的理解是一种新的创造过程。西方当代诠释学有着极强的实践性，它

---

① 1. Robert von Hallberg（ed），*Canons*［M］.Chicago：University of Chicago Press，1983；2. David H. Richter（ed），Falling into Theory：Conflicting Views on Reading Literature［M］.Boston：Bedford Books of St. Martin's Press，1994；3. David Penchansky，The Politics of Biblical Theology：A Postmodern Reading［M］.Macon GA：Mercer University Press，1995：7–15.
② 张隆溪.中西文化研究十论［M］.上海：复旦大学出版社，2005：181.
③ 张亦辉.穿越经典［M］.北京：中国书籍出版社，2014：2.
④ ［美］罗伯特·M.赫钦斯.美国高等教育［M］.江利兵，译.杭州：浙江教育出版社，2001：168.
⑤ ［美］莫提默·J.艾德勒，查尔斯·范多伦.如何阅读一本书［M］.郝明义，朱衣，译.北京：商务印书馆，2004：106.

# 第一章
## 中华传统经典教育的理论基础

从经典中所揭示的意义是人们的行为规范,它干预社会,参与生活。

当代诠释学家伽达默尔在《真理与方法》(*Truth and Method*)中针对"什么是经典"进行了论述,他认为历史和文化传统都不是与理解者隔绝的纯粹的过去,而是与我们的现在紧密相连的,对现在仍有积极意义,对我们现在各种观念意识的形成,起着塑造的作用。伽达默尔赞同并发扬了黑格尔关于经典"是自身有意义的,因而可以自我解释"的经典概念,他认为:"我们所谓经典并不需要首先克服历史的距离,因为在不断与人们的联系之中,它已经自己克服了这种距离。因此经典无疑是没有时间性的,然而这种无时间性正是历史存在的一种模式。"[1]

杰拉德·布伦斯(Gerald L. Bruns)强调经典对人们的教化作用,他认为经典本身带有正面性的价值判断成分。人们在阅读一部经典时,经典会主动影响我们,就好像在与苏格拉底对话:"每部著作对于要来解释它的人来说,都占据着苏格拉底的位置,所以当我们试图通过分析和诠释,在形式上解读这部著作时,不管我们是否意识到,我们其实都是像苏格拉底的对话者,处在被询问并将自己打开和暴露出来的位置上。"[2]

施莱尔马赫(Friedrich Daniel Ernest Schleiermacher)是著名的《圣经》诠释学家,他认为,一切理解都是指向他人和作品的,他人能被我理解,表明了我和他有着某种同一性,这就是人性,作品乃是作者之人性的敞开,我们的理解是基于我们自己敞开的人性,我们通过作品进入作者,理解作者,并且通过理解作者来理解自己,这就是理解的实质。[3]只有通过读者对作者的"心理重建","设身处地"地站在作者的立场进行考察,这也是心理学的移情法,心理重建所完成的,不是纯粹地回归

---

[1] Hans–George Gadamer, *Truth and Method*, 2nd revised ed, translation revised by Joel Weinsheimer and Donald G. Marshall [M]. New York: Crossroad, 1989: 288–290.

[2] Gerald L. Bruns, Hermeneutics Ancient and Modern [M]. New Haven: Yale University Press, 1992: 155–156.

[3] B. 斯特万. 解释学的两个来源 [M] // 潘德荣. 文字·诠释·传统:中国诠释传统的现代转化. 上海:上海译文出版社,2003:13.

到作者那里，而是作者与读者、历史与现实的融合，也正是由于这种"融合"，使得原有的意义被不断发现和持续发生新的意义。

### （四）本研究对"中华传统经典"概念的限定

综合上述中西方学者对于经典的解释，"经典"作为本研究的研究对象，此处做一限定，经典的构建离不开自古以来的经典教育，无论是汉武帝的"罢黜百家，独尊儒术"，还是宋明书院的经典教育之法，民国时期对读经的恢复，20世纪60年代台湾地区有中华文化复兴运动，当今时代有中华优秀传统文化传承的工程，经典教育使得文本进一步经典化并加固了经典的地位。关于经典的性质和特征，总结下来主要包含以下四点：

第一，经典具有广泛性和普适性。即使是狭义上的经典，也不是仅仅限于文学经典。事实上，不同的学科和领域都有自己的经典，如艺术、历史、哲学、地理、医学和其他人文社科和自然科学。这些经典不会因为地域、民族、语言等外部条件而丧失价值，相反，它们可以越过这些障碍，成为不同地方、民族、语言的人的共识。

第二，经典具有变化性和现实性。经典不是一成不变的，即使内容很难变化，但思想历久弥新。它们不是死去的文字，而是思想的活水。在历史前进的潮流中，经典会经历一次次地创造、解构和重生，从而不断地适应时代环境，而其中无法适应时代的经典，也就不能被称为"经典"了。真正的经典是传统文化与时代精神的结合体，"在任何时代，经典都是现实的，也是必须的。经典既有保存传统、文化教养的意义，又有保持活力、革故鼎新的冲动；既关乎现代不同社群的想象和认同，又关乎文化的保存、教育和传承"[1]。

第三，经典具有永恒性和超越性。正如前文所说，经典是不断变化、适应社会的。但有一点需要注意的是，无论形式、传播方式、外部解读如何变化，经典的核心和灵魂都是永恒的，是超越特定时间和某个个体

---

[1] 陈雪虎.传统文学教育的现代启示[M].广东：广东教育出版社，2006：9.

的，具有恒久的感染力。因为经典往往关注的是关乎人、社会、自然的最根本的问题，这些问题不会因为社会的前进而被淘汰。

第四，经典具有典范性和权威性。因为经典是历史大浪淘沙后的沉积物，经过了无数时代、无数人的检验，具有强大的力量和崇高的威望，经过时间的筛选，他们不断地放弃糟粕，保留精华，并为后代提供最有价值的部分，从而能历久弥新，不断传承。

经典是集"真、善、美"于一体的文本。真就是源于事实；善就是可以进行正确的价值观引导；美就是文字和文本结构给人们带来的情感与艺术的双重体验。可以超越时空体现普遍的价值，有益于当下人的思想价值观念和创新发展，指导当下也指导未来。

本研究要讨论的经典是中华传统经典，是指民国以前的经典文献，涵盖了先秦经典及诸子学、两汉经学、魏晋玄学、隋唐佛学、宋明理学和同时期的汉赋、六朝骈文、唐宋诗词、元曲、明清小说及学科类经典的文献。

## 二、"经典教育"的内涵与范围

"教育"一词是由希腊语"孩子"衍生而来的，这一衍生使我们也能看出教育最初的含义。许慎在其《说文解字》中说："教，上所施，下所效也"，"育，养子使作善也"。《中庸》讲"天命之谓性，率性之谓道，修道之谓教"[1]，这里的"性"，从心从生，象形地看，就是性灵向上的成长趋向。"率性"就是顺着这个向上的成长的性，这就是道。能保证它顺着向上之性成长，修正出现的偏差，才是真正的教育。所以《学记》说："教也者，长善而救其失者也"[2]，树木成材需要适当的阳光土壤、空气、水分等条件，还要避免外界的各种侵害，有时还要进行修剪。我国学界一般认为，教育一词最早见于《孟子·尽心上》："得天下英才而教育之，

---

[1] [战国]子思.中庸[M].南昌：江西美术出版社，2018：2.
[2] 高时良，译注.中国教育名著丛书：学记[M].北京：人民教育出版社，2018：139.

三乐也。"①这句话是说，君子有三种乐趣，得到天下优秀人才而对他们进行教育是第三种乐趣。

"教育"的定义在《中国大百科全书》中有广义、狭义之分，广义而言："凡是增进人们的知识和技能、影响人们的思想品德的活动，都是教育"，"狭义上的教育主要指学校教育，即教育者根据一定社会的要求，有目的、有计划、有组织地对受教育者的身心施加影响，把他们培养成一定社会所需要的人的活动"②。

什么是教育，教育学就是人学，以人为核心，"立德树人"是教育的目的。为谁培养人，培养什么样的人，怎么培养人是教育界始终讨论的话题，在中国社会主义发展的进程中，为国家培养德智体美劳全面发展的社会主义建设者和可靠接班人是我们的教育目标。王国维在他的《论教育之宗旨》一文中指出教育可分为智育、德育、美育三个部分："人心之知情意三者，非各自独立，而互相交错者"，"美育者一面示人之感情发达，以达完美之域；一面又为德育为智育之手段"③。蔡元培先生在1930年为商务印书馆出版的《教育大辞书》所撰写的"美育"条目中给美育下了一个定义："美育者，应用美学之理论于教育，以陶养感情为目的者也"④。叶澜认为教育的概念是对教育活动的概括，不是一成不变的，会随着教育活动的变化、发展而变化，也会随着人对教育活动的认识的深化而变化，学校教育是有意识的以影响人的身心发展为直接目标的社会活动。⑤袁振国认为教育是培养人的一种社会活动，是传承社会文化、传递生产经验和社会生活经验的基本途径。⑥

经典教育的概念是在西学对我国社会产生结构性变化之后所形成

---

① 杨伯峻.孟子译注[M].北京：中华书局，2005：309.
② 董纯才，等.中国大百科全书·教育卷[M].北京：中国大百科全书出版社，1985：1.
③ 王国维.论教育之宗旨[J].基础教育，2008（09）：64.
④ 蔡元培.美学文选[M].北京：北京大学出版社，1983：174.
⑤ 叶澜.教育概论[M].北京：人民教育出版社，1991：1—12.
⑥ 袁振国.当代教育学[M].北京：教育科学出版社，1998：2.

# 第一章
## 中华传统经典教育的理论基础

的，这是由于辛亥革命以前国人所受的教育几乎以"经典"为全部教育内容，也就无从谈起什么是传统经典教育。在当今的社会背景下，传统经典教育就是以中华传统文化经典为本进行的教育活动。

陈少明认为，经典教育是最近的现象，从"五四运动"至"文革"前后，经典教育一直处于缺位的状态，中华民族的传统教育都是经典教育。中小学的经典教育要讲经典里正面的、核心的东西，要选读浅显易懂一点的经典，要讲更有价值的核心内容；要选择学术的、理智的教育过程及方法。经典教育是理解传统、理解道德生活、塑造文化共同体的教育。①

杨道麟认为经典教育是语文教育的重要组成部分，是以中西经典诗歌、散文、小说、戏剧为载体，引导欣赏者从中"求真""向善""崇美"的教育活动。②王伟在《冲击与博弈：文化研究视野下的经典教育》中写道，"经典教育是让受教育者知晓今天的我们如何诠释某个经典文本，在现今的文化结构中又居于怎样的位置，告知受教育者经典的接受与阐释有何变迁，为什么发生这样的变化，已有的解释对我们的理解有何影响，让受教育者明白经典在当下的文化结构的建造中发挥了怎样的作用"。③

李伟明认为，经典教育是以中华传统经典为主要教学内容的教育，应与狭义的儒家经学教育相区分，其教育目的是培养被教育者融历史底蕴与现代精神于一体的国民人格。经典教育是广义的，不仅包括经学教育，也包括哲学、文学、医学、史学、农学、天文学等各个方面，凡是中华传统经典都可以作为教育之用。从教育内容上分，有价值观、伦理观教育，如对国家、民族的认同教育；礼仪教育，如各种礼仪规范和文化的教育；审美、乐感教育，如诗教、乐教等。④

---

① 陈少明.经典教育的现代意义［J］.城市国学讲坛，2015，（00）：17–45+16.
② 杨道麟."经典文学"和"经典文学教育"的界定［J］.周口师范学院学报，2011，28（04）：40–42.
③ 王伟.冲击与博弈：文化研究视野下的经典教育［J］.山东科技大学学报（社会科学版），2013，15（Z1）：72–78+88.
④ 李伟明.中华传统经典教育的现代建构研究［J］.常州大学学报（社会科学版），2011，12（03）：64–67.

西方诠释学家施特劳斯（Leo Strauss）认为，经典教育就是由老师带领学生或者学生自身进行经典诠释的过程，经典和经典的诠释者都是特定时空的产物，都具有其独特的历史性，但经典又可以超越时空的局限，它是文化传统的体现，经典的文本超越了时代的变化。经典不可能离开诠释者而独立存在，离开诠释者的经典也不能谓之经典，经典与诠释者是一个互相交融的关系。经典所能展现出的具体的普遍性，使人们在学习阅读经典的时候诉诸个人生命之学思体验，使经典诠释和经典教育成为一种生命体验之旅。经典教育拓宽了人的生命，使生命更加深刻。

经典教育不能仅仅局限于文本本身，而应把侧重点放在文化的传承与当代的现实意义上，这样的经典教育才能真正挖掘出经典的深厚内涵和宝贵价值。把"经典教育"定义为："以中国传统经典著作为教育内容，旨在挖掘著作古典意蕴和当代意义，提高人的文学水平、艺术修养、鉴赏能力，进一步促进人格修养、陶冶性情的教育。"经典教育的具体内涵从内容上看，经典教育可以包括作品阅读教育、价值观和道德教育、礼仪教育、美学和音乐教育等[1]；从教育的深度来说，经典教育又可以包括通识教育和专业教育，通识教育在经典教育中要选读浅显易懂一点的经典，要讲更有价值的核心内容，专业教育要更全面、更学术地探讨经典的内容[2]；从经典教育的对象来看，又可以包括大学教育、启蒙教育、民间教育等。在大学中开设经典课程可以帮助他们学习传统文化，在走向社会前形成良好的知识储备和正确的文化观念；启蒙教育主要针对学龄前儿童和小学生的教育，他们通过学习经典来建立一些基本的做事规则，并为培养健全的人格奠定基础。除了不同年龄的学生，不同文化水平的人也需要经典，并且更容易将经典文本与他们日常的生活阅历结合起来，从而形成富有生命力的生活的智慧，因此针对他们的经典教育会

---

[1] 李伟明.中华传统经典教育的现代建构研究[J].常州大学学报（社会科学版），2011，12（03）：64–67.
[2] 陈少明.经典教育的现代意义[J].城市国学讲坛，2015，（00）：17–45+16.

采取更大众和灵活的形式，如电视剧、文化展览等[①]。

综上，本研究所讨论的经典教育是中小学中华传统经典教育，是在学校这一空间开展的，以传统经典为素材内容培养学生的活动，突出传统价值，联系当下实际，从生命出发，尊重学生主体体验的教育。经典教育应包含文化知识教育、身心教育等多方面，培养中小学生的审美情趣与理性认识，培养学生健全人格，促进学生全面发展。

### （一）中华传统经典教育与相关概念辨析

目前，大众对中华传统经典教育的理解缺乏规范和统一，造成中华传统经典教育被狭隘化和歪曲，从而失去了其本身的意义，甚至对学生成长和教育发展造成了不良影响，有一些类似的概念需要和中华传统经典教育进行区分，厘清这些概念之间的区别，警惕因混淆了不同教育而引发的教育和社会问题。

#### 1. 文字教育、文学教育与中华传统经典教育

中华传统经典教育关注的是"工具性和人文性"的统一。文字教育和文学教育注重的是教育的功利取向和科学取向。通过教育，学生掌握了知识和技能，老师的教学方法得到了实践和验证。

中华传统经典教育不是对字词文章的解析课，而是要增长人的智慧，这个智慧是中华民族的文化之根、生命之本。中华传统经典教育要有文化、有品位，让生命流动其中，使教育者和被教育者都体会到真真正正的成长，并达到审美的生命状态，要培养学生的中国文化精神、思维、意识、审美，现在的语文教育沦为一种技术教育，缺乏中华传统经典教育中蕴含的文化精神和生命教育。精神文化是各种知识、价值体系、社会组织方式、语言等多种精神文化方面的综合。[②]中华传统文化是中华民族祖祖辈辈不断改造积累下来的集体生活经验。汉字作为中华文化中

---

① 徐福来，许家星. 经典教育亟需"补课"[J]. 江西科技师范学院学报，2011（04）：93-96.
② 费孝通. 文化与文化自觉[M]. 北京：群言出版社，2016：17.

的重要载体，是人文世界进行具体表现的一种形式，人们对语言汉字的学习是中华传统经典教育的重要部分，是了解中华传统文化的基础和工具，只掌握语言汉字不代表掌握了中华传统文化，无法真正地走进并全面深入地了解中华民族的人文世界。

　　叶圣陶曾强调："语言文字的训练，最要紧的是训练语感。多读作品，多训练语感，必将渐能驾驭文字。"[1]语感就是对言语的感觉。文字教育的范围十分具有针对性，与中华传统经典教育截然不同。文字教育是语文教育的基础，是文学艺术和文化思想的重要载体。作为一种工具，文字教育不可避免地具有明显的工具性。在中国语境中，文字教育主要指的是汉字教育。具体来说，汉字教育主要包括对学生进行汉字的读音、含义、书写、演变等方面的教育，从而让学生能够熟练掌握和运用汉字，并进一步进行阅读和写作，实现生活能力和文化水平的提高。因此文字教育的目的是促进汉字传承、培养学生语言和表达能力，为进一步的文学和艺术学习奠定基础。从这一层面上说，文字教育是中华传统经典教育的重要基础。只有接受了一定的文字教育，才有可能进行更进一步的中华传统经典教育，包括传统经典阅读、鉴赏、评析，等等。我国语文教学中对语法的学习其实是参照西方语法体系而形成的。但是汉语与西方语言有很大的不同，西方语言更讲究语法规则，而汉语蕴含的规则是西方语言体系难以规制的，因为汉语所代表的中华文化讲究的是意会，蕴含着文化的韵味。要想对汉语言有着更为全面的把握和应用，感悟中国语言的魅力，需要对传统经典文本进行大量的阅读和背诵。

　　具体到教学方式，很明显文字教育主要是在学校中进行的，并且主要集中在义务教育阶段，而中华传统经典教育的地点和方式就要自由很多，可以通过课堂、课外阅读、名家讲座等多种形式来进行，教育对象也涵盖各个文化层次和年龄阶段。

---

[1] 李虹飞.论语感的培育[J].天津市教科院学报，2007（05）：89-90.

# 第一章
## 中华传统经典教育的理论基础

关于文学教育，高尔基于1928年提出"文学即人学"这一命题，因其内涵深刻而又表述简明的特质，受到欢迎和认同。文学是一种用文字来描摹、概括和塑造典型人物形象、典型事物场景，以反映或重现人类社会生活中人与人、人与环境的艺术形式。[1]文学创作来源于人类社会生活，又须高于生活，它得力于作者的语文艺术、生活积累乃至思想感情色彩的生动表达，其终极关怀，乃是在于对世道人心发生影响。[2]

20世纪30年代，时任清华大学教授吴宓曾针对民众中"不习文学"者，提出过文学阅读的十大功用：涵养心性、培植道德、通晓人情、熟谙世事、表现国民性、增长爱国心、确定政策、转移风俗、造成大同世界和促进真正文明。他认为，"一切优秀文学都在宣扬与体现人的规律"，即人性和理性。[3]

文学教育作为中小学和高等教育中的重要组成部分，是一个更偏向于学科的概念。文学教育承担着知识教育和性情培养的双重性任务。知识教育包括文学知识教育和阅读技能训练；性情教育主要在于激发兴趣、培养情感。王国维是我国第一个系统地提倡文学艺术教育的人。他认为文学教育应当以人文教育、审美教育为核心。教学以课堂教学为基础，逐步扩展到课堂以外。通过广泛的阅读激发学生对文学的兴趣，培养欣赏文学作品的能力，培养学生高尚的审美情趣和文化品位。这为文学教育指明了基本方向。目前我国教育体系中的文学教育主要包括知识训练、鉴赏训练、评析训练和创作训练。[4]

可见，文学教育涵盖的范围很广，与中华传统经典教育有许多重叠之处。具体看来，两者的目的、内容和方法都十分相似。原因在于传统经典是具有极高美学价值和悠久历史且成熟出色的文学，传统经典文学

---

[1] 徐雁."开编喜自得，一读疗沉疴"——基于全民阅读推广活动的"文学疗愈"理念[J]. 图书馆杂志，2010，29（10）：16–24.
[2] 徐雁. 阅读的人文与人文的阅读[M]. 北京：科学出版社，2014：154.
[3] 吴宓. 文学与人生[M]. 王岷源，译. 北京：清华大学出版社，1993：59–68.
[4] 刘真福. 建国以来中学文学教育述评[J]. 课程·教材·教法，2001（06）：35–39.

作品是包含在文学之中的，文学教育也包含着中华传统经典教育。但实际教育过程中，二者仍然存在一定的差异。最明显的差异是文学教育相对于中华传统经典教育功利性更强。这里的"功利性"并非贬义，而是由文学教育所承担的任务所决定的。文学教育承担了让学生掌握语言文字相关的基础知识，以及相应的学习方法和技能的基本任务，同时也要实现文化传承与交流、人格塑造和培养等作用，可以说是工具性和艺术性的结合。文学教育要严防狭隘化和机械化的倾向，做到工具性和艺术性的平衡。

中华传统经典教育的本质和核心是在于理解和运用传统经典，文字和文学教育促进了中小学生对传统经典的诠释，传统经典经历了历史长河的洗礼，承载中华民族的文化精髓，完成中华传统经典教育的过程也是完成了对传统经典承载的文化进行新的诠释和传承的过程，通过此类教育让文字和文学变成有意义的信息传递出来，让符号显示出当代人所需要的生命真谛。中华传统经典教育激活了文字和文学文本与当代文化、当代中小学生之间的联系，并在物质、精神、社会、政治和经济等多层面发生相互作用，文字教育和文学教育更多注重的是"知识和技能"的培训，让中小学生掌握解题的功利方法，这是进行科学价值的教育，却忽略了人文价值的教育。

**2.国学教育、读经教育与中华传统经典教育**

国学在中国语境中是与"西学"相对的，它产生于一个思想碰撞极其激烈的年代，包含了强烈的地方意识和文化对立的问题取向。钱穆先生曾说："学术本无国界。国学一名，前既无承，将来亦恐不立，特为一时代的名词。"[①]它诞生于特定的历史时期，表现出对国家和民族的文化认同的强烈愿望。国学教育是一种民族性的文化概念，与中华传统经典教育有一定的交集——儒家传统的中国经典。

---

① 钱穆.国学概论[M].北京：商务印书馆，2001：1.

# 第一章

## 中华传统经典教育的理论基础

国学教育的概念要比中华传统经典教育宽泛，对教育中使用的材料和文本的要求相对来说也更加宽松。只要是中国本土的与传统文化相关的文学著作，无论古今，都可以作为国学教育的依据。在教育目的方面，国学教育由于强调本土性和民族性，因此更侧重于文化传承、增强民族认同感的作用。

南怀瑾认为"儿童读经运动，就是提倡教十五六岁以前的孩子读书、背书。读诵的内容，包括中国传统文化中儒家、道家很基本的一些书"[1]。目前，许多人将中华传统经典教育与读经教育等同起来，披着重振传统文化、重新审视传统经典的外衣，教育孩子进行简单粗暴的读经学习。事实上这种现象出现的原因之一，就是在两个名字的基本概念上出现了混淆，其涵盖的范围、实施的目的和对象等都存在显著的差异。

所谓读经教育，就是以四书五经为代表的中国古典文学作品为教科书，以儿童和青少年为教育对象，以使被教育者实现对这些作品的诵读、记忆和背诵为主要目的的教育。然而，由于缺乏正确的引导和科学的方式，目前读经教育不仅难以起到正向效果，而且往往因为囫囵吞枣、不求甚解、机械背诵等对被教育者的健康成长造成了危害，造成"读经万能论""教师无用论"等错误观点泛滥。更有甚者部分家长迷信读经的效果，让孩子放弃九年义务教育，而进入一些民间的"书院""学堂"进行全日制的读经学习。这些不规范的读经教育不仅无法增强底蕴、修身养性，反而会造成孩子产生厌学和叛逆心理、人格不健全、与社会脱节等问题。朱熹将教育分为两个阶段：小学和大学。小学重在学习基本的事务，而大学则侧重明白其中的道理，因此小学只需要记住一些易于理解的传统经典人物和故事即可，大学阶段则是基于文字和故事进一步理解其中的意义。读经固然重要，但也要摒弃功利的想法和目的，符合

---

[1] 烛光.南怀瑾谈儿童经典教育[M].济南：明天出版社，2012：121.

学生的身心健康和成长规律。

读经教育更倾向于注入式、搪塞式的教育，不要求学生对文本进行深入理解，读经教育认为做人做事的道理会通过读经教育对人产生潜移默化、长期有效的作用，正所谓"幼而学，壮而行"。而中华传统经典教育是以诵读为众多教育方法中的一种，更注重启发式学习，其教育对象的年龄范围和使用的教育内容范围也更为广泛。21世纪是一个多元文化相处交融的时代，现在进行的中华传统经典教育与"闭关锁国"环境下所进行的读经教育有所不同，在封闭的社会环境中所进行的读经教育，其目的是要把少年儿童的思想行为纳入传统的规范，是一种人性的限制。而现在所进行的中华传统经典教育是改革之后的教育模式，是人们为了适应经济、社会的进步变化的需要而进行的，是为了人性的解放和丰富。①

### 3. 修身教育与中华传统经典教育

修身教育与中华传统经典教育有一定的交叉，即通过中华传统经典教育可以达到一部分修身教育的目的。所以中华传统经典教育有时可被看作修身教育的一条重要途径，但两者是在根本上存在着显著的差异。"修身"一词最早出自儒家思想，在《论语》《礼记》《大学》《中庸》等典籍中多次出现。在这些典籍中，"修身"的含义虽然有所不同，但整体上大同小异。其中"修"是指修养、涵养，而"身"则是指个人的性格和品行。早在1904年，清政府颁布《奏定学堂章程》把"修身"列为中小学必修课程之一。这个名称出自《礼记》中的"修身、齐家、治国、平天下"，原本是古代读书人学以致用的初始阶段。然而，作为中小学科目，"修身"逐渐具有了现代教育的内涵，可以视为后来的"思想品德"课程的前身。蔡元培先生提出了"修身"课的两大任务：一是以道德基本知识教给学生，向学生展示明善恶的基本方法；二是通过教师的

---

① 费孝通.文化与文化自觉[M].北京：群言出版社，2016：91.

言行影响学生,塑造其坚强的性格和高尚的节操。到了现代中国,"修身"与社会主义核心价值观结合起来,修身教育被赋予健全人格、公民教育的新内容。

修身教育整体来看更侧重于道德修养和人格完善,其基本理念来自于儒家经典,并经过了现代化的嬗变,而中华传统经典教育所涵盖的理论基础和内容规则更加庞大,不仅包括儒家思想,民国以前的各类传统经典著作都是中华传统经典教育的内容。修身教育要通过读书、礼仪、艺术等方面的教育实现道德、人文素养的提升,达到理想的人格状态。中华传统经典教育除了同样要实现修养读书人品德的功能之外,还有引导受教育者在各学科领域达成认知,提升其鉴赏能力和水平等更多的目标。

### 4. 阅读推广、经典阅读推广与中华传统经典教育

《说文解字》中,"阅(閱)"的本意为"具数于门中也"[①],即在门里考察事物,清点事物以便浏览,后引申为阅览查看。"读(讀),籀书也。籀,各本作诵"[②],意为照着文字用嘴诵出声,后引申为观看等意。

阅读分为狭义的阅读和广义的阅读。狭义阅读指我们平常所说的阅读,即以文字符号为主要对象的阅读,人们通过眼睛观看符号,接受符号所代表的意义,然后产生精神上的反应,实现思想交流。广义的阅读则是人们用各种感官,感受时间、空间,从而获得丰富的认知和体验。[③]本文所讨论的阅读为狭义的阅读,正如徐雁、王余光给阅读下的定义,"阅读是指一种从书面语言和其他书面符号中获得意义的社会行为、实践活动和心理过程","阅读是作为一种特殊的交际方式而存在的社会现象,它是以书面材料作为社会交际的中介。作者—文本—读者是构成一个完

---

① [东汉]许慎.说文解字[M].北京:中华书局,1963:271.
② [东汉]许慎,撰.[清]段玉裁,注.说文解字注[M].郑州:中州古籍出版社,2006:90.
③ 周燕妮,聂凌睿,马德静.书香社会:全民阅读导论[M].深圳:海天出版社,2017:55–56.

整的书面交际过程的三个基本要素"①。"阅读"在《中国大百科全书·教育卷》中同样解释为狭义的阅读,"阅读是一种从书面语言中获得意义的心理过程"②。

阅读推广则是通过方法策略激发目标群体对阅读的兴趣,赵俊玲等认为阅读推广不仅是书籍的推广,读者的推广也是阅读意识的推广,总而言之就是推广阅读,核心就是谁来推广、推广什么、向谁推广和如何推广的问题。③丁文祎认为,阅读推广是指由个人或组织发起的,以扩大阅读普及度、改善阅读环境、提高读者阅读数量和质量等为目的的,有规划有策略的社会活动,其形式包括阅读辅导、推荐书目、讲座论坛、阅读节等。④阅读推广是在"阅读指导""阅读辅导"等概念的基础上发展而来的,王余光、徐雁在《中国读书大辞典》中从中小学阅读教育的角度对"阅读指导"解释为"在阅读活动过程中对阅读者施予积极有益的指点和辅导,以加强阅读效益的教育活动。它是培养阅读技能、提高阅读效率的必要手段。从范围上分,有课内阅读指导和课外阅读指导;从对象上分,有集体阅读指导和个别阅读指导"⑤。

相较于阅读推广,经典阅读推广更突出推广内容的经典性,即社会组织或个人为促进人们阅读经典图书而开展的相关活动。对于经典阅读推广的内涵,要抓住两点精神实质,即不仅包含了阅读推广的一般性意义,而且凸显了阅读推广内容的经典性特征。⑥王余光、王媛在《高校图书馆设立经典阅览室与经典教育》一文中写到,经典阅读推广是围绕经典文献开展相关的阅读推广活动,可以积极推动设立经典阅览室,将经典文献集中存放展示,形成融合集中展示,推广形式包括阅读指导、

---

① 王余光,徐雁.中国读书大辞典[M].南京:南京大学出版社,1999:337-338.
② 董纯才,等.中国大百科全书·教育卷[M].北京:中国大百科全书出版社,1985:179.
③ 赵俊玲,郭腊梅,杨绍志.阅读推广理念方法案例[M].北京:国家图书馆出版社,2013:3.
④ 丁文祎.中国公共图书馆阅读推广研究[D].北京:北京大学,2014:6.
⑤ 王余光,徐雁.中国读书大辞典[M].南京:南京大学出版社,1999:327.
⑥ 李西宁,张岩.图书馆经典阅读推广[M].北京:朝华出版社,2015:4.

读书沙龙、小规模研读等，并为学校本科生开设或协助开设经典教育课程。①

阅读与中小学教育有着密不可分的联系，正如上文所说通过文字和文学的教育让学生掌握听说读写的能力是教育的主要目的，教育水平的高低影响阅读能力，教育的成果促进了阅读的完成，教育活动中包含了阅读的性质和功能。

从读者群来讲，中小学的经典阅读和中华传统经典教育是高度重合的，虽然经典阅读包含的经典可以是古今中外，中华传统经典专指民国以前的经典文献，但中小学中华传统经典教育与开展经典阅读的对象是同一群体即在校学生。从中小学开展中华传统经典教育与经典阅读性质来讲，这两者拥有共同的政治性，教科书中经典内容的呈现是国家意志的表达和价值意识培养的直接体现，在规范化的教育和阅读实施的同时，塑造国民集体意识和政治意识，完成一个国家或民族的文化共同体的构建。

综上所述，通过对中华传统经典教育中"经典"概念的发展和演变历程的梳理，从古代典籍到中国当代学者对经典的释义，再到西方学者从文学评论、诠释学不同角度对经典的释义，最终限定了本研究中"经典"的范围；并通过将"经典教育"与文字教育、文学教育、国学教育、读经教育、修身教育、阅读推广与经典阅读推广等概念的辨析完成中华传统经典教育的内涵及相似教育模式的比较解释。对中华传统经典教育中"经典""经典教育"两个研究对象概念的辨析，有助于社会统一认识，进而对中华传统经典教育进行更为全面深入的研究。

---

① 王余光，王媛.高校图书馆设立经典阅览室与经典教育[J].大学图书情报学刊，2014，32（06）：5-10.

## 第二节　开展中华传统经典教育的现实价值与意义

中国自清末以来各种学术思潮涌现和社会变化使得各种文化传统和传统经典都受到了挑战。清末中国经历了戊戌变法、维新运动，其中维新运动是一些知识分子以日本为榜样进行的以"中学为体、西学为用"的核心理念进行西方文化引进，之后西方文化在中国就以破竹之势发展，到五四运动就有人提出了"全盘西化"的主张，"德先生"和"赛先生"逐步被中国知识界广泛接受和推崇。这一系列的社会文化思潮经历一直到 20 世纪 70 年代，都是将传统文化作为现代化发展的对立面，认为传统文化阻碍了现代化的发展，对当代中国影响深远，"许多来自西方的人类学家承认，现代西方文明代表一种强大的历史断裂性，作为一种不断否定历史和生活的社会性的力量，作为一种被人类学家称作'热的'、'动态的'社会模式，冲击了许许多多像中国传统文化这种注重在历史的连续性中创造文化的'冷的'、'持续的'社会模式"[1]。

受近代西方殖民扩张和侵略的影响，造成了东方世界对西方世界的依赖性和从属性，以至于中国社会各界长期充斥着对东方具有偏见的西方现代化理论，带有偏见的"东方学"西方理论，对东方传统社会的矮化与否定，一段时间内成为非西方社会的主流思想，隐藏在"现代化"背后的西方中心主义试图以欧美的价值观念来取代其他文化的不同观点[2]，以"西化"为蓝景的发展想象长期影响着我国社会与文化的发展，进而跌入了以欧美为中心的文化霸权主义的陷阱[3]。然而，这一问题同时困扰着全球各个国家，因为其本质问题在于"工业化"带来的整体性社会与文化危机，有先见之明的西方学者已经开始利用对东方社会的

---

[1] 费孝通.文化与文化自觉[M].北京：群言出版社，2016：436.
[2] 费孝通.文化与文化自觉[M].北京：群言出版社，2016：209.
[3] 费孝通.文化与文化自觉[M].北京：群言出版社，2016：206.

了解，来揭示西方文明的弱点①，他们开始从东方文化中寻找解决自身问题的钥匙，进而为自身文化的发展寻找出路。

　　中国近百年来的发展是由传统社会向现代社会转型的过程，传统社会以感性化稳固性为特征，而现代社会则是以理性化科层化的社会分工为特征，中国社会整体上是在经历由感性化向理性化转变，这个现代化的过程就是西方化的过程。中国社会经济基础和经济结构的变化，导致文化格局也发生了变化，农业经济的模式让人们有了"知足常乐"和耕读传家的稳定长久思想，而工业化的经济基础则传导出更具侵略性、注重当下效益的文化思想。社会的工业文明发展，为人们提供了科技理性标准，但是这种理性标准缺乏价值理性，而且快速的现代化进程导致知识信息的碎片化、简单化、粗糙化、平面化，大众更乐于接受这种刺激而又易懂的信息，长此以往，人们对文字的感受能力、思考能力和阅读能力逐渐下降。正如经济学家路德维希·冯·米塞斯（Ludwig von Mises）曾有一个理论，如果消费水平不高的社会群体过度地依赖大众选择，生产者会顺应消费需要的诱导，生产出的产品就会量高质劣，这无论是对生产者还是流通者而言都会受到危机的考验。②为了解决这些危机，我们呼吁加强中华传统经典教育，中华传统经典是被大家认可的有益的信息，其文字优美，且文字蕴含的思想价值观念对人们对生命的感受有莫大的帮助。通过中华传统经典教育可以丰富人们的思考方式，对问题能够有更为深刻和具有价值理性的看法。中华传统经典教育可谓是大众文化的解毒剂，唤醒人们心中的冷漠，正所谓"近朱者赤，近墨者黑"。

　　在中国的现代化历程中，梁漱溟、陈寅恪、钱穆等多位学者很早就意识到了西方文化危机对我们的影响，并向我们发出了警示。中国近百年来现代化的发展让大家意识到全盘西化是不现实的，西方资本主义国家的文

---

① Marcus G E , Fischer M M J . Anthropology as Cultural Critique［M］. Chicago: The University of Chicago Press, 1986.

② Ludwig von Mises. Human action［M］. Morrisville: Lulu Press, Inc, 2016.

化及西方社会主义国家的文化在中国都会行不通，不适应。中国学者应加强对中华传统经典的研读，通过跨文化的关照来消解对自身传统文化的误解，我们需要在原有的基础上，改革和改造出能让群众接受的传统文化和社会，这样才有利于我们国家的发展。①

当下，我们面临的社会危机是多样的。为了满足社会和谐、价值观统一的需求，满足大众个人能力提升的需求，我们更需要以理性的态度、科学的方法来正确认识具有悠久历史的中华传统文化，从审美的角度体验经典，社会各界应在全球化的影响和多元文化的碰撞中推动开展中华传统经典教育，促使社会文化的觉醒，以达到文化自觉的目的。

## 一、从青少年发展认知心理学视角

7~18岁是青少年养成习惯的关键时期，是学习科学文化知识和文明道德的关键时期。青少年这个时期的心理发展会经历从具体到抽象、由浅入深的过程②，他们的发展是身体成熟、认知发展、不断变化的环境交互作用的结果。根据各个年龄阶段的特征和发展水平，动态把握他们的学习过程和情绪状况做到适时而教、以学定教。

从弗洛伊德（Sigmund Freud）的性心理学理论来看，他强调"本能论"，他认为存在于无意识中的性本能是人的心理基本动力，是决定个人和社会发展的永恒力量。人分为"本我"、"自我"和"超我"，所谓"本我"就是受快乐原则支配，追随内部冲动；"自我"就是遵循现实原则，寻找能够满足本能需要的现实方法；"超我"也就是一个人的良知和理想，需要道德的教育。从心理发展阶段而言，6~11岁是潜伏期，性的冲动被引导到学校活动和激烈的游戏中。随着儿童在学校学习中获得了更多的知识，他们的"自我"和"超我"继续发展，这是一个相对平静的时期。11

---

① 费孝通. 文化与文化自觉 [M]. 北京：群言出版社，2016：50.
② 彭小虎，王国峰，朱丹. 儿童发展与教育心理学 [M]. 上海：华东师范大学出版社，2013：28–30.

岁开始为生殖期，这个阶段青少年需要学会如何在社会规范所接受的范围内表达自己的冲动。这就使得我们开展教育工作时要注意引导青少年儿童的移情能力的发展，帮助他们去尝试体验别人的情绪情感，重视关于纪律、规则、价值等方面的教育，使这些东西内化到学生的"超我"中。[①]

相比弗洛伊德重视性冲动，埃里克森（Erik Homburger Erikson）等心理学家更强调社会文化和环境对人格发展的影响。埃里克森把人格发展分为八个阶段，他认为孩子是自发去适应环境的积极的探索者，在人生的每一个阶段，要面对一些社会任务，逐渐形成自我。其中，6~12岁是获得勤奋感的关键时期，个人未来对学习和工作的态度与习惯都与本阶段的勤奋感有关，这个阶段老师和同伴扮演着重要的社会他人的角色；12~18岁是建立自我同一感的时期，关于自己的身份意识开始出现，开始树立基本的社会和职业自我形象，导致个体形成整合的自我概念，并出现真正的社会创新，这个阶段需要老师帮助学生从各个维度树立自信。[②]在思想品德教育方面，他认为学校要营造良好的道德氛围，适时地开展品格教育，进行推动道德的书籍的阅读和学习[③]。与埃里克森同属行为主义理论学派的华生（John Broadus Watson），也注意到环境对于一个人的决定性因素，华生的环境决定论认为遗传只影响身体构造，具体的行为形式取决于所处的环境，他认为教育是万能的，环境和教育可以造就一切，学习这一行为在行为主义理论中占据重要地位。华生的行为主义理论学派虽然忽略了儿童的主观能动性，但是对儿童教育有着重要的启示作用，重视环境和教育，强调要在教育中培养儿童的各种行为习惯，发挥强化的作用，对于良好的行为及时给予表扬，对不良行为

---

① 彭小虎，王国峰，朱丹.儿童发展与教育心理学［M］.上海：华东师范大学出版社，2013：36–39.
② 彭小虎，王国峰，朱丹.儿童发展与教育心理学［M］.上海：华东师范大学出版社，2013：39–41.
③ ［美］约翰·桑特洛克.青少年心理学：第11版［M］.寇彧，等，译.北京：人民邮电出版社，2017：278–285.

加以纠正，同时品德教育需要反复对学生进行教育。①维果茨基（Lev Vygotsky）的社会文化理论强调语言符号在心理发展中的作用，他认为一个人的心理发展是在环境与教育的影响下，在低级心理机能（感觉、知觉、注意等）的基础上，逐渐向高级心理机能（语言与符号）转化的过程，教学决定着儿童智力的发展，每一种认知都有学习的关键期，要注意教学的内容选择，不超过儿童的最近发展区，同时也要给予一定的挑战，要让教学走在发展的前面，通过教与学的作用刺激儿童的发展。②

相对行为主义者将环境视为发展的主要动力，班杜拉（Albert Bandura）的社会学习理论认为发展的动力来自个体自身。人们主要是通过观察和模仿来学习适当的社会行为。个体对特定行为及榜样的模仿取决于其所存在的文化欣赏哪一种价值。儿童通过接受别人的反馈，逐渐形成自己的行为判断标准，并且对自己所要模仿的榜样更具选择性。他们也开始培养自己的自我效能感，即认为自己能够成功的信心。③

从认知心理学和发展心理学的角度来讲，皮亚杰（Jean Piaget）、塞尔曼（Selman）、科尔伯格（Lawrence Kohlberg）是此理论的代表性人物。皮亚杰将青少年儿童的认知分为四个发展阶段：0~2岁基于感觉和运动技能认知外部世界，2~7岁以自己的观点为主，学会使用符号来反映外部世界的各个方面，7~11岁的儿童推理具有逻辑性，但是仍然不是抽象的，11岁后开始具备抽象、系统的思维能力，可以提出假设，演绎可供检验的推理④。根据皮亚杰的理论，学校要重视青少年儿童思维的发展。小学儿童的思维活动就具有很大的具体形象性，多使用一些图片和模型，初高中后，可以多使用语言引导学生想象，适当增加一些理论、定理等

---

① [美]黛安娜·帕帕拉，等.发展心理学：第10版[M].李西营，等，译.申继亮，校.北京：人民邮电出版社，2018：40–41.
② [美]约翰·桑特洛克.青少年心理学：第11版[M].寇彧，等，译.北京：人民邮电出版社，2017：120–122.
③ [美]黛安娜·帕帕拉，等.发展心理学：第10版[M].李西营，等，译.申继亮，校.北京：人民邮电出版社，2018：42.
④ 雷雳，马晓慧.中学生心理学[M].杭州：浙江教育出版社，2015：61–64.

抽象内容。与维果茨基相同，他认为儿童的智力发展主要是顺应，让他们去做稍微有些奇特但不寻常的和有挑战性的事。从儿童的道德发展观来看，皮亚杰认为5~10岁的儿童是他律道德期，能够服从他人的规则，10~11岁属于自律道德期，这个时期的儿童认为规则是可以违反和挑战的[1]。塞尔曼将青少年儿童的发展分成几个不同时期的观点采择发展阶段，他认为4~9岁是儿童的社会信息的观点采择阶段，能够认识到他人的看法与自己不同；7~12岁是自我反省的观点采择阶段，能够从他人立场考虑问题；11~15岁为第三方观点的采择阶段，能够保持公正的立场；14~18岁是社会的观点采择阶段[2]。与塞尔曼相同的是科尔伯格的"三水平六阶段"道德发展理论，他认为10~13岁以上的青少年儿童是前习俗道德水平，更加遵守既定规则，青少年早期到成人是后习俗道德水平，具有社会法制取向，道德判断以个人的伦理观念为基础，在普遍伦理取向方面，能够参与社会规范的制定和改变[3]。

根据认知和发展心理学的理论，我们应充分把握青少年儿童不同年龄阶段的发展特点，特别是在其批判性思维和创造性思维的重要过渡时期和发展期，增强他们对自己思维过程的认识，以及对自己认知的监控能力[4]，通过中华传统经典教育为他们营造良好的文化氛围、道德环境，不仅让学生们在美的浸润下丰富自己的情感，强化自己对事物的感受力，而且可以促进孩子们的德育与智育方面的发展。

## 二、从施特劳斯的诠释学视角

主张向古典回归的美国政治哲学家施特劳斯（Leo Strauss）用了毕

---

[1] ［美］约翰·桑特洛克.青少年心理学：第11版［M］.寇彧，等，译.北京：人民邮电出版社，2017：263.
[2] 雷雳，马晓慧.中学生心理学［M］.杭州：浙江教育出版社，2015：78–80.
[3] ［美］约翰·桑特洛克.青少年心理学：第11版［M］.寇彧，等，译.北京：人民邮电出版社，2017：264–274.
[4] 雷雳，马晓慧.中学生心理学［M］.杭州：浙江教育出版社，2015：65–71.

生的精力阅读西方古典文本，向人们阐释古典文本的精神内涵，他推崇自由教育（Liberal Education），自由教育是在文化之中或朝向文化的教育，它的教育目标是培养有文化的人。在施特劳斯看来，古典作品皆出自高贵灵魂的精神创造，通过研读古典作品可以把年少的灵魂引向品德和精神的高处。因而，自由教育就在于较有经验的学生帮助经验较少的学生特别用心地去研读最伟大的心灵所留下的伟大的书。施特劳斯所探究的自由教育又可以称为通识教育、博雅教育。他认为"人们可以期望从正确理解的人性中获得比从科学中更为直接的帮助，从敏感和精致中获得比从几何学的精神中更为直接的帮助。……这就是为何现在的自由教育几乎等同于阅读古希腊经典"①。

自由教育是某种读写的教育，是某种在文字信息之中或通过文字进行的教育。在此观点上，施特劳斯很认同穆勒（John Stuart Mill）的观点，穆勒认为古典文学在教育上的优越性在于古典文学向人们传达生活的智慧，将古典语言作为人们最好的文学教育，人们将由此打下伦理文化和哲学文化绝好的基础。②

自由教育是教养教育和哲学教育，是对完美的高贵气质和对人的优异的培育，自由教育在于唤醒一个人自身的优异和卓越。柏拉图认为教育在最高的意义上就是哲学。哲学是对智慧的探求，或对关涉最重要、最高或最整全事物的知识的探求；柏拉图表明，这种知识就是德性和幸福。③

自由教育是政治教育，自由教育使人成为贤人。原始意义上的自由教育不仅培养公民责任心，还要求公民践行这种责任，贤人美德是哲人美德在政治上的反映，接受过自由教育的人在政治上更能够保持智慧和

---

① [美] 列奥·施特劳斯. 肖涧, 译. 自由教育与责任 [M] // 刘小枫, 陈少明. 古典传统与自由教育. 北京: 华夏出版社, 2005: 9-24+23.
② CAVENAGH F A. James & Johns Stuarts Mill on Education [M]. New York City: Harper, 1931: 151-157.
③ [美] 列奥·施特劳斯. 一行, 译. 魏朝勇, 校. 什么是自由教育 [M] // 刘小枫, 陈少明. 古典传统与自由教育. 北京: 华夏出版社, 2005: 2-8.

节制。这充分延续了柏拉图理想国中贤人政治的核心思想。所以，在施特劳斯看来自由教育不应成为普通教育，这是一小部分人的义务和特权，这就是精英主义的思想。

## 三、从中华传统教育思想的视角

孔子奉《诗经》为经典让学生学习，孔子对学习《诗经》的评价很好地回答了当下人为什么要学习经典的问题，《论语·阳货》："子曰：'小子，何莫学夫《诗》？《诗》，可以兴，可以观，可以群，可以怨。迩之事父，远之事君。多识于鸟兽草木之名'。"[①]孔子的"兴观群怨"说开启了中国文学批评史的先河，是最早关于经典教育现实意义的论述，更指明了经典学习对于个人的"兴""怨"和社会的"观""群"都有着深远的意义。唐代魏徵也在《隋书·经籍志序》中，对经典的作用和意义做了概括："夫经籍也者，机神之妙旨，圣哲之能事，所以经天地、纬阴阳、正纪纲、弘道德，显仁足以利物，藏用足以独善，学之者将殖焉，不学者将落焉。大业崇之，则成钦明之德，匹夫克念，则有王公之重。其王者之所以树风声，流显号，美教化，移风俗，何莫由乎斯道？故曰：'其为人也，温柔敦厚，《诗》教也；疏通知远，《书》教也；广博易良，《乐》教也；洁静精微，《易》教也；恭俭庄敬，《礼》教也；属辞此事，《春秋》教也。'"[②]这是说"六经"从宏观层面而言，蕴含神机妙道，承载着圣贤睿智，可以探寻天地宇宙之奥妙，匡正世间纲纪，弘扬道德规范。从个人层面而言，世人不学习经典就会落后；成大事的人只有推崇经典才能修成受人钦敬的德行，以为天下之主。

中国文化和西方文化最大的区别在于，西方文化重思辨，而中国传统文化重学而笃行，强调践行，关注生命自身的问题，讲究个人与社会的关系，更多是强调人与自然的融合，强调"天人合一""知行合一"，

---

① 冯国超，译注.论语[M].北京：华夏出版社，2017：230.
② 长孙无忌，等.隋书经籍志[M].北京：商务印书馆，1955：1.

通过"克己复礼"达到人与自然与社会的和谐相处，而不是个性的张扬。而西方文化更加倾向于将人与自然对立起来，强调人的主体作用，自然是受人支配的客体，是一种以人为核心的利己主义。例如在《论语·述而》中"子以四教：文，行，忠，信"，这是孔子教育学生的四项内容，也就是历史文献，实际践行，对待别人的忠心和与人交际的信实。又如《论语·述而》中"文，莫吾犹人也。躬行君子，则吾未之有得"。孔子跟学生讲认为自己对文献知识的学习大约和别人差不多了，但是在生活实践中做一个君子，自己还没有做到。再如《荀子·儒效第八》中"不闻不若闻之，闻之不若见之，见之不若知之，知之不若行之。学至于行之而止矣。行之，明也；明之为圣人。圣人也者，本仁义，当是非，齐言行，不失毫厘，无他道焉，已乎行之矣。故闻之而不见，虽博必谬；见之而不知，虽识必妄；知之而不行，虽敦必困。不闻不见，则虽当，非仁也。其道百举而百陷也"，荀子更是把践行看作最高境界和学习的最高标准，如果学而不行则达不到做人做学问的最高标准。

宋代理学家朱熹是儒学之集大成者，朱熹的思想就将一切对于经典的理解和解释都视为完善个人的操守践行之手段，这就是读书要"治己为先"，完善个人操守是为了"穷天理""力行之"，所有对经典的理解需转化为读者自己的品性，只有在读者以自己体悟了圣贤之言，按照圣人的教导去践行，才可以说真正理解了圣人的意思，这就是中国传统文化中的"知行合一"思想。经典的教育意义"借经以通乎理耳。理得，则无俟乎经"，阅读和理解经典就是达到读者自我的领悟和修养的手段。朱熹对经典的理解分三个环节，第一为对文本原意的理解；第二是对作者所要表达意思的理解，意为重构作者之历史；第三就是读者在原意基础上的领悟与发挥。朱熹最重视的是第三点，他认为圣贤所言于义理只是略发萌芽，人们不仅要"学习"经典，而且要"练习"经典，个人进一步地体验领悟和推理探索真正理解经典。从先秦之孔子到宋代之朱熹，都表明了中国传统的教育理念及对传统的解释一直具有强烈的实践性倾向，这就是中华传统"行胜于言""讷于言而敏于行"的观念。

上文从青少年的认知与发展心理学、西方诠释学派自由教育观、中国传统教育理念三个方面印证了开展中华传统经典教育的必要性，这也是中华传统经典教育开展的理论基础，开展中华传统经典教育在现代的实践意义就是在一个人发展的每一个阶段都进行提升，通过传统经典直指人的内心的魅力修正并拓宽人们的生命，人们以外求的方式向传统经典索取自身发展之所需，并通过传统经典到达内在精神生命的自我唤醒，最终在人生的征途中达到"格物致知""知行合一"。

# 第二章　中国中小学中华传统经典教育历程

## 第一节　民国时期中小学中华传统经典教育发展历程

### 一、清末"新政"时期经典教育的模仿改良

迫于西方列强的侵略和民间立宪运动与革命运动的形势，清政府于1901年开始推行"新政"。对于"新政"，费正清曾评价："清朝在它的最后的十年中，可能是1949年前一百五十年或二百年内中国出现的最有力的政府和最有生机的社会。"[1]陈旭麓先生曾说，"晚清新政中最富积极意义而有极大社会影响的内容当推教育改革"[2]。废科举，变学制，兴新学，给当时的中国点燃了希望。

#### （一）废科举开现代教育转型之路

民国以前，中国的人文教育与人文政治达到了高度融合，教育在很大程度上作为科举制度的附庸而存在，沦为维护封建统治的工具。以八股取士的科举制度使得中国传统教育完全以科举考试为导向，背离了儒家经世致用的文化精神，越来越流于浮泛而不切实际，以致内忧外患之际，民智不开，人才缺乏。痛定思痛，中日甲午之战使人们痛切地意识

---

[1]［美］费正清.剑桥中国晚清史·下卷［M］.北京：中国社会科学出版社，1993：566.
[2] 陈旭麓.近代中国社会的新陈代谢［M］.上海：上海人民出版社，1992：246.

到"兴学"之必要,一时间要求科举制度改革的呼声高涨。1898年,康有为上书光绪帝:"臣窃惟今变法之道万千,而莫急于得人才得才之道多端,而莫先于改科举。"① 维新派的核心人物康有为最先向朝廷传达了改革科举的主张,但是这些既未从根本上触动封建专制制度的根基,而且因变法失败,横遭慈禧一派的全部废止。废除科举之举惨淡搁浅。1901年,湖广总督张之洞和两江总督刘坤一上奏"江楚会奏"②,勾画了清政府实施"新政"的蓝图,但这时清政府并未采纳,直至日俄战争之后爆发的革命危局才迫使清廷在1905年接受了张之洞和袁世凯的奏请,正式废除了延续一千多年的科举制度,用以"广学育才,化民成俗,内定国势,外服强邻,转危为安"③。这是我国近代教育史上的一件大事。

从另一个层面来讲,废除科举取士制度同时也是中国现代语文教育的开端。它解除了教育体制向现代转型的思维束缚,从体制上为白话最终取代文言扫清了障碍,从而为之后的民国建立以大众阅读为特征的现代教育阅读体系打下了重要根基。

**(二)教育体制和教育内容的改良与继承**

中国现代化的教育教学体制始于清末《钦定学堂章程》,成于《奏定学堂章程》④。1902年,清政府拟定《钦定学堂章程》。1904年,清政府又颁布《奏定学堂章程》,称为"癸卯学制"⑤。新学制引入分级式教学,进一步明确中小学教育宗旨,对各科的教学目的、教学内容和教学方法等做了规定。此外,针对当时的形势,中小学中华传统经典教育适当摒弃了忠君、三纲、愚忠等传统德育腐朽内容,吸收了公义、公理、

---

① 康有为.请废八股试贴楷法试士改用策论折[G]//舒新城.中国近代教育史料·上册.北京:人民教育出版社,1981:36.
② 张之洞,刘坤一.筹议变通政治人才为先折[G]//舒新城.中国近代教育史料·上册.北京:人民教育出版社,1981:47.
③ 舒新城.中国近代教育史料·上册[M].北京:人民教育出版社,1981:64.
④ 许欢.中国阅读通史·民国卷[M].合肥:安徽教育出版社,2017:281.
⑤ 沈云龙.近代中国史料丛刊·第73辑[M].台北:台湾文海出版社,1966:723-724.

公德、自由、平等、博爱等西方功德教育合理元素。由此，新式教育逐渐融入基层教育体系。新学制的颁布和科举的废除亦催生了全国的"学堂热"，受新教育者人数逐年递增。不得不说，新式学堂教育的兴起和分科教育的实施是中国近代教育史上的重要里程碑。

但清末政府依然认为："无论学生将来所执何业，在学堂时经书必宜诵读讲解。"[1]《奏定学堂章程》规定的修身、读经讲经两科教学内容依然以传统儒家经典内容为主，且在课时安排上占了相当大的比重，仅修身、读经讲经两科在初、高等小学和中学的课时占比便分别达到了7/15、7/18、5/18[2]。因此，社会各界的仁人志士、教育家、学者们开始以大力推进教育为己任，对未来教育发展提出各自的教育观念。严复提出了以"智民教育"为思想核心的"三民说"；王国维则有提倡"智、德、美"教育的三育主张[3]，这些均为后来民国时期中小学中华传统经典教育的发展奠定了基础，创造了条件。

## 二、五四运动前（1912—1918）：曲折发展

1911年，孙中山领导的辛亥革命推翻封建统治，成立中华民国临时政府。中国社会也因为政体变革发生了激进转型，这一时期的中小学经典阅读教育的推广也显得急迫异常，迫切希望与旧的教育彻底决裂。

1912年1月19日，中华民国临时政府颁布《普通教育暂行办法通令》。1912年2月，蔡元培任南京临时政府教育总长，他在发表于《东方杂志》的《对于教育方针之意见》中集中阐述了他的教育思想，确立了包括军国民教育、实利主义教育、公民道德教育、世界观教育与美育

---

[1] 张百熙，荣庆，张之洞.学务纲要[G]//舒新城.中国近代教育史料·上册.北京：人民教育出版社，1981：203.

[2] 舒新城.中国近代教育史资料·中册[M].北京：人民教育出版社，1985：416-443，506-517.

[3] 璩鑫圭，童富勇.中国近代教育史资料汇编·教育思想[M].上海：上海教育出版社，2007：135.

"五育并举"的教育方针[1]。7月,在全国临时教育会议上诞生了民国初期重要的"壬子学制","壬子学制"和在此之后陆续颁布的各级学校校令一起形成的学制改革,被称为"壬子·癸丑学制"[2]。此学制明确提出了民国初期中小学的教育宗旨和课程体系,在各级教育中以"国文科"取代读经讲经科,"以经科分入文科之哲学、史学、文学三门"[3],"如《诗经》应归入文科,《尚书》《左传》应归入史科"[4]。《中学校令施行规则》中规定:"国文要旨在通解普通语言文字,能自由发表思想,并使略解高深文字,涵养文学之兴趣,兼以启发智德"[5]。蔡元培认为这一时期的教育"为中学生选几篇经传的文章,编入文言文读本,也是可以赞成的"[6]。由此可见,临时政府教育部虽然废除了读经讲经,但是中小学的传统经典教育并没有因此而被舍弃。

1912年,尊孔各大教会急速发展壮大,社会上想立孔教为"国教"的呼声甚嚣尘上,曾有陈焕章、严复和梁启超等向临时政府参政两院上《孔教会请愿书》,认为应当奉孔教为国教。[7]更有人论说若想正社会之风气,须昌明孔教,一为政府之责任,一为士大夫之责任,并倡导政府应定国教为孔教,学校读经,每周读经两小时,初等小学为国民教育宜遍读《论语》。[8]

1913年袁世凯政府将"国民教育,以孔子之道为修身大本"[9]的传

---

[1] 朱永新.沟通与融合:中国近现代教育思想史[M].北京:人民教育出版社,2004:101.
[2] 孙培青.中国教育史(修订版)[M].上海:华东师范大学出版社,2000:361.
[3] 蔡元培.全国临时教育会议开会词[M]//高平叔.蔡元培教育论著选.北京:人民教育出版社,1991:17.
[4] 蔡元培.在北京任教育总长与记者谈话[M]//高平叔.蔡元培全集·第2卷.北京:中华书局,1984:159.
[5] 教育部公布中学校令施行规则[M]//舒新城.中国近代教育史资料·中册.北京:人民教育出版社,1985:527.
[6] 蔡元培.关于读经问题[M]//高平叔.蔡元培教育论著选.北京:人民教育出版社,1991:670.
[7] 陈焕章,严复,等.孔教会请愿书[J].孔教会杂志,1913;1(6).
[8] 论说.孔教救亡论[J].孔教会杂志,1913;1(6).
[9] 陈学恂.中国近代教育大事记[M].上海:上海教育出版社,1981:247.

## 中国中小学中华传统经典教育历程

统道德教育宗旨写进《天坛宪草》，1915年袁世凯政府颁布《特定教育纲要》和《颁定教育要旨》，将"爱国、崇武、法孔孟、重自治、戒贪争、戒躁进"①定为教育方针，在《教育纲要》中明确规定"中小学校均加读经一科"②，要求"各学校应读之经如下：小学校：初等小学，《孟子》；高等小学，《论语》。……中学校：《礼记》，节读，如《曲礼》《少仪》《大学》《中庸》等篇，必须选读"③，袁世凯政府的这一系列有关读经的政策虽有其政治目的，但也推动了传统经典教育的发展，这些政策随着袁世凯的下台而终止。

这一时期的中小学所用的主要教材有：1912年出版的由庄俞、沈颐编纂，高凤谦、张元济校订的《共和国新国文教科书》。1912年10月—1915年由上海中华书局出版，陆费逵、沈颐等编纂的《新制中华国文教科书》。1912年1月—1918年4月由上海中华书局出版，华鸿年、何振武编纂的《中华初等小学国文教科书》。由刘传厚等编纂，上海中华书局于1913年11月—1915年6月出版的《新编中华国文教科书》等。④1913年，商务印书馆出版的《共和国教科书国文读本》（四册）所选文章大部分为隋、唐、宋、元以来的传统经典名篇名著，比如第二册选入了《五人墓碑记》《进学解》《岳阳楼记》《祭十二郎文》等传统经典。

吴增棋在清末编选的五册本《中学国文教科书》的基础上修订而成的《重订中学国文教科书》四册本是这一时期中小学比较典型的教科书。吴增棋在《例言》中说，"兹编凡分为四集明清为第一集，五代、宋、金、元为第二集，自晋及唐为第三集，周、秦、汉、魏为第四集。一年读一集，四年可读毕。沿流以溯源，由近以及远"⑤。在教材中编选了很多在文学

---

① 顾明远.世界教育大事典［M］.南京：江苏教育出版社，2000：515.
② 特定教育纲要［M］//舒新城.中国近代教育史料·上册.北京：人民教育出版社，1981：263.
③ 特定教育纲要［M］//舒新城.中国近代教育史料·上册.北京：人民教育出版社，1981：263.
④ 谭梅，张瑾.民国时期小学语文教材的演变及其各阶段的特点［J］.教育与教学研究，2014，28（12）：14-18.
⑤ 吴增祺评选.重订中学国文教科书（例言）［G］//李树.中学语文教学百年史话.济南：山东人民出版社，2007：125.

史上有地位的作家的代表作，如《过秦论》《廉颇蔺相如传》《出师表》《滕王阁序》等，即使在当代，这些名篇也是中学教材中的中华传统经典教育的重要内容。

五四运动之前的中小学教材中内容基本全为传统文言文，除此之外，还涉及一些唐宋各家的诗词文选。在内容的编排上按照《共和国教科书国文读本》教材编辑"力避干燥无味之弊"的基本法则，为了最大程度上促进中小学生传统经典的学习，已经开始考虑遵循学生由浅入深、循序渐进的认知规律，比较精细地抓住了中小学学生在接受教材中内容的心理规律。

## 三、五四运动至南京国民政府建立前（1919—1927）：探索与发展

1919年，五四运动爆发，"壬子·癸丑学制"因不适应时代发展而面临改革。20世纪二三十年代爆发了浩浩汤汤的"国语运动"。"国语运动"的蓬勃发展，从文言文到白话文的论争，为国学研究、传统经典学习的教育观念变化发展起到了甄别、比较、权衡的推动作用[1]。

1921年，梁启超发表《学校的读经问题》为推广传统经典，鼓励儿童在幼年和小学阶段读经，辩证意义上讲有利于中国传统文化的传承与发展。1922年9月，北洋政府改学制为"壬戌学制"。"壬戌学制"明确了学制改革的实用主义教育标准：适应社会进化之需要；发挥平民教育精神；谋个性之发展；注意生活教育[2]，体现了西方实用主义教育精神对传统教育的改造。

"壬戌学制"推行以后，在全国各地试行了一系列的国语教育改革方案，对传统经典的推广、传承有着积极的影响。例如胡适起草的《高

---

[1] 王丽娜.民国时期国学经典的教育观念变迁研究[D].成都：四川师范大学，2012：38.
[2] 大总统颁布施行之学校系统改革案[G]//璩鑫圭，唐良炎.中国近代教育史资料汇编·学制演变.上海：上海教育出版社，2007：1008-1009.

## 第二章 中国中小学中华传统经典教育历程

级中学公共必修国语课程纲要》中有明确指出这一时期中小学教育目的在于"（一）培养欣赏中国文学名著的能力。（二）增加使用古书的能力。……"[①]同时也规定毕业的最低限度的标准是：曾精读指定的中国文学名著八种以上；曾略读指定的中国文学名著八种以上等[②]。由此可见，"新学制"的推行对中小学生传统经典的学习要求有所提高。这时期的中小学课程中都详细规定了中小学生需要必读和选读的传统经典篇目，如南京金陵中学初中学生必读《孟子》《三国演义》等；苏州中学学生精读书目有《说文释例》《诗经选读》《论语集注》《左传事纬》等。

受五四运动精神和学制变化的影响，张存拙曾指出这一时期的教材编写变化包括：一、白话文入选；二、小说戏曲入选；三、世界文学名著入选；四、社会问题文入选等[③]。主要教材有：1917—1927年上海徐家汇土山湾印书局发行的《高等小学国文新课本》。1919年8月商务印书馆出版的由庄适等编纂的《新体国语教科书》。1923年商务印书馆出版的《新法国语教科书》。1925年魏冰心等编辑的《新学制小学教科书高级国语读本》。1932年上海商务印书馆出版的由吴研因等编写的《新学制国语教科书》等。[④]其中，1923年商务版的新学制初中《新法国语教科书》是由吴研英、叶圣陶等人编写，他们尝试同一本教科书用文、白夹杂的方式编写，其中文白比按年级依次为3∶7、1∶1、7∶3，并将诗歌和经典名著编入教材。这一时期的教材内容选择较以往有所突破，古典诗词受到青睐，如沈星一编的《初级中学古文读本》中前三册共选54首。除此之外，这一时期的教材还大量选取孔子、孟子、墨子等诸子百家的经典作品。例如庄适编辑的《现代初中教科书国文》选编有《孔子·子高游赵》和《荀子·非相》等传统经典篇目。在胡适的《高

---

① 舒新城.中国近代教育史资料·中册［M］.北京：人民教育出版社，1985：536.
② 胡伟光.民国前期中小学语文教育研究（1912–1927）［D］.济南：山东师范大学，2013.
③ 张存拙.中学国文教材的改进和社会本位文化［J］.国文月刊，1948（74）：1.
④ 谭梅，张瑾.民国时期小学语文教材的演变及其各阶段的特点［J］.教育与教学研究，2014，28（12）：14–18.

级中学应读的名著举例》中，传统经典名著占据相当大的比例，且都属于精读范围，白话文属于略读范围①。这一时期中小学中华传统经典教育在探索中不断发展。

## 四、南京国民政府时期（1928—1948）：由盛转衰

1927年4月，蒋介石在南京建立南京国民政府，并对学校的教育管理进行强化，"三民主义"教育逐渐成为社会发展的潮流。这一时期的中小学教育深受西方现代民主主义、实用主义等思想的影响，其中有众多体现自由、平等、民主、共和等精神的内容。

蒋介石的南京国民政府成立后便着手对中小学的教学纲要进行调整，1928年5月，南京国民政府教育部在南京主持召开第一次全国教育会议，"三民主义"的教育宗旨首次提出。

1929年8月开始推行"中小学课程暂行标准"，在对暂行的课程标准进行了两次修改之后，南京国民政府于1936年正式颁布了课程标准。1929年版的标准较1923年之标准变化不大，但1929年的课程标准能够明显地看出受到了政治环境的影响，统治阶层开始对语文教材进行意识形态监控，这是因为1928年国民党政府北伐完成，开始实行"训政"。此后1932年、1936年、1940年和1941年的课程标准增加了"了解固有文化""发扬民族精神"等款项，这些都是对经典教育的注重和加强。

到了20世纪30年代，文言文教材的编写已渐趋成熟，大致形成了一些趋同的格局。在这一时期比较盛行的教材版本有1933年商务印书馆出版傅东华编《复兴初级中学国文》；1935年开明书店出版的夏丏尊、叶绍钧编《国文百八课》；1937年中华书局出版的宋文翰、张文治编《新编国文》。其中《国文百八课》因抗战爆发未编完。②

---

① 胡适.高级中学公共必修的国语课程纲要［G］//新学制课程标准起草委员会.新学制课程标准纲要.上海：商务印书馆，1925：8-11.
② 周庆元.中学语文教材概论［M］.长沙：湖南人民出版社，1994：51-54.

## 中国中小学中华传统经典教育历程

1934年，南京国民政府通过《修理维持曲阜孔子陵庙办法》和《尊崇孔子发扬文化案》两个决议，开始推动社会各界学习孔子，推崇读经，官方决议的出台在一定程度上推动着中华传统经典教育的发展。

20世纪30年代，中学国文教科书的编写形式采用文白兼选的形式已基本定型。按当时南京国民政府"暂行课程标准"规定各年级的文白比例为：初一文白3∶7；初二文白4∶6；初三文白1∶1；高一文白6∶4；高二文白7∶3；高三文白8∶2。当时大多数中小学使用的中学国文教科书，都是严格按照上述比例处理的。由此可见，蒋介石的南京政府增加了中小学教科书中传统经典教育内容的比重。相对于抗日战争爆发后的中小学教材发展，南京国民政府在统治的前十年中，中小学国语教科书中以传统经典文学和儒家文化观为内容的课文比例明显增加，由于中小学教材中经典教育内容的增加和教材在中小学中的普及与推广，这一时期中小学中华传统经典教育的发展形势较为良好。

1934年，在西南军阀陈济棠的极力推动下，广东省广州市各中小学学校都采用《孝经新诂》作为中小学的教材，但是1936年6月发生的"两广事变"，陈济棠被蒋介石免除职务，《孝经新诂》作为教材也宣告结束。

1937年抗日战争爆发后，中华民族陷于空前危机。这一时期的中小学中华传统经典教育发展主要限于国统区，抗日根据地的中华传统经典教育以共产主义精神为指导，与革命战争、工农群众、生产劳动相结合，注重中华传统经典教育的"实践化"。这一时期国民政府的中小学教材中增加了传统经典的比重，1940年国民政府教育部颁布的《修正初级中学国文课程标准》规定，初中国文课教材应"语体文与文言文并选，语体文递减，文言文递增，各学年分量约为七与三、六与四、五与五之比例"[1]。同时在这一时期的教科书中也收录了许多表现传统道德教育为主要内容的经典篇目，例如朱琦的《北堂侍膳图记》、王拯的《婴砧课诵

---

[1] 课程教材研究所. 20世纪中国中小学课程标准·教学大纲汇编·语文卷[M]. 北京：人民教育出版，2001：305.

图序》、班昭的《为兄超代求疏》等,还有一部分是提倡仁义的传统经典教育篇目,例如孟子的《鱼我所欲也》等篇目。

1940年之前的南京国民政府时期,语文教材的编写和发行环境较为宽松,教育部颁行的"课程标准"不对具体选材做出规定。20世纪40年代,由于国民政府教育政策的变更,中小学教材的编订方式也有了改变。1942年,国立编译馆推出了由羊达之等人编写,正中书局出版的《国文》官方版教材,并命全国各省市学校统一使用。《国文》教材初中六册在1946年完成编写,成为"国定本"。但官方教材的推行并不理想,很多学校仍私下采用其他教材,例如1946年由叶绍钧、郭绍虞等编著的《开明新编国文读本》,1947年宋文翰在《新编国文》的基础上改编的六册《中华文选》都是当时畅销的非官方教材。[1]

特别需要提及的是,20世纪20年代兴起的"国学教育"运动对1928—1948年南京国民政府时期的中华传统经典教育有着重要的影响,以王国维等为代表的有着民族与国家忧患意识的教育家,提出了革新和复兴传统经典教育的思想,并实施了一系列试图挽救和复兴国学教育的措施。

在"国学教育"运动的影响下,学术界和教育界创办了一批国学研究方面的期刊,如《国学丛刊》(1923)、《人文》(1930)、《国学汇编》(1931)、《禹贡半月刊》(1934)、《文哲月刊》(1935)、《史学集刊》(1936)、《国学》(1937)等。[2]同时一批批国学教育机构也创办起来,如江苏无锡唐文治的无锡国学专修馆[3](学院/学校[4])(《无锡国学专修馆馆规》云:"吾馆为振起国学,修道立教而设"[5])、河南河洛国学

---

[1] 北京图书馆.民国时期总书目[M].北京:书目文献出版社,1986:176–177.
[2] 熊贤君.民国时期的国学教育及价值解读[J].民国档案,2006(01):101.
[3] 中国人民政治协商会议江苏省暨南京委员会文史资料研究委员会.江苏文史资料选辑·第11辑[M].南京:江苏人民出版社,1983:171.
[4] 该馆在1921年刚发起时名称为"无锡国学专修馆",次年因扩大规模,更名为"无锡国学专门学院",1929年又更名为"无锡国学专修学校"。
[5] 唐文治.茹经堂文集:卷二[M].南京:江苏人民出版社,1983:34.

专修馆（1933）等。"国学教育"运动在当时的大学中也引起巨大的反响。金陵大学于1934年创设的国学特别研究班，由国学大师黄侃讲授《尔雅》《文心雕龙》和《新唐书》等课程。北京大学于1922年1月成立研究所国学门，蔡元培担任委员会委员长，研究所于1932年更名为研究院文史部，又于1934年改称为研究院文科研究所。[①]清华大学也于1935年设立研究院，开办国学一门，同时教会大学如齐鲁大学、华西协合大学及岭南大学、华中大学等也在20世纪30年代开设了国学研究所或中国文化研究所等。[②]社会各界对于国学及国学教育的研究潜移默化地影响着中小学对于中华传统经典教育的改革和传承发展，"国语教育"运动的兴起与发展使得民国中期的中小学的中华传统经典教育从形式到内容都发生了比较明显的变化，中小学课程体系中的传统经典文化教育的内容也有明显增加，这对推动民国中后期中小学中华传统经典教育产生了重要影响。

## 第二节 新世纪以来新中国中小学中华传统经典教育历程

在中国特色社会主义和市场经济的建设过程中，中华民族优秀传统文化的位置越来越得到强化，因中国特色社会主义建设的需要，它将成为我们重要的精神文化财富和资源。

2002年，"坚持弘扬和培育民族精神"在党的十六大报告中被明确提出。优秀的中华民族传统文化与"民族精神"是紧密相连的。"立足于改革开放和现代化建设的实践，着眼于世界文化发展的前沿，发扬民族文化的优秀传统，汲取世界各民族的长处，在内容和形式上积极创新，

---

① 陈平原.老北大的故事［M］.南京：江苏文艺出版社，1998：92.
② 陶飞亚，吴梓明.基督教大学与国学研究［M］.福州：福建教育出版社，1998：182–221.

不断增强中国特色社会主义文化的吸引力和感召力"[1]。

2007年,党的十七大报告中明确指出:"弘扬中华文化,建设中华民族共有精神家园。中华文化是中华民族生生不息、团结奋进的不竭动力。要全面认识祖国传统文化,取其精华,去其糟粕,使之与当代社会相适应、与现代文明相协调,保持民族性,体现时代性"[2]。随后,依据党的十七大精神,我国出台了多项法律法规和管理办法弘扬中华优秀传统文化。同年,由中宣部、国家语委等有关部门联合牵头,以继承和弘扬民族优秀传统文化为主题的"中华经典诗文诵读活动"启动。2008年,中宣部等部门出台了《关于以传统节日为主题开展经典诵读和诗词歌赋创作活动的通知》。2009年,《教育部办公厅关于在教育系统做好"中华诵"经典诵读工作的意见》颁布,指出要"在各级各类学校掀起诵读中华经典美文、学习国家通用语言文字、弘扬中华优秀文化的热潮"[3]。2010年,《教育部、国家语言文字工作委员会关于在学校开展"中华诵·经典诵读行动"试点工作的通知》要求各地"开展中华古代经典及现当代优秀诗文的诵读、书写、讲解""通过试点,引领广大师生更加广泛深入地感受领悟中华经典,加深对中华优秀传统文化的了解和热爱,增强继承和弘扬中华文化的自觉性,提高思想道德水平"[4]。与此同时,各地方也纷纷出台了相应的实施细则,将"中华诵"系列活动持续下去,有力推动教育开展。2010年,我国颁布了《国家中长期教育改革和发展规划纲

---

[1] 江泽民.全面建设小康社会,开创中国特色社会主义事业新局面——在中国共产党第十六次全国代表大会上的报告[R/OL].(2008-08-01)[2022-02-09].http://www.gov.cn/test/2008-08/01/content_1061490.htm.

[2] 胡锦涛.高举中国特色社会主义伟大旗帜 为夺取全面建设小康社会新胜利而奋斗——在中国共产党第十七次全国代表大会上的报告[R/OL].(2012-06-11)[2022-02-09].http://fuwu.12371.cn/2012/06/11/ARTI1339412115437623.shtml.

[3] 中华人民共和国教育部.教育部办公厅关于在教育系统做好"中华诵"经典诵读工作的意见[EB/OL].(2009-06-04)[2019-04-08].http://www.moe.gov.cn/srcsite/A18/s3137/200906/t20090604_78541.html.

[4] 中华人民共和国教育部.教育部-国家语言文字工作委员会关于在学校开展"中华诵·经典诵读行动"试点工作的通知[EB/OL].(2010-07-13)[2022-02-09].http://www.moe.gov.cn/srcsite/A18/s3137/201007/t20100713_92852.html.

要（2010—2020年）》，明确指出教育改革的战略性主题应当突出"加强中华民族优秀文化传统和革命教育"。①在这一时期，传统经典教育逐渐开始得到重视，教育政策配合国家大政方针，将传统经典教育逐步推行开来。

2012年，党的十八大报告对文化建设任务和目标做了重要阐述和工作部署，"文化是民族的血脉，是人民的精神家园"。②2013年，中共十八届三中全会表决通过了《中共中央关于全面深化改革若干重大问题的决定》，明确把"完善中华优秀传统文化教育"作为教育领域综合改革的重要任务。习近平总书记就教育领域中中华优秀文化的传承与弘扬也多次做出重要指示。为了进一步继承和发扬中华优秀传统文化，加强中小学中华传统文化的传承教育，教育部于2014年3月制定和实施了《完善中华优秀传统文化教育指导纲要》（简称《纲要》）。《纲要》指出加强优秀传统文化教育的重要性在于："对于引导青少年学生更加全面准确地认识中华民族的历史传统、文化积淀、基本国情，认清中国特色社会主义的历史必然性，坚定走中国特色社会主义道路、实现中华民族伟大复兴中国梦的理想信念，具有重大而深远的历史意义"③。《纲要》肯定了弘扬中华优秀传统文化在教育中的地位，同时也使中华传统文化教育的实施落到了实处，强调分学段有序推进中华优秀传统文化教育，对小学、中学到大学各个阶段的教育方向进行了明确的指导：对小学低年级学生开展启蒙教育，主要培育其对中华优秀传统文化的亲切感，促进学生热爱中华优秀传统文化；对小学高年级学生开展认知教育，提高青少年对中华优秀传统文化的感受力，增强对中华优秀传统文化多样性的理解认知；对初中学生开展认同教育，引导青少年认识我国的历史文化传统和

---

① 国家中长期教育改革和发展规划纲要（2010—2020年）[J].中国民族教育,2010(Z1):7-21.
② 胡锦涛.坚定不移沿着中国特色社会主义道路前进，为全面建成小康社会而奋斗——在中国共产党第十八次全国代表大会上的报告[R/OL].（2012-11-18）[2019-04-08]. http://cpc.people.com.cn/n/2012/1118/c64094-19612151-1.html.
③ 完善中华优秀传统文化教育指导纲要[J].中小学德育,2014（04）:4-7+41.

基本国情，增强其对中华优秀传统文化的理解，提高对中华优秀传统文化的认同度；对高中学生则主要进行文化自信教育，强调中华优秀传统文化的精神内涵，加强学生对中华优秀传统文化的理性认识，增强学生对中华优秀传统文化的热爱与自信。[①]在《纲要》的指导下，中小学经典教育的课程和教材的改革工作持续推进。以中小学德育、语文、历史、艺术、体育等学科课程标准修订为例，《纲要》强调其课程中要进一步增加中华优秀传统文化相关内容的比重，在地理、数学、物理、化学、生物等科目中，应紧密结合各个教学环节，渗透中华优秀传统文化相关内容。习近平总书记在2014年视察北京师范大学时指出"我很不赞成把古代经典诗词和散文从课本中去掉，'去中国化'是很悲哀的。应该把这些经典嵌在学生脑子里，成为中华民族文化的基因"[②]，再次强调了经典教育走进校园的重要性。

2017年普通高中语文课程标准中，"传统文化""核心价值观""情景"等成为高频词汇，这见证了语文教学从了解熟读古诗词到培养学生感悟传统诗文内涵和价值的发展。2017年1月，中共中央办公厅、国务院办公厅印发了《关于实施中华优秀传统文化传承发展工程的意见》，提出"围绕立德树人根本任务，遵循学生认知规律和教育教学规律，按照一体化、分学段、有序推进的原则，把中华优秀传统文化全方位融入思想道德教育、文化知识教育、艺术体育教育、社会实践教育各环节，贯穿于启蒙教育、基础教育、职业教育、高等教育、继续教育各领域"，将中华优秀传统文化教育贯穿国民教育始终。意见进一步指出，"以幼儿、小学、中学教材为重点，构建中华文化课程和教材体系""编纂出版系列文化经典""丰富拓展校园文化，推进戏曲、书法、高雅艺术、传统体育等进校园，实施中华经典诵读工程，开设中华文化公开课，抓好传统文化

---

[①] 完善中华优秀传统文化教育指导纲要［J］.中小学德育，2014（04）：4-7+41.
[②] 习近平.我很不赞成把古代经典诗词和散文从课本中去掉［EB/OL］.（2014-09-09）［2019-04-09］.http：//politics.people.com.cn/n/2014/0909/c1024-25628978.html.

教育成果展示活动"①，提出到2025年，中华优秀传统文化传承发展教育工程体系基本形成。随后，各省、市、自治区相继出台了关于推进落实中华优秀传统文化传承发展工程的具体实施指导意见，传统经典教育进一步在全国得到了推广。

2017年2月23日，由国家文化部印发的《"十三五"时期文化发展改革规划》指出，弘扬优秀传统文化与继承发展现实文化需要有机统一起来，在继承中促进发展，在发展中持续继承，对中华优秀传统文化进行创造性的转化，实现创新性的发展。文件要求，建立优秀传统文化传承发展示范区、华夏文明传承创新区，2020年时基本形成中华优秀传统文化传承体系。

2017年10月，党的十九大报告指出，"中国特色社会主义文化，源自中华民族五千多年文明历史所孕育的中华优秀传统文化，熔铸于党领导人民在革命、建设、改革中创造的革命文化和社会主义先进文化，植根于中国特色社会主义伟大实践""坚持社会主义核心价值体系""推动中华优秀传统文化创造性转化、创新性发展"②，为新时代中华经典教育的发展指明方向。

随着中华传统经典教育的深入发展，2018年5月14日，教育部正式印发了《关于开展中华优秀传统文化传承基地建设的通知》。文件提出，至2020年，全国计划建设约100个中华优秀传统文化传承发展基地，探索构建一个具有高校特色和特点的综合性中华优秀传统文化传承发展体系。在传统文化教育普及、保护传承、创新发展、传播交流等各方面协同推进并取得重要成果，中华优秀传统文化传承基地的建设内容包括课程建设、社团建设、工作坊建设、科学研究、辐射带动、展示交流等

---

① 关于实施中华优秀传统文化传承发展工程的实施意见［EB/OL］.（2017-01-25）［2022-02-09］. http://www.gov.cn/zhengce/2017-01/25/content_5163472.htm.
② 习近平. 决胜全面建成小康社会 夺取新时代中国特色社会主义伟大胜利——在中国共产党第十九次全国代表大会上的报告［EB/OL］.（2017-10-27）［2022-02-09］. http://jhsjk.people.cn/article/29613458.

六个板块。

2018年9月,《中华经典诵读工程实施方案》发布,这份由教育部和国家语委主持的方案将经典教育从课程、课本推广到校园、社会,强调经典阅读要学校教育与社会参与并重。学校应建设经典教育的品牌活动,社会应开展"送经典下基层"、举办各类全国性大型传统文化活动等。由此可以清楚地看出,中华传统经典教育在这一阶段得到充分的重视和推广,伴随着我国进入新时代,中华优秀传统经典的学习和教育推广对实现中华民族伟大复兴的中国梦起着凝心聚力的重要作用,也向全世界传达着中国声音,讲述着中国故事,展现着中国智慧,经典教育已成为国家全方位、多层次推动发展的重要举措和战略性基础工程。

# 第三章　新中国中小学语文教材及高考试卷中华传统经典教育内容分析

本章主要针对新中国中小学语文教材和高考试卷进行分析，特别关注教材与试卷中与中华传统经典教育相关的内容。在教材分析方面，本章将先回顾新中国成立以来中小学语文教材出版的历史，然后从数量、出处、作者、朝代、文体和内容等方面进行分析。在高考试卷方面，本章将进行省份、题型和内容等方面的对比分析。

## 第一节　教材出版概述

目前使用的初中和小学语文教材主要包括：人教版（由人民教育出版社出版）、北师大版（由北京师范大学出版社出版）、苏教版（由江苏教育出版社出版）、沪教版（由上海教育出版社出版）、浙教版（由浙江教育出版社出版）等。而在高中阶段（十年级到十二年级）阶段，目前使用的语文教材版本主要包括：人教版、北师大版、苏教版等。在所有版本中，人教版语文教材从新中国成立后经历了多次修订，使用时间最长，使用范围最广。以下，笔者以人教版教材为脉络，对新中国成立后我国大陆地区语文教材的发展进行回顾。

## 一、小学语文教材

1949年新中国成立初期，在新课本编出之前，全国统一使用老解放区的语文教材12册，其中包括了8册《初级小学国语课本》和4册《高级小学国语课本》。20世纪50年代，人民教育出版社（以下简称"人教社"）开始了新一轮的教材编纂工作。这一轮编纂工作主要以上述12册教材为基础，并供应全国。1951年8月，由于中央规定小学实行五年一贯制，人教社开始编辑出版供当时全国五年一贯制使用的《小学语文课本》。这套书只编了第一、二册，到1953年1月，因五年一贯制暂缓推行，课本编写停止。

20世纪50年代，我国开始了大规模的经济建设，在课本编辑工作中，提出了学习苏联经验。小学语文编辑室先后翻译了苏联的《阅读课本》4册。在人教社当时编写的课本中，选用了不少其中的课文。在此期间，先是供应了以上海版改缩的《初级小学国语课本》和《高级小学国语课本》，后又开始供应新编课本。1954年提出了《改进小学语文教学的初步意见》，两年后又颁布了《小学语文教学大纲（草案）》。根据这些文件编写了小学语文课本，这些教材思想性大大提高，语文教学的目的要求更为明确具体，还明确体现了大纲中提出的"一、二年级以识字为重点"的精神。这套教材以后每年进行修订，一直沿用到1966年。

1958年在"大跃进"的形势下开展了"教育大革命"，认为教材"少慢差费"，强调要"紧跟形势"。小学语文课本中删去了不少优秀的传统课文，增加了《人有多大胆，地有多大产》之类的课文。这轮教材只用了一个学期，就停用了。1960年4月，人教社从全国抽调了几位优秀教师参与编写了一套《十年制学校小学课本（试用本）语文》10册，供五年制使用。这套教材编写的原则是"适当缩短年限，适当提高程度，适当控制学时，适当增加劳动"。1961年夏，根据中共中央文教小组的指示，由于国民经济实行"调整、巩固、充实、提高"的方针，教育战线上提

## 新中国中小学语文教材及高考试卷中华传统经典教育内容分析

出了纠正"乱、糙、偏",教育部总结了正反两方面的经验,1963年起草并公布了《全日制小学语文教学大纲(草案)》。人教社根据这个大纲,开始编写新教材。但这套教材,只编到第六册,"文革"就开始了,以下几册没有编辑成书。1964年2月,毛泽东主席发表春节讲话。人教社以"加强教材的思想性,加强联系实际,贯彻少而精的原则,减轻学生负担"为原则,编写一套《小学语文课本(送审本)》,但未及正式出版发行。

1977年9月,以人教社编辑人员为主体,抽调了全国各地干部组成编写队伍,在"全国中小学教材编写工作会议"上起草了《全日制十年制学校小学语文教学大纲编教材(试行草案)》,并编写了《全日制十年制学校小学课本(试用本)语文》,共10册。

由于学制的变动,人教社小学语文教研室(以下简称"人教社小语室")于1981年编辑了一套《五年制小学课本语文》10册。1983年,又编写了《六年制小学课本语文》12册。两套课本程度相同,只是六年制课本坡度放缓,课文课数稍有增加。与此配套的还有人教社小语室编写的一套写字教材(共14册)、供低年级使用的《小学语文课本说话》和《小学语文阅读文库》120册,以及配合教学的生字卡片与辨字卡片。

1986年,全国人民代表大会通过了《中华人民共和国义务教育法》。同年,国家教委颁布《全日制小学语文教学大纲》。1988年,又颁布《九年制义务教育全日制小学语文教学大纲(初审稿)》。人教社开始着手编写供义务教育使用的教材。1989年开始,又编写了《义务教育五年制小学教科书(实验本)语文》10册(1989—1994年编写完毕),《义务教育六年制小学教科书(实验本)语文》12册。与此配套,还同时编写了《义务教育五年制小学语文(自读课本)》10册、《义务教育六年制小学语文(自读课本)》12册、写字教材、生字词卡片、汉语拼音常用音节表、声母、韵母、整体认读音节表等。

1991年，为了实施国家教委《中小学语文学科思想政治纲要（试用）》，人教社编写了一套《小学语文阅读课本》2册。1992年，《九年义务教育全日制小学语文教学大纲（试用）》颁布。人教社在实验本的基础上，编写了《九年义务教育五年制小学教科书语文》10册和《九年义务教育六年制小学教科书语文》12册，同时还编写了相应的小学语文自读课本。为配合教学，还供应教学挂图、生字生词卡片、朗读录音带等。

2003年，人教版推出了全新的小学语文教材（第十套），这套教科书在低年级着眼于对学生进行全面语文启蒙教育，中、高年级则致力于全面提高学生的语文素养，避免烦琐，简化头绪，突出重点，加强整合。2011年，人教版推出了第十一套小学语文教材。2016年9月起，人教版教材使用区开始试行部编新版教材，2017年9月起，部编新版教材在全国使用。新版部编版小学语文教材适度降低了汉语拼音教学的难度，并增加了古诗文内容。

## 二、中学语文教材

类似于小学语文教材，新中国成立后的中学语文教材最开始也是以解放区使用过的老课本为基础的。这套教材于1950年开始使用，并经人教社于1951年正式修订出版。这套教材汲取了在民国时期编写课本的经验，在思想内容上突出思想政治性，很好地去除了封建买办、法西斯主义的反动思想对课本的影响。教材最终确定后，存在着一定的问题，其在语文知识和语文训练方面缺少系统安排，文言文比重较轻。

1954年，新中国进行了第一次中学语文课本改革。同年，对改革后的教材进行试教，并在全国进行推广。在推广期间，按照《初级中学文学教学大纲（草案）》和《初级中学汉语教学大纲（草案）》的指导方针，初中文学（6册）和初中汉语（6册）两套课本由人教社分别编写；按照《高级中学文学教学大纲（草案）》和《高级中学汉语教学大纲（草案）》要求，

## 新中国中小学语文教材及高考试卷中华传统经典教育内容分析

高中文学（4册）和高中汉语（4册）两套课本由人教社分别编写。比较完整的文学教学体系在文学课本中建立起来，名家名作大多入选，编排方式灵活多样，但也存在一定问题，过分强调纯文学教学，忽视作文教学，体现出对一般语文能力的培养的不足；由古到今按照文学史系统的编排方式，违反了由浅入深的原则；思想内容和文学形象的偏重架空分析，课文的语言文字教学遭到忽视；某些课文过长、分量偏重等。建立了比较完整的汉语教学体系是这套教材中的汉语课本的特点，大量的例子，使学生在反复练习中逐步掌握语言规律。然而，这套教材中的汉语课本内容烦琐，分量偏重，与同套教材的文学课本脱节，而且不切合学生读写的实际运用。

综合性的语文课本由人教社于1958年起开始重编，初中6册、高中6册，知识性短文穿插在各单元之间，选材面广是这套课本的特点。当时受"大跃进"的影响，结合政治形势的文章过多选入这套教材，使课本几乎成了报纸杂志的文章汇编。1960年，语文课本的修订本修订幅度较大，课文篇数继续增加，并增加了课文难度；按记叙、说明、议论的顺序对课文进行编排，分精讲、略讲两种，在各册的练习里分散语法知识。其问题在于，不恰当的强调政治的倾向仍然存在，对语文训练重视不够。

十年制中学语文课本（试用本）于1961年起开始编写，人教社根据中央关于缩短年限、提高质量的指示编写的这套教材，完成于1964年，初中6册、高中4册。思想政治教育在这套课本中得到加重，政论文和表现现实生活的文章比重提升；注意培养学生的读写能力，力求选取典范之文；以培养读写能力为序试图编排的课文。缺少实用性的课文是这套教材的不足，训练的重点不明确体现在各年级的语文教材中。

人教社在"文革"结束后开始了新一轮的教材改革。"四人帮"在语文教学中散布的流毒在新版教材中得到肃清，拨乱反正，对语文教学质量的提高起了积极作用。按照1986年12月颁布的《全日制中学语文教学大纲》的精神，全日制六年制中学语文课本由人教社于1987年进行修订，完成于1988年。提高课文质量、增强时代气息、改进编排体系、形成训练系列、调整语文练习、突出语言训练在新版教材中得到明确。弹性不够的问题在这套教材中明显存在，教学条件较差的地区和学校的师生感到负担偏重，语法内容在初中偏多。

按照《九年义务教育全日制初级中学语文教学大纲（初审稿）》和1992年颁布的试用稿的精神，两套不同的初中课本由人教社于1989年开始编写。一套供"六三"学制使用，另一套供"五四"学制使用。全套教材既有明确要求又有较大弹性。四年制教材与三年制初中教材相比，除总体结构多一个阶段，其他都与三年制教材一致。

按照1996年颁布的普通高中新的课程计划及随后颁布的《全日制普通高级中学语文教学大纲（供试验用）》的精神，与义务教育教材相衔接的高中语文课本由人教社进行了编写。这套课本改革了教科书的体系和结构；全面提高学生素质；加强文学教育，培养学生初步欣赏文学作品的能力得到体现。

根据2003年颁布的《普通高中语文课程标准（实验）》的要求，人教社编写了新一版的高中语文教材。这套语文教材最大的贡献是为后来的教材提供了明确的文言文阅读能力层级要求，这使得文言文阅读能力的培养从长期的模糊状态走向明确。

2017年1月，中共中央办公厅、国务院办公厅印发了《关于实施中华优秀传统文化传承发展工程的意见》（以下简称《意见》）。《意见》指出，"以幼儿、小学、中学教材为重点，构建中华文化课程和教材体系"。随后，教育部颁布了《普通高中语文课程标准（2017年版）》，这版课程标准为高中语文教材的编写提供了推荐古诗文篇目，一共72篇，从数量上讲较之往年大为增长。根据教育部2018年发布的《关于做好普通高中新课程新教材实施工作的指导意见》，以2017版《普通高中语文课程标准》编写的全国统一版本的高中教材于2019年秋季学期正式在全国范围内开始使用。这一版本的课程标准与2003年版相比,明确规定"课内阅读篇目中,中国古代优秀作品应占1/2",原标准"诵读篇目的建议"也改为"古诗文背诵推荐篇目",推荐篇目数量也从14篇增加到72篇,整整增加了4倍多。可以预见新版本的教材在经典篇目的数量和类别上要更加丰富,对中华传统经典教育的要求也进一步提升。

## 第二节 实证研究数据来源

为了对新中国成立以来中小学语文教材中华传统经典教育内容进行更为细致的分析,本文选取了1949—2003年人民教育出版社出版的所有中小学语文教材(共十版)作为数据源(以下简称"人教版")[1],对其中传统经典篇目进行了重点分析。实证分析主要对于传统经典篇目的数量、出处、作者、朝代、文体进行总体和时序(纵向)分析。作为对照,本文还选用了北京师范大学出版社(以下简称"北师大版")和江苏教育出版社(以下简称"苏教版")2016年编写的教材,与人教版第十套教材进行了一定的版本间(横向)分析。

如第三章概念辨析所说,本研究要讨论的中华传统经典是指民国以前的经典文献,涵盖了先秦经典及诸子学、两汉经学、魏晋玄学、隋唐佛学、宋明理学和同时期的汉赋、六朝骈文、唐宋诗词、元曲、明清小说以及学科类经典文献。以几个例子来直观地体现数据选择的标准:

● 李白的《将进酒》——唐诗,符合我们的标准。

● 曹雪芹的《红楼梦(节选)》——名著,符合我们的标准。

---

[1] 新版人教版统编本教材于2019年5月份正式全面使用,并停止使用其他版本教材,因论文本部分内容已分析完毕,且新统编本为唯一教材不具有横向比较可比性,故未将其纳入数据进行分析,本章最后会对新版人教版教材进行简要描述。

- 沈括的《梦溪笔谈》——在某专业领域具有典范性与权威性，符合我们的标准。

- 小学教材中的白话文翻译版《拔苗助长》——白话文翻译版寓言，并不是原版的经典，在其他语境下不认为其属于经典篇目。但在本文的语境下，将其算作经典衍生篇目，这是由于小学白话文翻译版经典作品这一现象的存在，正是我们研究的问题之一。小学语文课本中的经典篇目大多是古诗词，白话文翻译版经典作品的变化趋势是怎样的？从哪一年开始小学课本中出现了文言文？几年级出现的？趋势是怎样的？这些都是我们所关心的问题。

- 毛泽东诗词——以此类为代表的优秀的律诗、古体诗词，虽然传颂度高，但由于年代在民国以后，因此不符合我们的标准。

在进行传统经典篇目的各项元数据分析之前，本文首先对数据进行了一定的处理，主要包括对篇名、出处、作者、朝代、文体各项进行实体名称消歧[1]（去重、归并等），如：（1）《绝句·两个黄鹂鸣翠柳》和作者为杜甫且在小学课本中出现的《绝句》需要归并为同一篇课文；（2）"东周"和"战国"合并为"春秋战国"；（3）"李白"与"李 白"合并为"李白"，等等。此外，在对人教版教材进行时序分析之前，本文还对版本和年代的关系进行了梳理（详见后文）。

## 第三节 教材中的传统经典篇目总体分析

本部分选用的数据集中于人教版第十版教材（2003年出版）、北师

---

[1] Cucerzan, S.(2007, June). Large-scale named entity disambiguation based on Wikipedia data. In Proceedings of the 2007 Joint Conference on Empirical Methods in Natural Language Processing and Computational Natural Language Learning ( EMNLP–CoNLL )( pp. 708–716 ).

# 新中国中小学语文教材及高考试卷中华传统经典教育内容分析

大版教材（2016年出版）和苏教版教材（2016年出版），对其进行传统经典篇目的定量分析。这些定量分析包括了传统经典篇目数量（比例）、出处、作者、朝代和文体的分析。

## 一、传统经典篇目数量分析

图 3–1 展示了不同版本的教材中的传统经典篇目数量。统计发现，人教版第十版本的小学教材共有 71 篇传统经典篇目，北师大有 54 篇，苏教版有 49 篇。人教版第十版本的初中教材共有 139 篇传统经典篇目，北师大有 102 篇，苏教版有 70 篇。人教版第十版本的高中教材共有 78 篇传统经典篇目，北师大有 25 篇，苏教版有 34 篇。从图 3–1 可以看出，在全部三个教育阶段，人教版的传统经典篇目数量都位居首位，特别是在高中阶段，其包含的传统经典篇目数量超过了其他两个版本的高中教材中包含的传统经典篇目之和，这表明人教版教材对于传统经典篇目非常重视。

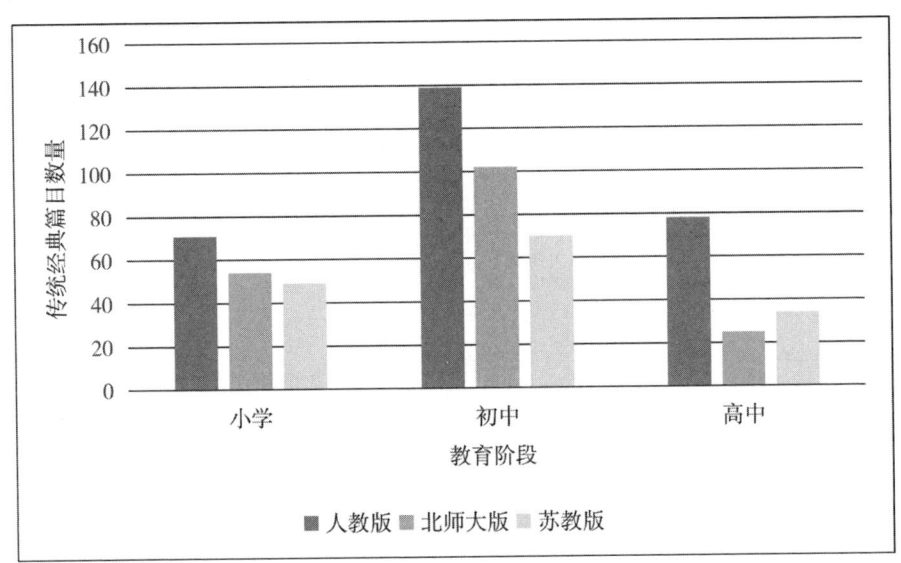

图 3–1　传统经典篇目数量对比

我们计算了不同版本教材中传统经典篇目所占比例的变化，如表 3–1 所示。某一套教材中传统经典篇目所占比例在数值上等于该教材包含的所有传统经典篇目的数量与该教材包含的所有课文数量的比值。

表 3-1 传统经典篇目比例对比

| 出版社 | 阶段 | 经典篇目比例 | 出版社 | 阶段 | 经典篇目比例 | 出版社 | 阶段 | 经典篇目比例 |
|---|---|---|---|---|---|---|---|---|
| 人教版 | 小学 | 17.03% | 北师大版 | 小学 | 9.05% | 苏教版 | 小学 | 13.65% |
| | 初中 | 56.57% | | 初中 | 34.23% | | 初中 | 33.02% |
| | 高中 | 49.68% | | 高中 | 22.94% | | 高中 | 25.95% |

从表 3-1 可以看出：

一方面，同一出版社的教材中，初中阶段传统经典篇目的比例最高，例如，表 3-1 显示人教版初中教材中传统经典篇目比例高达 56.57%，这一数字在北师大版和苏教版教材中也超过了 30%。高中阶段的传统经典篇目的比例也较高，分别达到了 49.68%、22.94% 和 25.95%。高中阶段传统经典篇目的比例低于初中阶段，在很大程度上与高中教材中应用文、议论文和其他类型的课文数量的大幅度增加有关。2000 年前后，教育部颁布了一系列政策、大纲，如 1996 年颁布的《全日制普通高级中学语文教学大纲(供试验用)》中重点强调了要培养学生初步欣赏文学作品的能力(对应了增加不同年代、不同类型的文学作品)、重视发展学生的个性和特长(对应了增加不同类型的课文，如小说、书信、科技文等)等。

另一方面，同一教育阶段的三个版本教材中，人教版教材中包含的传统经典篇目比例最高。例如，表 3-1 显示在小学阶段，人教版包含的传统经典篇目比例为 17.03%，高于北师大版和苏教版的 9.05% 和 13.65%。这些结果对图 3-1 中的发现进行了验证，说明了人教版教材在各个教育阶段对于中华传统经典教育的高度重视。

## 二、传统经典篇目出处分析

表 3-2、表 3-3 和表 3-4 列举了人教版第十版、北师大版和苏教版教材中包含传统经典篇目的出处分析。特别地，这些表格中列举了在小

# 新中国中小学语文教材及高考试卷中华传统经典教育内容分析

学、初中和高中阶段，三个版本传统经典篇目出处的前几名。从表3-2可以看出，在小学阶段，不管是哪版的教材，入选最多传统经典篇目来源是《全唐诗》；而除了《全唐诗》外，在北师大版和苏教版排名最高的几个出处中，《史记》均有入选：《史记》在北师大版教材中排名第二，在苏教版中排名第三。而在初中阶段（如表3-3所示），《全唐诗》依然在三个出版社的教材中排名第一。除此之外，《孟子》出现在了人教版和苏教版的出处前几名中，《柳河东集》出现在了北师大版和苏教版的出处前几名中。从中可以看出，在初中阶段的传统经典阅读选文中，苏教版的选题范围应当介于人教版和北师大版之间。在高中阶段（如表3-4所示），《全唐诗》仍在人教版和北师大版中排名第一，但在苏教版中则只排名第四。苏教版选取了更多的《全宋词》经典篇目。其他出现两次的出处来源包括《诗经》《全宋词》和《史记》。对比表3-2、表3-3和表3-4可以明显看出，随着教育阶段的提高，传统经典篇目选文的出处中增加了一些情感更为丰富（如《离骚》）、气势更为恢宏（如《史记》）的篇目，这也与学生年龄和思想水平、思想深度的提高有很大关系。

这里需要指出的是，表格中有一些地方的"—"表示本文并没有展示该版本该排名的出处。比如，苏教版并没有展示排名第四、第五的出处，这是因为并列排名第四的出处过多，且这些出处的课文数量过少，没有统计上的参考意义。类似地，在下文中对于作者、朝代、文体的分析及对应的时序分析也有类似的标记，其含义与此相同。

表3-2　不同出版社小学教材中传统经典篇目出处分析

| 排名 | 人教版 | 北师大版 | 苏教版 |
| --- | --- | --- | --- |
| 1 | 全唐诗 | 全唐诗 | 全唐诗 |
| 2 | 稼轩长短句 | 史记 | 西游记 |
| 3 | 江东集 | 战国策 | 史记 |
| 4 | 战国策 | 吕氏春秋 | — |
| 5 | — | 韩非子 | — |

表 3-3　不同出版社初中教材中传统经典篇目出处分析

| 排名 | 人教版 | 北师大版 | 苏教版 |
| --- | --- | --- | --- |
| 1 | 全唐诗 | 全唐诗 | 全唐诗 |
| 2 | 陶渊明集 | 全宋词 | 柳河东集 |
| 3 | 三国志 | 柳河东集 | 孟子 |
| 4 | 孟子 | 陶渊明集 | — |

表 3-4　不同出版社高中教材中传统经典篇目出处分析

| 排名 | 人教版 | 北师大版 | 苏教版 |
| --- | --- | --- | --- |
| 1 | 全唐诗 | 全唐诗 | 全宋词 |
| 2 | 诗经 | 诗经 | 离骚 |
| 3 | 全宋词 | 曹操集 | 史记 |
| 4 | 孟子 | 庄子 | 全唐诗 |
| 5 | 史记 | — | — |
| 5 | 红楼梦 | — | — |

表 3-5、表 3-6 和表 3-7 则只考虑人教版不同版本的传统经典篇目出处排名前十的统计结果。在这部分分析中，假如一篇传统经典篇目被人教版小学（或初中、高中）的多个版本所收录，则只被计算一次。在小学阶段，表 3-5 显示《全唐诗》的传统经典篇目多次入选人教版小学教材，累计有 59 篇不同的课文入选，占比超过三成。并列排名第二的出处共两个，即《韩非子》和《三国演义》；而其他的出处则都较少，如《全宋诗》和《史记》均只有 7 篇曾入选人教版小学教材。在初中阶段，尽管《全唐诗》仍然排名第一，但其所占的百分比明显下降，只有 17.94%。与此同时，《论语》《史记》入选初中教材的篇目及比例大幅增加，分别占 15 篇（4.41%）和 9 篇（2.65%）。而在高中阶段，《全唐诗》中课文的入选概率则继续降低，仅有 10.96%，而《孟子》《乐府诗集》《诗经》中载文的入选概率有所增加。从三个表格可以看出，高中阶段传统经典选文的出处与小学、初中阶段相比明显更为多样化。

高中阶段选文的多样化趋势还可以从三个表格的累计百分比这一指

# 新中国中小学语文教材及高考试卷中华传统经典教育内容分析

标的变化中得出。这一指标在数值上等于排名前十作者的入选篇目之百分比累加。某一阶段的这一指标越小,表明该阶段的传统经典篇目选文越多样;指标越大,则表明该阶段传统经典篇目选文越集中。从表3-5、表3-6和表3-7可以明显看出,小学阶段的累计百分比最大,达70.91%,而初中、高中的累计百分比则仅有40.29%和34.45%。

另外值得注意的现象是,在三个排名中都排前十的出处除了《全唐诗》外还包括《史记》《战国策》《全宋词》和《孟子》。这些著作、文集等都是经久不衰、被历史所检验过的、被大众所普遍认可的重要著述。

形成高中选文的多样化趋势的原因,一方面是由于在高中阶段,学生已经具备了阅读传统经典篇目的基本能力,在多样化选文的基础上能够进一步培养和锻炼学生的传统经典学习能力,另一方面也是由于2003年版课程标准在附录部分"关于诵读篇目和课外读物的建议"中写明了部分推荐篇目。这些推荐篇目是按照朝代和文体进行推荐的,这就给教材的编写提出了高中传统经典选文多样化的要求。同时,由于2003年版课程标准在唐诗、唐宋词部分推荐了较多的篇目,因此出处最多来自《全唐诗》也是有据可循的。

表3-5 人教版不同版本小学教材中传统经典篇目出处分析

| 排名 | 出处 | 篇数 | 百分比 |
| --- | --- | --- | --- |
| 1 | 全唐诗 | 59 | 34.30% |
| 2 | 韩非子 | 8 | 4.65% |
| 2 | 三国演义 | 8 | 4.65% |
| 4 | 全宋诗 | 7 | 4.07% |
| 4 | 史记 | 7 | 4.07% |
| 6 | 战国策 | 6 | 3.49% |
| 7 | 吕氏春秋 | 5 | 2.91% |
| 8 | 水浒传 | 4 | 2.33% |
| 9 | 列子 | 3 | 1.74% |
| 9 | 苏东坡全集 | 3 | 1.74% |

续表

| 排名 | 出处 | 篇数 | 百分比 |
|---|---|---|---|
| 9 | 全宋词 | 3 | 1.74% |
| 9 | 山海经 | 3 | 1.74% |
| 9 | 孟子 | 3 | 1.74% |
| 9 | 剑南诗稿 | 3 | 1.74% |
| | 累计 | | 70.91% |

表 3-6　人教版不同版本初中教材中传统经典篇目出处分析

| 排名 | 出处 | 篇数 | 百分比 |
|---|---|---|---|
| 1 | 全唐诗 | 61 | 17.94% |
| 2 | 论语 | 15 | 4.41% |
| 3 | 史记 | 9 | 2.65% |
| 4 | 全宋词 | 8 | 2.35% |
| 4 | 资治通鉴 | 8 | 2.35% |
| 4 | 世说新语 | 8 | 2.35% |
| 7 | 孟子 | 7 | 2.06% |
| 7 | 战国策 | 7 | 2.06% |
| 7 | 诗经 | 7 | 2.06% |
| 7 | 陶渊明集 | 7 | 2.06% |
| | 累计 | | 40.29% |

表 3-7　人教版不同版本高中教材中传统经典篇目出处分析

| 排名 | 出处 | 篇数 | 百分比 |
|---|---|---|---|
| 1 | 全唐诗 | 49 | 10.96% |
| 2 | 孟子 | 16 | 3.58% |
| 3 | 乐府诗集 | 15 | 3.36% |
| 4 | 诗经 | 14 | 3.13% |
| 5 | 全宋词 | 12 | 2.68% |
| 5 | 史记 | 12 | 2.68% |
| 7 | 陶渊明集 | 10 | 2.24% |
| 7 | 战国策 | 10 | 2.24% |
| 9 | 水浒传 | 8 | 1.79% |
| 9 | 左传 | 8 | 1.79% |
| | 累计 | | 34.45% |

# 新中国中小学语文教材及高考试卷中华传统经典教育内容分析

## 三、传统经典篇目作者分析

表3–8、表3–9和表3–10列举了人教版第十版、北师大版和苏教版教材中包含传统经典篇目的作者分析。这些表格中列举了在小学、初中和高中阶段，三个版本传统经典篇目出处的前几名。从表3–8可以看出，李白的经典篇目在人教版和苏教版中均排名第一，杜甫的经典篇目均排名第二；而司马迁的经典篇目都入选了北师大版和苏教版的前几名。此外，表3–8显示人教版经典篇目的作者更为多元化，包括了李白、杜甫等七位不同的作者，而北师大版和苏教版取选前几名的作者则较少。

表3-8　不同出版社小学教材中传统经典篇目作者分析

| 排名 | 人教版 | 北师大版 | 苏教版 |
| --- | --- | --- | --- |
| 1 | 李白 | 刘向 | 李白 |
| 2 | 杜甫 | 吕不韦 | 杜甫 |
| 3 | 刘向 | 司马迁 | 吴承恩 |
| 4 | 辛弃疾 | — | 司马迁 |
| 5 | 杨万里 | — | — |
| 5 | 王维 | — | — |
| 5 | 苏轼 | — | — |

而从初中教材的传统经典篇目作者分析结果看（表3–9），杜甫在人教版和北师大版教材中均排名第一，在苏教版教材中排名第二。苏轼尽管在人教版中排名第四，但在苏教版中排名第一。此外，入选前几名作者列表至少两次的作者还有孟子和柳宗元，不过，这两位作者并未在人教版排名前列的作者中出现。从表3–9还可以看出，不同版本初中教材中传统经典篇目作者分布均较为均衡。

表3-9　不同出版社初中教材中传统经典篇目作者分析

| 排名 | 人教版 | 北师大版 | 苏教版 |
| --- | --- | --- | --- |
| 1 | 杜甫 | 杜甫 | 苏轼 |
| 2 | 陶渊明 | 李白 | 杜甫 |
| 3 | 孟子 | 柳宗元 | 柳宗元 |
| 4 | 苏轼 | 白居易 | 孟子 |

从高中阶段教材看（表3-10），不同出版社教材传统经典篇目分布较为不均衡。这种不均衡体现在两个方面：

一方面，人教版高中教材尚能找出排名前五的作者，但北师大版和苏教版由于排名第五和第四的作者贡献的篇目数量过少，且并列排名作者过多，而并没有在表格中展示；这体现出北师大版和苏教版高中教材中传统经典篇目的作者非常集中，但人教版教材中该现象会弱很多；

另一方面，出现在不同出版社高中教材传统经典篇目作者排名前五列表的作者具有较大的差异，例如：第一，排在三个版本第一名的作者互不相同：人教版是杜甫，北师大版是苏轼，苏教版是司马迁；第二，能够在表3-10中出现两次的作者数量极少，仅有司马迁和苏轼两人，且苏轼没有出现在人教版的排名前五中，司马迁并没有出现在北师大版的排名前四中。

表3-10　不同出版社高中教材中传统经典篇目作者分析

| 排名 | 人教版 | 北师大版 | 苏教版 |
|---|---|---|---|
| 1 | 杜甫 | 苏轼 | 司马迁 |
| 2 | 孟子 | 曹操 | 苏轼 |
| 3 | 司马迁 | 杜甫 | 屈原 |
| 4 | 李白 | 庄子 | — |
| 5 | 曹雪芹 | — | — |

表3-11、表3-12和表3-13则只考虑人教版不同版本的传统经典篇目作者排名前十的统计结果。类似于出处部分的分析，在作者分析中，假如一篇传统经典篇目被人教版小学（或初中、高中）的多个版本所收录，则只被计算一次。

总体来看，不论在小学、初中和高中的排名中，李白和杜甫两位作者的经典作品都排名较为靠前，被广泛采用。其中，李白的作品占据了人教版小学教材经典篇目总量的8.72%，初中的4.41%，高中的4.03%，杜甫的作品则分别占了4.65%、5.88%和4.47%。同时，三张表格显示，杜甫的作品在初中和高中的篇目中排名第一。王维的作品在小学课本中

# 新中国中小学语文教材及高考试卷中华传统经典教育内容分析

的收录篇目排名第五,但在初中课本收录篇目排在并列第九,高中则未进前十(含并列)。在小学阶段,排名前十的作者最少有5篇经典作品入选过人教版教材,这十位作者的经典篇目入选教材的累计百分比达到了44.20%,相比于初中和高中的累计百分比来说较高;而在高中阶段,排名前十的作者虽然至少有10篇经典作品入选过人教版教材,但鉴于高中教材总体收录传统经典篇目数量较多,后两位的百分比仍然较低(2.24%)。这些数据分析结果表明,人教版小学阶段教材在选择传统经典篇目的来源作者时更为集中,而中学阶段教材则相对来说较为分散。

此外,对比表3–12和表3–13可以发现,入选人教版初、高中教材传统经典篇目的作者有很多重合,如司马迁、苏轼等。其可能的原因有以下几点:

第一,传统经典篇目在较新的版本教材中存在年级"下放"现象(见后文详述),意即原本在较旧版本中被编排在较高年级的课文在较新版本教材中被编排在了较低年级。这一现象可能造成很多课文曾经在高中教材中出现,后来出现在了初中教材中。鉴于我们使用了去重式统计法,这一现象可能会导致表3–12和表3–13中作者集中分布现象的出现。

第二,新中国成立至今的七十余年间,初高中的学制发生过多次变化,例如有些时段实行过三年初中,有些时段实行过四年初中,还有些时段对于初高中则实行"十年一体制"。因此一篇课文属于初中还是属于高中在不同时间段存在很大的变化,这也在一定程度上导致了表3–12和表3–13中作者集中分布现象的出现。

表3–11 人教版不同版本小学教材中传统经典篇目作者分析

| 排名 | 作者 | 篇数 | 百分比 |
| --- | --- | --- | --- |
| 1 | 李白 | 15 | 8.72% |
| 2 | 刘向 | 8 | 4.65% |
| 2 | 杜甫 | 8 | 4.65% |
| 2 | 罗贯中 | 8 | 4.65% |

续表

| 排名 | 作者 | 篇数 | 百分比 |
|---|---|---|---|
| 5 | 王维 | 6 | 3.49% |
| 5 | 韩非 | 6 | 3.49% |
| 7 | 苏轼 | 5 | 2.91% |
| 7 | 吕不韦 | 5 | 2.91% |
| 7 | 白居易 | 5 | 2.91% |
| 7 | 司马迁 | 5 | 2.91% |
| 7 | 施耐庵 | 5 | 2.91% |
| 累计 | | | 44.20% |

表 3-12 人教版不同版本初中教材中传统经典篇目作者分析

| 排名 | 作者 | 篇数 | 百分比 |
|---|---|---|---|
| 1 | 杜甫 | 20 | 5.88% |
| 2 | 孔子 | 18 | 5.29% |
| 3 | 李白 | 15 | 4.41% |
| 4 | 白居易 | 10 | 2.94% |
| 4 | 苏轼 | 10 | 2.94% |
| 6 | 司马迁 | 9 | 2.65% |
| 7 | 刘向 | 8 | 2.35% |
| 7 | 司马光 | 8 | 2.35% |
| 9 | 王维 | 7 | 2.06% |
| 9 | 孟子 | 7 | 2.06% |
| 9 | 刘义庆 | 7 | 2.06% |
| 累计 | | | 34.99% |

表 3-13 人教版不同版本高中教材中传统经典篇目作者分析

| 排名 | 作者 | 篇数 | 百分比 |
|---|---|---|---|
| 1 | 杜甫 | 20 | 4.47% |
| 2 | 李白 | 18 | 4.03% |
| 3 | 孟子 | 16 | 3.58% |
| 4 | 司马迁 | 15 | 3.36% |
| 5 | 苏轼 | 12 | 2.68% |
| 6 | 白居易 | 11 | 2.46% |

# 新中国中小学语文教材及高考试卷中华传统经典教育内容分析

续表

| 排名 | 作者 | 篇数 | 百分比 |
|---|---|---|---|
| 6 | 柳宗元 | 11 | 2.46% |
| 6 | 左丘明 | 11 | 2.46% |
| 9 | 陶渊明 | 10 | 2.24% |
| 9 | 刘向 | 10 | 2.24% |
| 累计 |  |  | 29.98% |

## 四、传统经典篇目朝代分析

表3-14、表3-15和表3-16列举了人教版第十版、北师大版和苏教版教材中包含传统经典篇目的朝代分析。这些表格中列举了在小学、初中和高中阶段，三个版本经典篇目朝代的前几名。从表3-14可以看出，在三个版本的教材中，来自于唐代的传统经典篇目均排名第一，而来自于宋代的传统经典篇目在人教版和苏教版中均排名第二，在北师大版中排名第四。此外，春秋战国、明清和汉代等都是小学传统经典篇目的朝代来源。值得注意的是，在三个版本中，来自于南北朝时期的经典篇目都甚少入选小学教材。

表3-14 不同出版社小学教材中传统经典篇目朝代分析

| 排名 | 人教版 | 北师大版 | 苏教版 |
|---|---|---|---|
| 1 | 唐 | 唐 | 唐 |
| 2 | 宋 | 春秋战国 | 宋 |
| 3 | 春秋战国 | 汉 | 明 |
| 4 | 明 | 宋 | 汉 |
| 5 | 清 | — | 春秋战国 |

表3-15列举了不同出版社初中教材中传统经典篇目的朝代分析结果。从中可以发现，唐代和宋代的经典篇目无一例外地排在了不同出版社的前三名。同时，春秋战国、南北朝时期的篇目数量和小学教材相比也有所增加。而通过表3-15和表3-16的对比可以看出，春秋战国时期的篇目在高中经典篇目的比例较初中明显增加。

表 3-15　不同出版社初中教材中传统经典篇目朝代分析

| 排名 | 人教版 | 北师大版 | 苏教版 |
| --- | --- | --- | --- |
| 1 | 宋 | 唐 | 唐 |
| 2 | 唐 | 宋 | 宋 |
| 3 | 春秋战国 | 明 | 春秋战国 |
| 4 | 南北朝 | 春秋战国 | 南北朝 |
| 5 | 汉 | 南北朝 | 明 |

表 3-16　不同出版社高中教材中传统经典篇目朝代分析

| 排名 | 人教版 | 北师大版 | 苏教版 |
| --- | --- | --- | --- |
| 1 | 唐 | 春秋战国 | 唐 |
| 2 | 春秋战国 | 唐 | 宋 |
| 3 | 宋 | 宋 | 春秋战国 |
| 4 | 汉 | 汉 | 汉 |
| 5 | 清 | — | 明 |

表 3-17、表 3-18 和表 3-19 则只考虑人教版不同版本的传统经典篇目朝代排名前十的统计结果。类似于出处和作者部分的分析，在朝代分析中，假如一篇传统经典篇目被人教版小学（或初中、高中）的多个版本所收录，则只被计算一次。总体来看，不论在小学、初中和高中的排名中，唐代、宋代、先秦、明代均排名前五；其中，唐代在三个排名中一直排名第一，超过了所有传统经典篇目数量之和的四分之一。此外，通过比较三个表格的累计比例可以发现，小学教材中经典篇目在朝代上的分布更为集中，初中次之，高中最为分散。不过，这种差异并不明显，因为小学的累计比例为 90.70%，高中也有 79.41%，且初、高中差异很小。

表 3-17　人教版不同版本小学教材中传统经典篇目朝代分析

| 排名 | 朝代 | 篇数 | 百分比 |
| --- | --- | --- | --- |
| 1 | 唐 | 61 | 35.47% |
| 2 | 宋 | 35 | 20.35% |
| 3 | 先秦 | 31 | 18.02% |
| 4 | 明 | 17 | 9.88% |
| 5 | 汉 | 12 | 6.98% |
| 累计 | | | 90.70% |

# 新中国中小学语文教材及高考试卷中华传统经典教育内容分析

表 3-18 人教版不同版本初中教材中传统经典篇目朝代分析

| 排名 | 朝代 | 篇数 | 百分比 |
| --- | --- | --- | --- |
| 1 | 唐 | 99 | 29.12% |
| 2 | 先秦 | 65 | 19.12% |
| 3 | 宋 | 58 | 17.06% |
| 4 | 明 | 25 | 7.35% |
| 4 | 清 | 25 | 7.35% |
| 累计 | | | 80.00% |

表 3-19 人教版不同版本高中教材中传统经典篇目朝代分析

| 排名 | 朝代 | 篇数 | 百分比 |
| --- | --- | --- | --- |
| 1 | 唐 | 108 | 24.16% |
| 2 | 先秦 | 90 | 20.13% |
| 3 | 宋 | 74 | 16.55% |
| 4 | 汉 | 48 | 10.74% |
| 5 | 清 | 35 | 7.83% |
| 累计 | | | 79.41% |

## 五、传统经典篇目文体分析

表 3-20、表 3-21 和表 3-22 列举了人教版第十版、北师大版和苏教版教材中包含传统经典篇目的文体分析。这些表格中列举了在小学、初中和高中阶段，三个出版社经典篇目文体的前几名。总的来看，唐诗在不同教育阶段均高频出现，证明其在未成年人教育中有着不可撼动的地位。

从表 3-20 可以看出，在小学教材中，不同出版社均选用最多的是唐诗，这表明在这一教育阶段不同出版社均对唐诗的教育非常重视。与此同时，宋诗分别在三个版本中排名第二、第四和第二。此外，神话和寓言也出现在了表 3-20 中。表 3-21 展示了不同出版社初中教材中传统经典篇目文体分析结果。该表显示，人教版中唐诗并不是入选最多的篇目，排名第三；人教版入选最多的文体是记叙文和散文。而北师大版和苏教版的排名尽管与人教版有所不同，但其排名前列的文体种类大抵相同。值得注意的是，在三个版本的初中教材中，宋诗入选的概率都和小学教材相比有了明显降低。表3-22展示了不同出版社高中教材中传统经典篇目文体分析结果。该表显示，在北师大版和苏教版教材中，散文都排名第一，而唐诗则在人教版中排名第一。此外，三个出版社的高中教材中散文出现的概率明显高于小学和初中的教材。这与高中阶段学生认知水平的提高有较大关系。

表3-20　不同出版社小学教材中传统经典篇目文体分析

| 排名 | 人教版 | 北师大版 | 苏教版 |
| --- | --- | --- | --- |
| 1 | 唐诗 | 唐诗 | 唐诗 |
| 2 | 宋诗 | 寓言 | 宋诗 |
| 3 | 宋词 | 散文 | 小说 |
| 4 | 散文 | 宋诗 | 散文 |
| 5 | 小说 | 神话 | 寓言 |
| 5 | — | 唐诗 | — |

表3-21　不同出版社初中教材中传统经典篇目文体分析

| 排名 | 人教版 | 北师大版 | 苏教版 |
| --- | --- | --- | --- |
| 1 | 记叙文 | 唐诗 | 唐诗 |
| 2 | 散文 | 散文 | 散文 |
| 3 | 唐诗 | 记叙文 | 宋词 |
| 4 | 小说 | 宋词 | 小说 |
| 5 | 宋词 | 小说 | 寓言 |
| 5 | — | — | 古体诗 |
| 5 | — | — | 议论文 |

表3-22　不同出版社高中教材中传统经典篇目文体分析

| 排名 | 人教版 | 北师大版 | 苏教版 |
| --- | --- | --- | --- |
| 1 | 唐诗 | 散文 | 散文 |
| 2 | 散文 | 唐诗 | 宋词 |
| 3 | 议论文 | 辞赋 | 议论文 |
| 4 | 古体诗 | — | 唐诗 |
| 5 | 宋词 | — | 记叙文 |

表3-23、表3-24和表3-25则只考虑人教版不同版本的传统经典篇

## 新中国中小学语文教材及高考试卷中华传统经典教育内容分析

目文体排名前十的统计结果。类似于出处、作者和朝代部分的分析，在文体分析中，假如一篇传统经典篇目被人教版小学（或初中、高中）的多个版本所收录，则只被计算一次。总体来看，不论在小学、初中和高中的排名中，唐诗在小学和初中的排名中均为第一名，但在高中排名中位列第二。这与不同年龄段教学的偏向性有一定的关系。

在不同排名中，排名第十的文体所占篇目的百分比也值得分析。在小学排名中，排名并列第十的古体诗和元曲都只有 1.16% 的占比；在初中排名中，排名第十的古体诗有 2.94% 的占比；而在高中排名中，排名第十的宋诗有 3.58% 的占比。这表明，高中选文在文体上相较于小学和初中选文亦具有较高的多样性，而初中选文在问题上相比于小学选文亦更具多样性。这一结论也可以从三个表格中的累计比例中得到印证。

表 3-23 人教版不同版本小学教材中传统经典篇目文体分析

| 排名 | 出处 | 篇数 | 百分比 |
| --- | --- | --- | --- |
| 1 | 唐诗 | 60 | 34.88% |
| 2 | 宋诗 | 24 | 13.95% |
| 3 | 散文 | 22 | 12.79% |
| 4 | 寓言 | 19 | 11.05% |
| 5 | 小说 | 18 | 10.47% |
| 6 | 清诗 | 7 | 4.07% |
| 7 | 宋词 | 6 | 3.49% |
| 8 | 神话 | 5 | 2.91% |
| 9 | 记叙文 | 4 | 2.33% |
| 10 | 古体诗 | 2 | 1.16% |
| 10 | 元曲 | 2 | 1.16% |
| 累计 | | | 98.26% |

表 3-24 人教版不同版本初中教材中传统经典篇目文体分析

| 排名 | 出处 | 篇数 | 百分比 |
| --- | --- | --- | --- |
| 1 | 唐诗 | 81 | 23.82% |
| 2 | 散文 | 65 | 19.12% |
| 3 | 记叙文 | 42 | 12.35% |

续表

| 排名 | 出处 | 篇数 | 百分比 |
|---|---|---|---|
| 4 | 小说 | 33 | 9.71% |
| 5 | 宋词 | 17 | 5.00% |
| 6 | 议论文 | 15 | 4.41% |
| 7 | 寓言 | 14 | 4.12% |
| 7 | 宋诗 | 14 | 4.12% |
| 9 | 纪传 | 11 | 3.24% |
| 10 | 古体诗 | 10 | 2.94% |
| 累计 |  |  | 88.83% |

表 3-25　人教版不同版本高中教材中传统经典篇目文体分析

| 排名 | 出处 | 篇数 | 百分比 |
|---|---|---|---|
| 1 | 散文 | 85 | 19.02% |
| 2 | 唐诗 | 81 | 18.12% |
| 3 | 记叙文 | 46 | 10.29% |
| 4 | 议论文 | 32 | 7.16% |
| 5 | 小说 | 28 | 6.26% |
| 5 | 纪传 | 28 | 6.26% |
| 7 | 古体诗 | 26 | 5.82% |
| 8 | 宋词 | 25 | 5.59% |
| 9 | 乐府诗 | 17 | 3.80% |
| 10 | 宋诗 | 16 | 3.58% |
| 累计 |  |  | 85.90% |

本部分对人教版、北师大版和苏教版教材中的传统经典篇目进行数量、出处、作者、朝代和文体等角度的分析。从以上分析结果可以总结出以下结论：

第一，高中传统经典篇目与初中和小学相比内容更加广泛与丰富。选题的出处、作者、朝代、文体种类更多，且更具多样性。

第二，高中传统经典篇目与初中和小学相比知识性和系统性更强。教育阶段越高，对不同朝代、不同类型的经典篇目的涉及程度越高。

第三，中学传统经典篇目与小学相比要求更高，难度更大。例如，要求更高体现在要求的经典篇目数量更多，难度更大体现在经典篇目的选材更广、内容情感更丰富和多维。

实际上，传统经典篇目的作者、朝代、出处、文体、内容等要素有着一定的关联，尤其是作者、朝代、出处这三类要素的关联性很强，作者从属于朝代，出处从属于作者，例如"李白——唐代——《全唐诗》""司马迁——汉代——《史记》""汉乐府——汉代——《乐府诗集》"。这就使得经典篇目统计的结果可以互相印证，也具有相同的解释。以上这些经典篇目的统计结论，一是受到课程标准的规范和影响，不同教育阶段对于中华传统经典教育的要求不同，因此对经典篇目的选择也会有所不同；二是受到教育教学实践的影响，这样的经典篇目选择和搭配能够更好地帮助中华传统经典教育教学实践的开展，利于学生循序渐进的发展；三是能够为经典篇目的选择提供进一步的参考，从数据上的对比，帮助教材编写者全盘考虑经典篇目的组合。

## 第四节　教材中的传统经典篇目时序分析

本部分选用的数据集中于人教版的第一版到第十版教材中的传统经典篇目，对其进行定量分析。这些定量分析包括了传统经典篇目数量（比例）、出处、作者、朝代和文体的分析。最后，本文还揭示了传统经典篇目年级"下放"的现象。

### 一、传统经典篇目数量时序分析

表3-26展示了人教版不同版本教材的时间分布情况。从中可以发现，第二套、第六套和第八套教材均不是在某一年内出版完成的；相反，这些教材是在三个连续年之内陆续出版完成并投入使用的。此外，第五套及之后的教材均在"文革"后出版。

表 3-26　人教版不同版本教材时间分布情况

| 版本 | 1 | 2 | 3 | 4 | 5 | 6 | 7 | 8 | 9 | 10 |
|---|---|---|---|---|---|---|---|---|---|---|
| 出版年份 | 1950 | 1956-1958 | 1961 | 1963 | 1978 | 1982-1984 | 1989 | 1993-1995 | 1998 | 2003 |

由于早期的一些版本的传统经典篇目数量存在较大的差异，为了更为精准地进行统计，本文将人教版不同年代出版的教材按照其出版年代分为几类：（1）"文革"及之前（主要对应人教版第1-4版）；（2）"文革"后至1990年（主要对应人教版第5-7版）；（3）上世纪90年代（主要对应人教版第8-9版）；（4）新世纪（主要对应人教版第10版）。图3-2、图3-3和图3-4分别展示了不同阶段人教版小学、初中和高中教材中传统经典篇目的数量变化趋势。在统计时，同一时间段的小学（初中、高中）教材中可能出现同一篇经典入选不同版本教材的情况；这种情况下，这篇传统经典篇目只被计算一次。从下图中可以发现，不同年代人教版教材均对传统经典阅读十分重视。不过，"文革"及以前高中阶段对于传统经典学习的要求较高，小学则要求相对较低，即在不同教育阶段的传统经典篇目教学总量要求类似的情况下，中学的学习负荷较大，小学则较小。此外，"文革"前后教材编写时选取的传统经典范围较为广泛，但随着教材编写与实践趋于成熟，选取范围更为集中，这一点在小学、初中和高中不同版本的教材中均有明显体现。

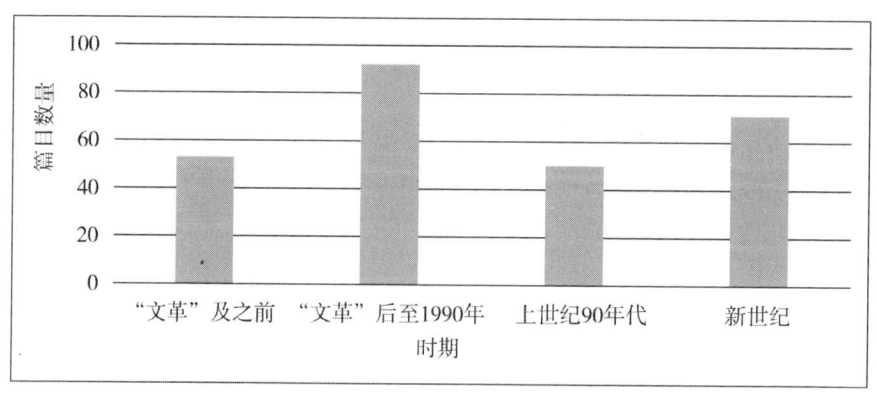

图3-2　不同时段人教版小学教材中篇目数量时序分布

# 新中国中小学语文教材及高考试卷中华传统经典教育内容分析

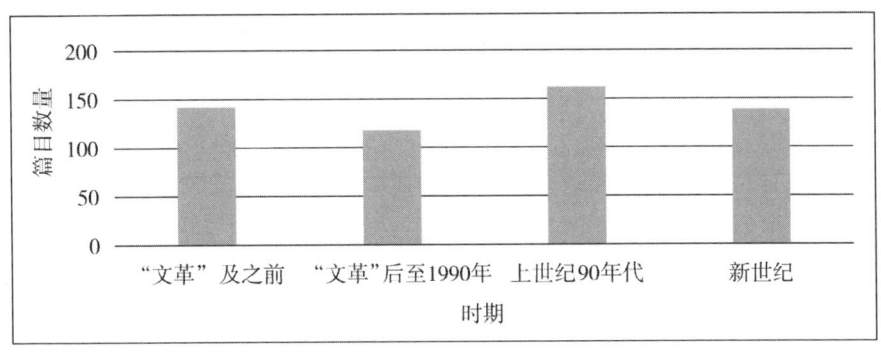

图 3-3 不同时段人教版初中教材中篇目数量时序分布

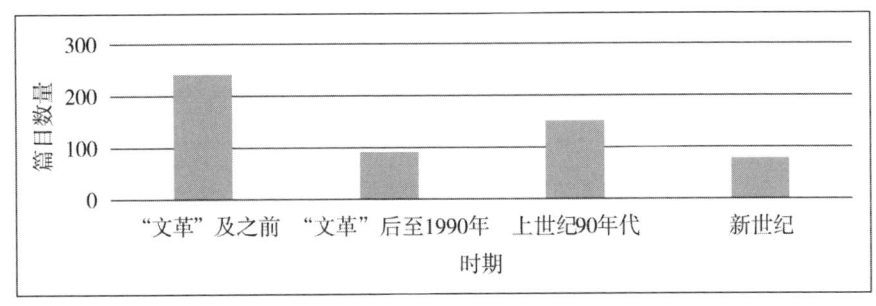

图 3-4 不同时段人教版高中教材中篇目数量时序分布

## 二、传统经典篇目出处时序分析

表 3-27、表 3-28 和表 3-29 列举了四个阶段人教版教材中包含传统经典篇目的出处分析。这些表格中列举了在小学、初中和高中阶段，人教版教材中经典篇目出处的前几名。从表 3-27 可以看出，不论在哪个时间段，《全唐诗》都是小学教材中传统经典篇目的重点出处，排名均为第一。同时，《史记》《战国策》也在四个时间段排名前五的列表中均有出现。而在初中阶段，从表 3-28 中可以看出，《全唐诗》依然在四个时间段均排名第一，而且《孟子》在前三个时间段也都排名第一，在新世纪这一时间段排名第五。此外，《乐府诗集》在前三个时间段都排名前五名，《全梁文》在前两个时间段排名前五，但在后两个时间段则跌出了前五名。在高中阶段，从表 3-29 中可以看出，《全唐诗》和《诗经》交替成为出处中的第一名，《全宋词》也一直排名前三。这表明在高中

阶段传统经典篇目的来源在不同时间段均较为统一。此外，在不同年代出处排名前五的列表中《战国策》曾在1990年前一直出现。

表 3-27　人教版不同年代小学教材中传统经典篇目出处分析

| 排名 | "文革"及以前 | "文革"后至1990年 | 上世纪90年代 | 新世纪 |
| --- | --- | --- | --- | --- |
| 1 | 全唐诗 | 全唐诗 | 全唐诗 | 全唐诗 |
| 2 | 韩非子 | 战国策 | 史记 | 史记 |
| 3 | 史记 | 韩非子 | 全宋诗 | 山海经 |
| 4 | 吕氏春秋 | 全宋诗 | 稼轩长短句 | 江东集 |
| 5 | 战国策 | 稼轩长短句 | 战国策 | 全宋诗 |
| 5 | 全宋诗 | — | 吕氏春秋 | 战国策 |
| 5 | 三国演义 | — | 三国演义 | — |
| 5 | 水浒传 | — | — | — |

表 3-28　人教版不同年代中学教材中传统经典篇目出处分析

| 排名 | "文革"及以前 | "文革"后至1990年 | 上世纪90年代 | 新世纪 |
| --- | --- | --- | --- | --- |
| 1 | 全唐诗 | 全唐诗 | 全唐诗 | 全唐诗 |
| 2 | 孟子 | 孟子 | 孟子 | 水经注 |
| 3 | 全梁文 | 乐府诗集 | 稼轩长短句 | 墨子 |
| 4 | 乐府诗集 | 稼轩长短句 | 乐府诗集 | 三国演义 |
| 5 | 稼轩长短句 | 论语 | 范文正公集 | 孟子 |
| 5 | — | 春秋战国策 | — | — |
| 5 | — | 左传 | — | — |
| 5 | — | 全梁文 | — | — |

表 3-29　人教版不同年代高中教材中传统经典篇目出处分析

| 排名 | "文革"及以前 | "文革"后至1990年 | 上世纪90年代 | 新世纪 |
| --- | --- | --- | --- | --- |
| 1 | 全唐诗 | 诗经 | 诗经 | 全唐诗 |
| 2 | 全宋词 | 全宋词 | 全唐诗 | 全宋词 |
| 3 | 诗经 | 水浒传 | 全宋词 | 诗经 |
| 4 | 战国策 | 全唐诗 | 乐府诗集 | 墨子 |
| 5 | 墨子 | 战国策 | 水浒传 | 史记 |
| 5 | 乐府诗集 | — | 孟子 | — |
| 5 | — | — | 诗经 | — |

— 84 —

## 三、传统经典篇目作者时序分析

表3-30、表3-31和表3-32列举了四个阶段人教版教材中包含传统经典篇目的作者分析。这些表格中列举了在小学、初中和高中阶段，人教版教材中经典篇目作者的前几名。从表3-30可以看出，在"文革"后的三个时间段，李白均在小学教材中的传统经典篇目的来源作者中排名第一，杜甫则分别排名第三、第二和第四名。同时，刘向出现在了四个时期的列表中。在初中教材的时序对比中，表3-31显示杜甫和孟子在不同的时间段中分别排名第一；孔子在前两个时间段都有入选；辛弃疾在前三个时间段都有入选；苏轼则在后三个时间段都有入选。在高中教材的时序对比中，表3-32显示杜甫和施耐庵分别在不同的时间段中分别排名第一；入选三个时间段列表的作者有墨子、刘向和孟子。

表3-30 人教版不同年代小学教材中传统经典篇目作者分析

| 排名 | "文革"及以前 | "文革"后至1990年 | 上世纪90年代 | 新世纪 |
|---|---|---|---|---|
| 1 | 韩非 | 李白 | 李白 | 李白 |
| 2 | 刘向 | 刘向 | 杜甫 | 杨万里 |
| 3 | 吕不韦 | 杜甫 | 辛弃疾 | 王维 |
| 4 | 司马迁 | 韩非 | 刘向 | 杜甫 |
| 5 | 施耐庵 | 辛弃疾 | 吕不韦 | 刘向 |
| 5 | — | — | 孟浩然 | — |
| 5 | — | — | 杨万里 | — |
| 5 | — | — | 司马迁 | — |
| 5 | — | — | 罗贯中 | — |

表3-31 人教版不同年代初中教材中传统经典篇目作者分析

| 排名 | "文革"及以前 | "文革"后至1990年 | 上世纪90年代 | 新世纪 |
|---|---|---|---|---|
| 1 | 杜甫 | 孟子 | 孟子 | 杜甫 |
| 2 | 孟子 | 孔子 | 辛弃疾 | 郦道元 |
| 3 | 陶弘景 | 白居易 | 杜甫 | 墨子 |

续表

| 排名 | "文革"及以前 | "文革"后至1990年 | 上世纪90年代 | 新世纪 |
|---|---|---|---|---|
| 4 | 孔子 | 苏轼 | 苏轼 | 罗贯中 |
| 5 | 辛弃疾 | 杜甫 | 范仲淹 | 范仲淹 |
| 5 | — | 辛弃疾 | — | 孟子 |
| 5 | — | — | — | 苏轼 |

表 3-32 人教版不同年代高中教材中传统经典篇目作者分析

| 排名 | "文革"及以前 | "文革"后至1990年 | 上世纪90年代 | 新世纪 |
|---|---|---|---|---|
| 1 | 杜甫 | 施耐庵 | 杜甫 | 杜甫 |
| 2 | 刘向 | 刘向 | 施耐庵 | 墨子 |
| 3 | 墨子 | 列御寇 | 孟子 | 司马迁 |
| 4 | 施耐庵 | 辛弃疾 | 白居易 | 孟子 |
| 5 | 孟子 | 司马迁 | 墨子 | 李白 |
| 5 | — | 屈原 | 屈原 | — |
| 5 | — | — | 刘向 | — |
| 5 | — | — | 杜甫 | — |

## 四、传统经典篇目朝代时序分析

表 3-33、表 3-34 和表 3-35 列举了四个阶段人教版教材中包含传统经典篇目朝代的时序分析。这些表格中列举了在小学、初中和高中阶段，人教版教材中经典篇目朝代的前几名。从表 3-33 和表 3-34 可以看出，唐、宋和春秋战国稳居于小学和初中教材中传统经典篇目朝代的前三名。只不过在"文革"及以前，春秋战国传统经典篇目数量居小学教材之首，但之后唐代传统经典篇目数量居小学教材之首；在"文革"后至 1990 年间，春秋战国传统经典篇目数量居初中教材之首，但在其他时间段唐代传统经典篇目数量居初中教材之首。而在高中阶段，从表 3-35 可以看出，春秋战国稳居于高中教材中传统经典篇目朝代的第一名，而汉代和唐代则均在第二、三名，宋代和明代则一直是第四、五名，较为稳定。

# 新中国中小学语文教材及高考试卷中华传统经典教育内容分析

表 3-33　人教版不同年代小学教材中传统经典篇目朝代分析

| 排名 | "文革"及以前 | "文革"后至 1990 年 | 上世纪 90 年代 | 新世纪 |
| --- | --- | --- | --- | --- |
| 1 | 春秋战国 | 唐 | 唐 | 唐 |
| 2 | 宋 | 宋 | 宋 | 宋 |
| 3 | 唐 | 春秋战国 | 春秋战国 | 春秋战国 |
| 4 | 汉 | 明 | 明 | 清 |
| 5 | 明 | 清 | 汉 | 汉 |

表 3-34　人教版不同年代初中教材中传统经典篇目朝代分析

| 排名 | "文革"及以前 | "文革"后至 1990 年 | 上世纪 90 年代 | 新世纪 |
| --- | --- | --- | --- | --- |
| 1 | 唐 | 春秋战国 | 唐 | 唐 |
| 2 | 春秋战国 | 宋 | 宋 | 宋 |
| 3 | 宋 | 唐 | 春秋战国 | 春秋战国 |
| 4 | 南北朝 | 汉 | 南北朝 | 南北朝 |
| 5 | 清 | 南北朝 | 明 | 汉 |

表 3-35　人教版不同年代高中教材中传统经典篇目朝代分析

| 排名 | "文革"及以前 | "文革"后至 1990 年 | 上世纪 90 年代 | 新世纪 |
| --- | --- | --- | --- | --- |
| 1 | 春秋战国 | 春秋战国 | 春秋战国 | 春秋战国 |
| 2 | 唐 | 汉 | 唐 | 唐 |
| 3 | 汉 | 唐 | 汉 | 汉 |
| 4 | 宋 | 宋 | 宋 | 宋 |
| 5 | 明 | 明 | 明 | 明 |

## 五、传统经典篇目文体时序分析

表 3-36、表 3-37 和表 3-38 列举了四个阶段人教版教材中包含传统经典篇目文体的时序分析。这些表格中列举了在小学、初中和高中阶段，人教版教材中经典篇目文体的前几名。在小学阶段，如表 3-36 所示，唐诗在"文革"后的三个时间段里都排名第一，诗歌类（唐诗、宋诗、清诗）传统经典篇目在小学教材中占有绝对数量的优势。同时，小说也都出现在了不同时间段排名前五的列表中。

表 3-36　人教版不同年代小学教材中传统经典篇目文体分析

| 排名 | "文革"及以前 | "文革"后至 1990 年 | 上世纪 90 年代 | 新世纪 |
|---|---|---|---|---|
| 1 | 散文 | 唐诗 | 唐诗 | 唐诗 |
| 2 | 寓言 | 散文 | 散文 | 宋诗 |
| 3 | 唐诗 | 宋诗 | 宋诗 | 散文 |
| 4 | 小说 | 寓言 | 小说 | 小说 |
| 5 | 宋诗 | 小说 | 宋词 | 宋词 |
| 5 | — | — | — | 清诗 |

在初中阶段，表 3-37 显示，散文和唐诗分别排在不同时间段的前两位。与小学教材不同的是，记叙文和议论文开始出现在了列表中，且在各个时间段排名第一的都是散文而非唐诗，这体现出初中阶段对于传统经典阅读的要求与小学阶段发生了明显的变化——注重更为多样的传统经典篇目阅读。

表 3-37　人教版不同年代初中教材中传统经典篇目文体分析

| 排名 | "文革"及以前 | "文革"后至 1990 年 | 上世纪 90 年代 | 新世纪 |
|---|---|---|---|---|
| 1 | 散文 | 散文 | 散文 | 散文 |
| 2 | 唐诗 | 唐诗 | 唐诗 | 唐诗 |
| 3 | 小说 | 记叙文 | 宋词 | 记叙文 |
| 4 | 记叙文 | 宋词 | 记叙文 | 小说 |
| 5 | 宋词 | 寓言 | 议论文 | 宋词 |
| 5 | — | 议论文 | — | 散文 |

在高中阶段，表 3-38 显示，记叙文在后三个时间段里一直排名第一，在"文革"前排名第二。与其他文体不同，记叙文以记人、叙事、写景、状物为主，以写人物的经历和事物发展变化为主要内容。在传统经典篇目中，记叙文更为复杂，对文言文和语言掌握能力要求更高。因此更适合于高中学生而非小学和初中学生。

# 新中国中小学语文教材及高考试卷中华传统经典教育内容分析

表 3-38　人教版不同年代高中教材中传统经典篇目文体分析

| 排名 | "文革"及以前 | "文革"后到 1990 年 | 上世纪 90 年代 | 新世纪 |
|---|---|---|---|---|
| 1 | 唐诗 | 记叙文 | 记叙文 | 记叙文 |
| 2 | 记叙文 | 纪传 | 古体诗 | 古体诗 |
| 3 | 散文 | 古体诗 | 散文 | 唐诗 |
| 4 | 古体诗 | 散文 | 唐诗 | 散文 |
| 5 | 宋词 | 议论文 | 议论文 | 宋词 |
| 5 | — | — | — | 纪传 |

## 六、传统经典篇目入选频次分析

表 3-39、表 3-40 和表 3-41 分别列举了人教版不同年代小学、初中和高中教材中高频入选的传统经典篇目。从表 3-39 可以看出,《西门豹治邺》入选小学教材的次数最多,达 8 次(共计 10 版教材),《南辕北辙》《景阳冈》和《望庐山瀑布》入选均为 7 次。从表 3-40 可以看出,《口技》入选初中教材的次数最多,达 8 次,而《愚公移山》《曹刿论战》《木兰诗》《核舟记》《陈涉世家》都入选了初中教材 7 次。从表 3-41 可以看出,《念奴娇·赤壁怀古》入选高中教材的次数最多,达 9 次,而《五人墓碑记》《促织》《永遇乐·京口北固亭怀古》《鸿门宴》都入选了高中教材 8 次。

表 3-39　人教版不同年代小学教材传统经典篇目入选频次分析

| 传统经典篇目题名 | 入选次数 |
|---|---|
| 西门豹治邺 | 8 |
| 南辕北辙 | 7 |
| 景阳冈 | 7 |
| 望庐山瀑布 | 7 |
| 九月九日忆山东兄弟 | 6 |
| 刻舟求剑 | 6 |
| 司马光 | 6 |
| 咏柳 | 6 |
| 守株待兔 | 6 |

续表

| 传统经典篇目题名 | 入选次数 |
|---|---|
| 宿新市徐公店 | 6 |
| 将相和 | 6 |
| 掩耳盗铃 | 6 |
| 早发白帝城 | 6 |
| 李时珍 | 6 |
| 滥竽充数 | 6 |
| 草船借箭 | 6 |
| 蚕妇 | 6 |
| 赠汪伦 | 6 |
| 赤壁之战 | 6 |
| 题西林壁 | 6 |

表3-40　人教版不同年代初中教材传统经典篇目入选频次分析

| 传统经典篇目题名 | 入选次数 |
|---|---|
| 口技 | 8 |
| 愚公移山 | 7 |
| 曹刿论战 | 7 |
| 木兰诗 | 7 |
| 核舟记 | 7 |
| 陈涉世家 | 7 |
| 爱莲说 | 6 |
| 西江月（夜行黄沙道中） | 6 |
| 醉翁亭记 | 6 |

表3-41　人教版不同年代高中教材传统经典篇目入选频次分析

| 传统经典篇目题名 | 入选次数 |
|---|---|
| 念奴娇·赤壁怀古 | 9 |
| 五人墓碑记 | 8 |
| 促织 | 8 |
| 永遇乐·京口北固亭怀古 | 8 |

# 新中国中小学语文教材及高考试卷中华传统经典教育内容分析

续表

| 传统经典篇目题名 | 入选次数 |
| --- | --- |
| 鸿门宴 | 8 |
| 伐檀 | 7 |
| 屈原列传 | 7 |
| 琵琶行 | 7 |
| 阿房宫赋 | 7 |
| 六国论 | 6 |
| 廉颇蔺相如列传 | 6 |
| 张衡传 | 6 |
| 病梅馆记 | 6 |
| 硕鼠 | 6 |
| 窦娥冤 | 6 |
| 茅屋为秋风所破歌 | 6 |
| 赤壁之战 | 6 |
| 过秦论 | 6 |

随后，本文使用基尼系数（Gini coefficient）这一概念度量人教版不同年代教材传统经典篇目入选频次的不均衡性。基尼系数是一种国际上通用的指标，用来衡量不均衡性；这一指标在经济学、社会学中应用非常广泛。基尼系数最大为1，最小等于0。基尼系数越接近0表明某变量的分布越均衡，越接近于1表明某变量的分布越悬殊。基尼指数最早由意大利统计与社会学家科拉多·基尼（Corrado Gini）在1912年提出[1]，目前已经广泛应用于衡量一个国家的国民收入是否均衡[2][3]。表3–42展示

---

[1] Gini, C.（1912）. Variabilità e mutabilità. Reprinted in Memorie di metodologica statistica（Ed. Pizetti E, Salvemini, T）. Rome: Libreria Eredi Virgilio Veschi.
[2] Gastwirth, J. L.（1972）. The estimation of the Lorenz curve and Gini index. The review of economics and statistics, 306–316.
[3] Raileanu, L. E., & Stoffel, K.（2004）. Theoretical comparison between the gini index and information gain criteria. Annals of Mathematics and Artificial Intelligence, 41（1）, 77–93.

了不同教材入选课文频率分布的不均衡性分析结果，其中可以看出基尼系数的值随教育层次的提高而略微降低。这表明，高中教材的传统经典篇目入选频次较初中和小学更均衡，而初中教材的传统经典篇目入选频次较小学更均衡，小学教材的入选频次不均衡性最明显。

表 3-42　人教版不同年代教材传统经典篇目入选频次的不均衡性分析

|  | 小学教材 | 初中教材 | 高中教材 |
| --- | --- | --- | --- |
| 基尼系数 | 0.391 | 0.338 | 0.326 |

## 七、传统经典篇目年级"下放"和"上浮"现象

通过对数据的分析，本文还发现了一个较为普遍的现象，即在人教版教材中以前处于较高年级的传统经典篇目，随着时间的变化被安排到了新版教材的较低年级。通过对初中和高中数据的总体时序分析，我们发现共有一百余篇传统经典篇目存在这一现象。比较典型的例子有：《三峡》在第一版教材中放在了 12 年级（即高三）中，但第五版及之后都在 8 年级（即初二）教材中；《与朱元思书》在最初入选时（第六、七版）被放在了 11 年级（高二）教材中，但在第九、十版则都放在 8 年级（初二）教材中。

此外，还存在少量的传统经典篇目"上浮"现象，即人教版教材中以前处于较低年级的传统经典篇目，随着时间的变化被安排到了新版教材的较高年级。不过仅有十余篇经典有此现象，而且一部分这样的经典篇目在最近修订的教材中已被剔除。例如：《中山狼传》在第二版教材中处于 7 年级的位置，但在第四、五版中均在 11 年级（高二），不过这一篇目在第五版之后再也没有出现在教材中；《林教头风雪山神庙》在第一版人教版教材中即有出现，当时出现的年级是 9 年级（初三），但在第五版之后转到了高中教材中才出现，在第五、六版中在高一出现，在第七至九版中在高二出现，但第十版教材中已经到了高三出现。

## 第五节　教材中的传统经典篇目内容分析

以上，本文对教材中的传统经典篇目进行了横向（不同出版社教材经典篇目之间）和纵向（人教社教材经典篇目不同版本之间）的分析。在本部分，本文对人教版不同年代教材包含传统经典篇目的内容进行分析。为此，我们遵循了刘桂红[①]学位论文中包含的框架，对所有传统经典篇目进行了质性编码。刘桂红在分析初中语文教材中包含的传统经典篇目时，将所有篇目分为个人生活、百姓生活、人物、情感：爱情、情感：励志、情感：情感抒发、政治军事生活、想象世界和自然世界共九类，如表3-43所示。

在统计时，同一时间段的小学（或初中、高中）教材中可能出现同一篇经典入选不同版本教材的情况；这种情况下，这篇传统经典篇目只被计算一次。遵循这一框架，本文共邀请两名编码员分别独立地对每篇传统经典篇目进行编码（赋予1~9中的一个编码结果），在人教版全部824篇不同的人教版教材收录的传统经典篇目中，我们发现共有超过90%的结果统一。对于编码不统一的结果，随后进行了讨论，并最终确定了编码结果，如表3-43所示。

编码结果的可靠性在定性研究中至关重要。为了进一步地检验编码结果的可靠性，本文在824篇传统经典篇目中随机选择了40篇（约5%）篇目，找到其他五位编码员对这40篇篇目进行编码和讨论，最终得到了最适合这40篇的内容标签作为"标准答案"。通过Python程序计算所有分类的卡帕系数（Kappa coefficient）值为0.86（$p < 0.05$），可见编码员分类精度和可靠性较高。此外，作为编码结果可靠性的鲁棒性分析，本文还抽取了1956—1993年间出版的人教版初中教材中标签好的经典篇目，与刘桂红学位论文中的编码结果（如表3-44所示）进行了

---

[①] 刘桂红.新中国人教版初中语文教材古诗文选文探析[D].武汉：华中师范大学，2016.

对比。选取这一时间段的初中教材的传统经典篇目进行对比的原因，是为了与刘桂红学位论文中使用的实证数据具有可比性。对比结果发现，人工编码的标签结果和刘桂红对 7 套教材的编码结果的皮尔逊相关系数（Pearson's coefficient）①中，最大值高达 0.74，说明本文的人工编码标签结果和刘桂红的结果具有一定的相关性。不过，刘桂红只选取了 1956—1993 年间教材的传统经典篇目，而我们在对这些传统经典篇目进行编码的同时，还考虑了其他时段、其他教育阶段的传统经典篇目，这势必会对编码员的编码产生一定的影响。

以上，本文通过不同的方法证明了编码结果的可靠性，为后续内容分析奠定了基础。表 3-43 显示，在全部的 824 篇传统经典篇目中，情感抒发类的篇目最多，达 241 篇。此外，篇目数量较多的类别还有人物、政治军事生活、自然世界和想象世界。

表 3-43 人教版教材中传统经典篇目内容编码结果

| 编号 | 内容 | 篇目数量 |
| --- | --- | --- |
| 1 | 个人生活 | 29 |
| 2 | 百姓生活 | 45 |
| 3 | 人物 | 155 |
| 4 | 情感：爱情 | 40 |
| 5 | 情感：励志 | 36 |
| 6 | 情感：情感抒发 | 241 |
| 7 | 政治军事生活 | 105 |
| 8 | 想象世界 | 81 |
| 9 | 自然世界 | 92 |

---

① 这里没有选用斯皮尔曼（Spearman）相关系数是因为将定比变量转化为定序变量时会造成极大的信息损耗，不能体现实际的相关情况。

# 新中国中小学语文教材及高考试卷中华传统经典教育内容分析

表 3-44　人教版 1956—1993 年间初中教材中传统经典篇目内容编码结果

（基于 1956—1993 年的人教版教材）[①]

| 编号 | 内容 | 1956 | 1961 | 1963 | 1978 | 1982 | 1987 | 1993 |
|---|---|---|---|---|---|---|---|---|
| 1 | 个人生活 | 7 | 4 | 11 | 3 | 5 | 9 | 16 |
| 2 | 百姓生活 | 13 | 13 | 9 | 9 | 10 | 4 | 7 |
| 3 | 人物 | 12 | 9 | 28 | 11 | 8 | 11 | 14 |
| 4 | 情感：爱情 | 1 | 0 | 0 | 0 | 1 | 0 | 2 |
| 5 | 情感：励志 | 5 | 0 | 10 | 1 | 10 | 7 | 15 |
| 6 | 情感：情感抒发 | 12 | 5 | 6 | 2 | 19 | 16 | 17 |
| 7 | 政治军事生活 | 6 | 13 | 7 | 1 | 17 | 3 | 6 |
| 8 | 想象世界 | 0 | 2 | 1 | 1 | 3 | 7 | 2 |
| 9 | 自然世界 | 8 | 4 | 2 | 2 | 9 | 7 | 1 |

　　图 3-5、图 3-6 和图 3-7 展示了对不同时段人教版的小学、初中和高中教材中包含的传统经典篇目进行内容分析的结果。总的来看，不论是小学、初中和高中，所有版本的人教版教材中入选的传统经典篇目对于情感抒发、人物和政治军事生活的偏向性非常明显。从图 3-5 可以看出，小学教材中并没有想象世界和励志类的传统经典篇目，更多的是政治军事生活类别，而且这一趋势在不同时间段均有所体现。此外，小学教材中对于人物、情感抒发和自然世界的传统经典篇目数量相对于其他内容的篇目数量较多。从初中教材角度看，情感抒发、人物、自然世界和励志类传统经典篇目数量较多。从高中教材角度看，情感抒发、政治军事生活、人物和百姓生活类的传统经典篇目数量较多。小学传统经典内容对于想象世界的涉猎较少，但在初中有所增多，高中则更多，这与学生不同年龄段的接受程度有差别存在一定的关系。"文革"前后的小学和高中教材中，对于政治军事生活的涉猎更多，这与当时的政治形势存在一定的相关性。

---

[①] 刘桂红. 新中国人教版初中语文教材古诗文选文探析［D］. 武汉：华中师范大学，2016.

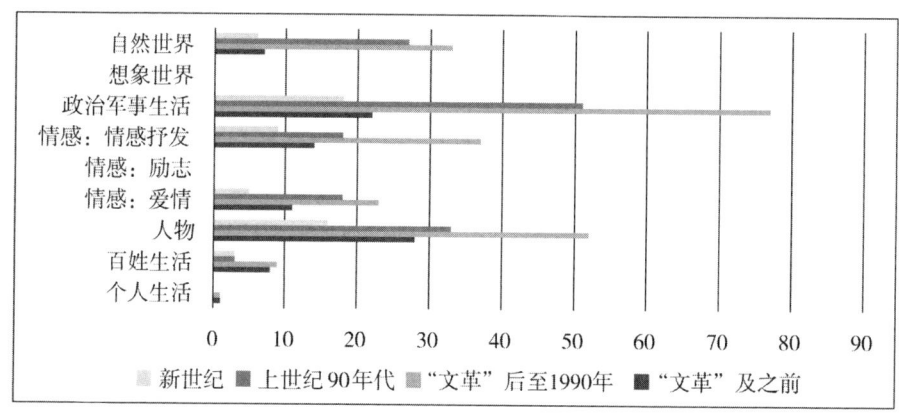

图 3-5 人教版不同时段的小学教材中包含的传统经典篇目内容分析

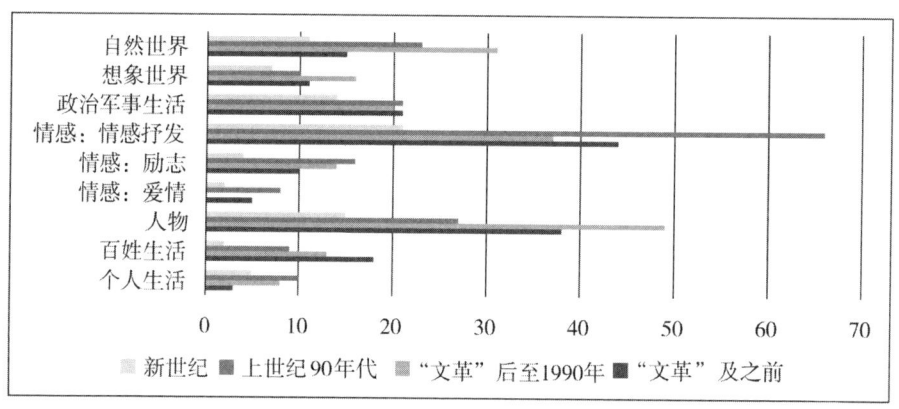

图 3-6 人教版不同时段的初中教材中包含的传统经典篇目内容分析

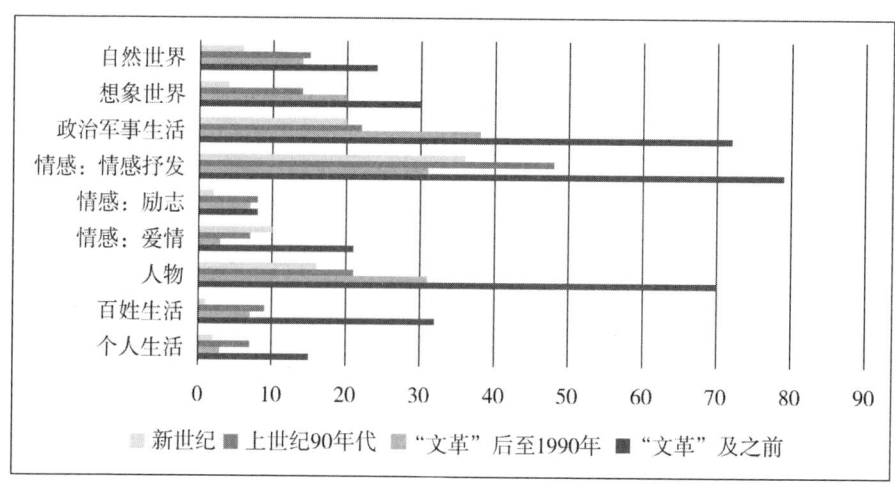

图 3-7 人教版不同时段的高中教材中包含的传统经典篇目内容分析

# 新中国中小学语文教材及高考试卷中华传统经典教育内容分析

胡虹丽认为[①]，中小学文言文教学目的有两种明显的取向：一种是"阅读浅易文言文"的能力取向，一种是"欣赏文学作品"的价值取向。从教学的时间上看，小学阶段更加注重积累和基本识字诵读能力的培养，对于很多情感抒发类的传统经典篇目并不能有非常好的理解。在初中和高中阶段，情感抒发类的经典篇目占比有所增加。从教学的目的上看，1963年中学语文教学大纲在文言文的教学程度方面的要求有所提升，提出初中要"为获得初步阅读文言文的能力打下必要的基础"，高中要"具有初步阅读文言文的能力"。但由于当时政治环境的影响，在文言文教学目的的表述上，依然做了处理，谨慎地讲"文言文，要有计划地讲读，培养学生初步阅读文言文的能力，为将来阅读古籍，接受祖国丰富的文化遗产，打下初步基础并且吸收古人语言中有生命的东西，学习一些写作技巧。"不管是"阅读文言参考书的初步能力""阅读浅近文言文的能力"还是"初步阅读文言文的能力"，都着眼于能力取向。这样的能力取向型教学思路，一直延续到20世纪末，即所谓的"工具化"。这样的教学思路表现在经典篇目的选择和解读上会导致：一是会有一部分经典篇目长期出现在各个版本的教材当中；二是不同时期会有选取带有浓厚意识形态色彩的经典篇目进入课本；三是对于经典篇目的解读程式化，对于情感抒发类的经典作品，教材编者和教师往往会给出标准答案的解读，去引导学生的思维向标准答案靠拢。以上的这些因素最终会导致经典篇目内容的丰富，一定程度上能够启发学生的思维，但对于文学思想的领悟，这种影响还是很有限的。

关于教材的分析，2019年5月，全国范围内已经陆续更换新版统编本教材，论文未将其纳入到对比分析中进行研究。从目前已知的新版部编本教材来看，对中华传统经典尤为重视，其中小学1—6年级（12册）优秀古诗文篇数增长至128篇，占所有选篇30%，增幅高达87%，初

---

① 胡虹丽.坚守与创新：百年中小学文言诗文教学研究［D］.长沙：湖南师范大学，2010.

中语文的古诗词增加51%，高中教材基本维持了原有比例，但2019年高考要求学生背诵的古诗词由60篇增加到70篇。从题材和体裁的选择来看，统编版语文教材小学三年级就开始选用部分文言文，这在其他版本的教材中是不多见的。例如，统编版教材三年级上册就选用了《司马光》，通过简单的故事让小学生学习古文，了解中华传统文化，突出强调了阅读的重要性，特别是注重题材和体裁的多样性，从《诗经》《离骚》到清人作品，从古风、民歌、绝句、律诗，到词曲，从散文到文言和白话小说，均有呈现，综合体现了语文教材对工具性和人文性的双重重视。

## 第六节　高考试卷对于传统经典考察的分析

高考指挥棒的作用对我国中小学教育产生的影响极为重要。高考试卷中的任何变化都会成为中学语文教学实际变化的重要依据。考试的指导思想和形式决定着实际的课程及课程实际的授课内容和方式。[①]高考指挥棒的作用主要包括两个方面：一是明确"考什么"，依据教育部门制定的考试大纲，来确定考试内容；二是确定"怎么考"，要求用一定的考试理论来指导考试实践。通过高考指挥棒的"考什么"和"怎么考"来引导指挥中学教育内容的重点和教育方式的发展。高考试题考察的内容方向对教育内容侧重方向有引导作用，通过对高考试题中传统经典内容的整体考察及分类分析，我们可以从侧面剖析我国中学中华传统经典教育的发展演变历程。在高考中，传统经典的考察主要是通过语文试题。本文收集了新中国成立以来全国卷及部分省市语文高考试卷，整理了不

---

① ［英］约翰·贝克，玛丽·厄尔编.中学教师应关注的热点问题［M］.王璐，王向旭，译.北京：北京师范大学出版社，2007：38.

# 新中国中小学语文教材及高考试卷中华传统经典教育内容分析

同试卷上传统经典考试题目的类型、考察内容、考试分值等基本数据，以此为基础，对我国高考中对传统经典考核及重视程度的发展变化脉络进行了梳理分析，以期从高考试题的角度对中华传统经典教育有一个历史性的纵向认知。

## 一、传统经典在考试中的重要程度发展脉络

新中国成立以来，受国内国际政治、经济、社会、文化变化的影响，中华传统经典教育的受重视程度也随之发生变化。图3-8展示了不同时期高考试卷中考察传统经典内容的分值占比变化。

新中国成立后到高考恢复之前，语文试题包括了两大部分：一是文言文翻译；二是古文简答。从图3-8中可以看出，1963年高考语文试卷中，考察传统经典内容的分值占到了50%。考试内容主要是文学常识、标点、解释词语、文白互译。这表明，新中国成立初期全国高考语文试卷中对于传统经典内容的考察以主观性题目为主。①

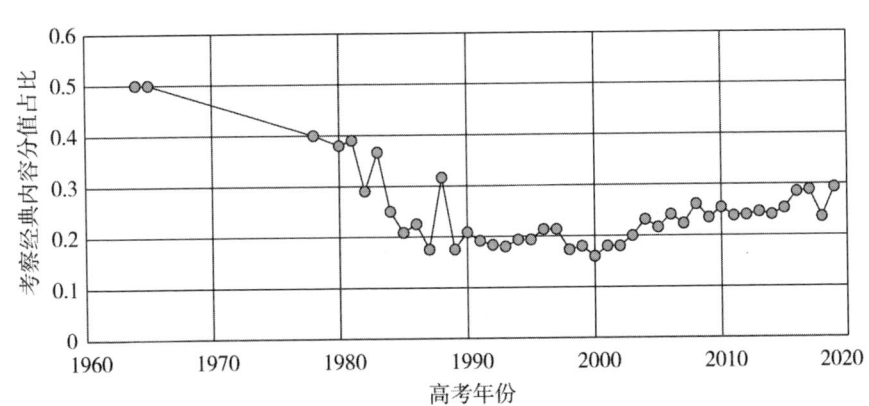

图3-8　不同时期高考试卷中考察传统经典内容分值的占比变化

1977年恢复高考之后，西方标准化试题对我国高考传统经典内容考试形式产生了影响。西方标准化考试起源于20世纪20年代的美国。当

---

① 因为文献收集的困难，本研究未能收集到1964年以前及1977年的语文高考试卷，另1966年停止高考，1977年冬恢复高考。

时，由于美国需要对移民、留学生和参加战争的人才进行筛选，采用了以选择题为主的"客观"考试选拔方式。这种考试的特点在于有标准答案，因此相对于没有标准答案的主观题来说更容易判卷。后来，随着信息技术的不断应用，越来越多的标准化考试开始由人阅卷转为计算机阅卷，比如美国教育考试服务中心（Educational Testing Service，ETS）开发的托福考试（Test of English as a Foreign Language，TOEFL）等。然而，选择题这种客观题看似"客观"，但其实考点的选择、选项的设置却仍较为主观。因此，这种标准化实质上并非真正的"标准化"。同时，选择题效度较差，考生的真才实学、对所学知识的应用能力及其创新思维往往很难被客观评价。此外，由于选择题的干扰性个数往往大于正确答案的个数，这种错误信息的大量输入对于教学活动鲜有正向的促进作用，还易造成考试抄袭和作弊行为的发生。

我国于20世纪70年代末引入了西方标准化试题的思维，与全面恢复高考几乎同步。选择题从此开始大量在各个学科的考卷中出现。自此，语文高考试卷中对文言诗文的考察包括标点、翻译、简答、作文等主观性试题题量逐渐变少，采用标准可量化的考核裁量方式、具有标准答案的选择题题量增多，客观题的分值也相应增加。与此同时，在改革开放的大背景下，高考语文试卷所要考察的范围更广，势必压缩了对文言诗文的考察空间。比如，在1978年的高考试卷中，传统经典考察占比从原先的50%骤降到25%。试卷满分为100分，其中涉及传统经典的内容，有4分来自填空题，15分来自翻译题，还有6分来自选择题。

从1980年起，高考中考察传统经典的试题占比陡然升高。究其原因，1980年高考试卷又减少了选择题，重新设计了大量的古文翻译、标点符号考察，而且这些主观题目分值较大（占38分，满分100分）。1980年到1985年之间，传统经典考察分值占比波动较大。这与该时期语文主

## 新中国中小学语文教材及高考试卷中华传统经典教育内容分析

客观题目设计变化有很大关系。到 1985 年高考语文试卷又开始重视选择题的考察形式，从此该题型就一直保留到现在。因而自 1985 年至今，文言诗文试题所占比重趋于稳定。

2000 年之后文言诗文试题占比呈现稳步上升的态势。这是因为在多年的高考客观标准题的影响下，文言诗文的教学出现了问题。课堂上对文言诗文的讲解是纯知识理性的，舍弃了传统经典本身所蕴含的丰富的文化价值，使语文教学只追求知识的系统性、全面性和网络化，忽视了文言诗文教学的精神。教育工作者发现标准化的客观题使得学生在机械化、程式化的训练中，文言诗文的理解能力、想象能力、表达能力没有得到提高。

随着人们对语文教学讨论的升温，以客观性选择题为主的文言诗文测试在现实中遭遇的"瓶颈"越来越引起人们的重视。因而，从 2002 年开始，高考语文文言诗词客观题的题量和分值都大幅下降，相反简答题的比重逐步上升。由此可见，人们认识到文言诗文试题过于注重客观题型轻视主观题型的问题，希望通过主观题型考查学生的文言诗文阅读能力。客观性标准化测试题目有利于考试分数的统计以及便于对考生掌握知识点的多少进行考察，但是这种测试方式也导致在中华传统经典教育的教与学中大家过分追求对知识点的技术性和功利性掌握，而对人文内涵不求甚解。主观题考察则引导传统经典内容的教与学重视对文本的理解、情感领悟，这是对阅读能力和审美的培养，是向以美感教育完成道德教育的方向倾斜，通过中华传统经典教育进而让学生发表思想、启发智德。

### 二、传统经典考察的省份间差异分析

从全国范围来看，文言诗文试题占比整体呈现稳步提升的趋势。为充分了解不同地域对于文言诗文考试的重视程度，本文对部分自主命题

省份高考文言诗文分值量进行了对比分析。具体数据包含了北京、浙江、上海、江苏、湖北、重庆、福建、湖南、四川、江西、安徽、广东、山东等省市在自主命题年份的高考试卷。

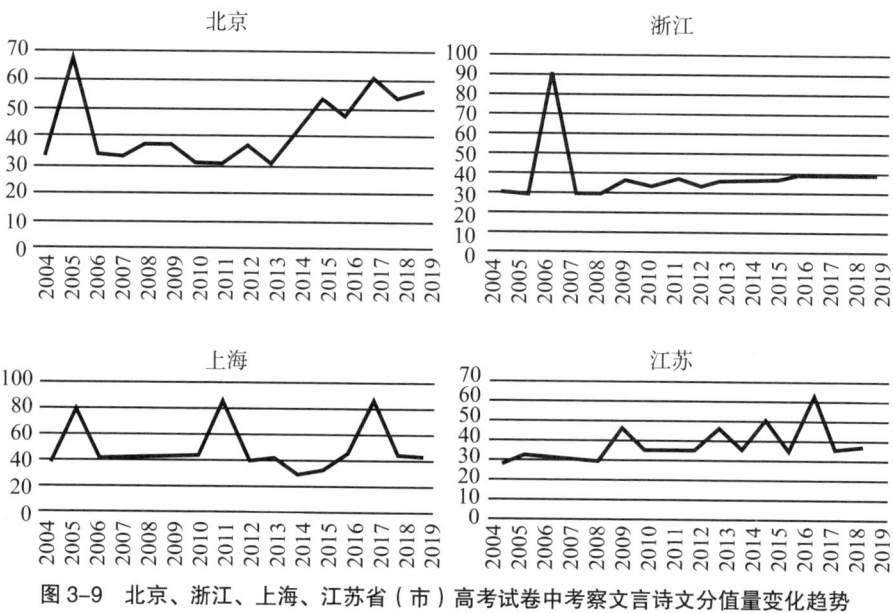

图 3-9　北京、浙江、上海、江苏省（市）高考试卷中考察文言诗文分值量变化趋势

从图 3-9 中可以发现，北京、上海、浙江、江苏这四个省（市）普遍在文言诗文的考察方面结合自身的特点，试题比重呈现波动上升，整体分值在 40 分或 40 分以上，超出全国卷平均分值。安徽、福建、湖北、湖南、江西、四川、天津、重庆、广东都在 2016 年放弃语文高考试卷的自主命题，而山东在 2018 年放弃自主命题。从图 3-10 可以看出，在自主命题期间，这些省份的中华传统经典教育考试分值处于基本平稳略有上升的趋势，但整体平均分值在 40 分和 40 分以下，与全国卷年平均分值基本持平。

# 新中国中小学语文教材及高考试卷中华传统经典教育内容分析

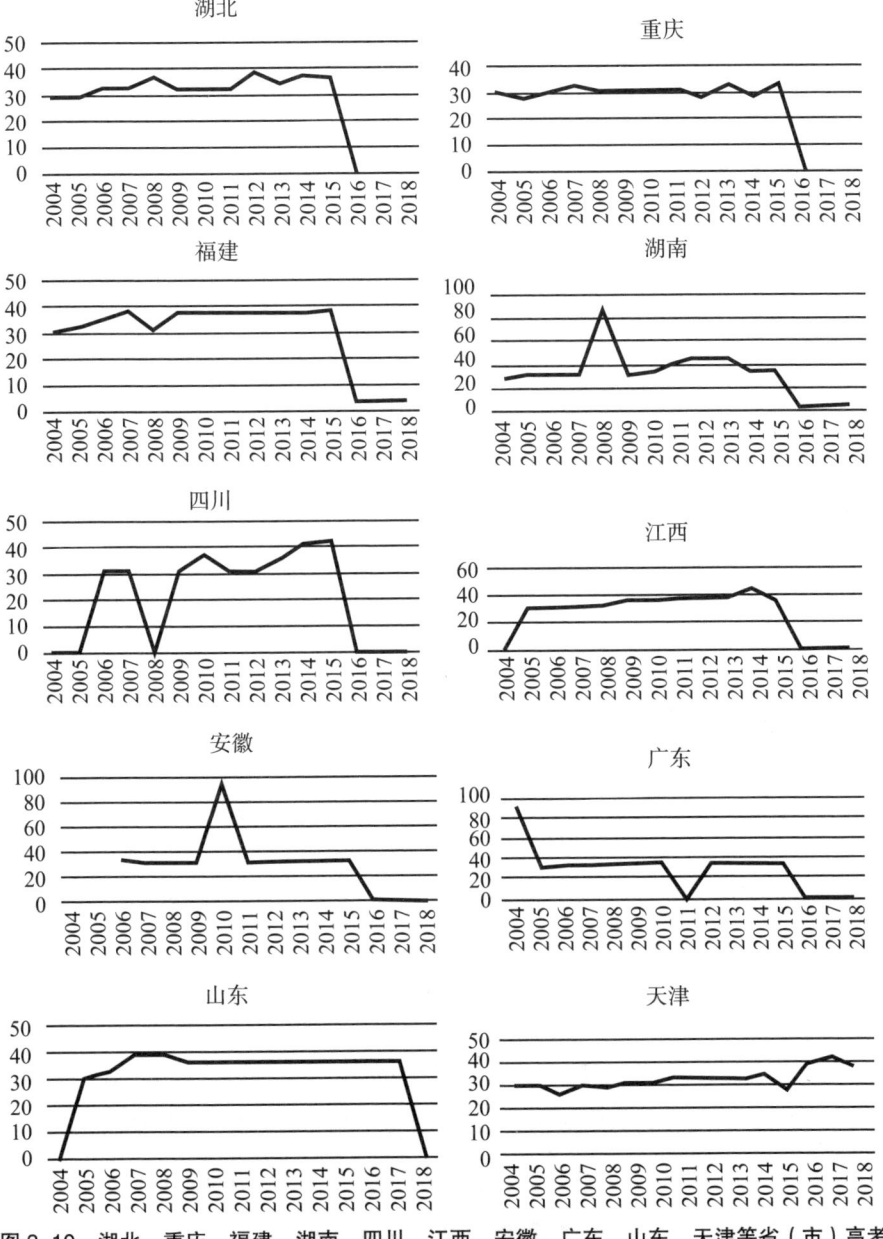

图 3-10　湖北、重庆、福建、湖南、四川、江西、安徽、广东、山东、天津等省（市）高考试卷中考察文言诗文分值量变化趋势

教育部当初下放高考命题权，其推进素质教育、深化课程改革的积极意义不可否认。自主命题可将高考试卷泄密范围缩小到一个省，还可减轻社会对高校特别是中央部门高校分省编制计划合理性，以及录取分数差异

质疑的压力，有突出地方特色等积极因素。然而目前，结合现实教育国情考虑，高考分省自主命题的弊端逐步显现，主要包括以下两方面：

一方面，试题质量无法保证，有些省份高考命题机构不健全、人员专业化和规范化管理不够，导致设题不严谨，答案不唯一，影响选拔人才的科学和公正。比如，在2004年重庆卷高考语文试题中的第12题中，命题人对于散曲的注释存在错误，可能导致考生在理解散曲内容上面出现偏差。

另一方面，各省试题不同，教材版本不同，导致不同地域高中阶段的教学内容和教学要求也不同；这使得不同地域的考生升入大学以后能力水平参差不齐，给大学的教学也带来一定的影响。面对这样的问题，这些教育水平一般的省份自主命题的压力格外大。因此，他们更愿意使用全国卷来考察学生。但是这样也就使文言诗文的地方特色性考查不足了。这些省份的中华传统经典教育也将参照全国统一的教学大纲实施教学。

## 三、传统经典考察题型分值变化分析

文言诗文主观试题在考察学生的理解能力、表达能力、审美能力、传统文化综合功底等方面具有突出作用。高考试卷中主观试题的占比情况也将会影响中学文言诗文的教学方式。因此，通过对高考试卷主观题型占比变化的分析，有助于对高考考察趋势进行探究。

试题中的平均分数是指同一年份中某一个类型题目在不同省份试卷上的平均分数，它可以体现出当年全国范围内对于某一种题型的重视程度。从图3-11中可以看出，三大题型在2004年之前变化波动比较大，2004年之后文言诗文各类题型分值呈现稳步上升。从图3-11的整体变化中可以看出，对传统经典内容的考察越来越受到重视。

填空类题目在20世纪80年代的高考试卷中占比较大。这一时期的中学教学大纲强调对学生读写能力、基础知识的培养。所以高考文言诗文的填空题目也主要考察文言诗文常识、标点符号等内容。古代诗歌鉴赏试题在20世纪90年代开始出现，其比例略低于填空题。2002年是高

# 第三章 新中国中小学语文教材及高考试卷中华传统经典教育内容分析

考古诗歌鉴赏题型的转折点。这一年该题型由客观选择题转变为主观简答题，在高考语文卷中稳定下来，试题分值也变大稳步超过了填空题。古诗歌鉴赏的考察比较灵活，选材广泛，不局限于名家名作，也不局限于"一代之文学"，所选的诗人诗作风格多样，不要求作品的思想内容和艺术风格为一流水平，重点是要有一两个较为突出的特点，考察学生对感情美和形式美的理解。从 1984 年至今，高考语文试卷中，文言文阅读试题的分值都是最大的并且最近几年一直稳定在 20 分左右。从试卷文本上分析，1985 年至今的文言文阅读主要是人物传记。例如，1985 年的《明史·周顺昌传》《五人墓碑记》《宋书·列传第二十七谢灵运》；1986 年《世说新语》《资治通鉴》（主要人物是诸葛亮）；1987 年《孟子·离娄下》。这些人物传记基本上出自"二十四史"。选文主旨都是传统美德，围绕"忠""孝""贤""能"等伦理道德，对于科学创见、艺术思想、哲学命题的考察较少。当然，随着中学语文课程改革的大力推行，目前的语文教材中文言诗文选文突破了过去注重伦理道德的倾向，转向关注选文的人文内涵,传统经典文章的选编从偏重"伦理"取向转到"情感"取向，体现审美的丰富性，这一点从对于教材的内容分析结果上也有所体现。另外需要注意的是，20 世纪 80 年代选择题的题型还在试卷中较多出现,但 90 年代后选择题在传统经典考察中所占的比例越来越低，因而这里在图 3-11 中我们并未统计选择题的演变规律。

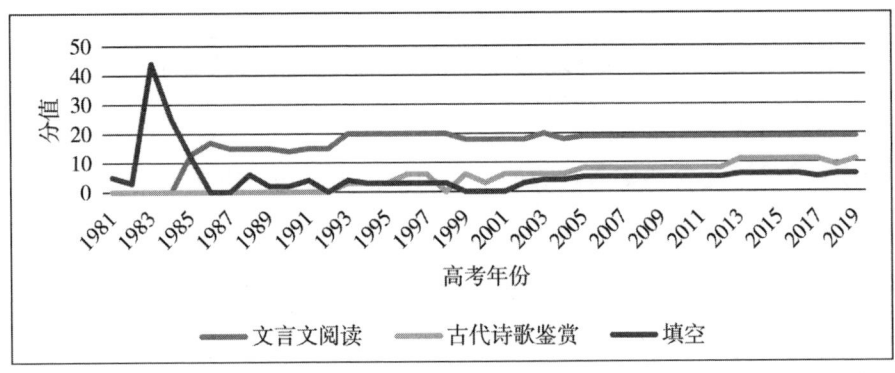

图 3-11　文言文阅读、古代诗歌鉴赏和填空三大题型在不同年份高考试卷中的平均分值变化

图 3-12 展示了 2004 年以来文言文各题材在高考中的平均分数，包括诗、词、赋、小说、古文和曲等六类。从图 3-12 中可以看出，近 15 年来古文（文言文阅读和填空）考察分值最大，其次是古诗、词。虽然最近两年古文试题分值有所变动，但整体保持在 20~25 分。在古诗词总体分值基本不变的情况下，古诗与词在 2007 年到 2013 年之间分值变动较大。但是从 2013 年到 2017 年古诗呈现稳步上升的状态，魏晋古诗、唐诗、宋诗出现的频率较高，词的考察分值逐年降低，甚至在 2017 年低于小说的考察分值。高考中古诗的考察从选文体裁来看，以近体诗为主流。近体诗中以七言绝句和五言律诗居多。近 15 年高考古诗词命题的近体诗选文中，绝句 84 首、律诗 81 首、数量相当。不过在 2018 年的高考中，古文、古诗的考察分值都出现了下降的趋势，词的考察分值有所上升。这可能预示着未来一段时间内高考会重视对词的考察。

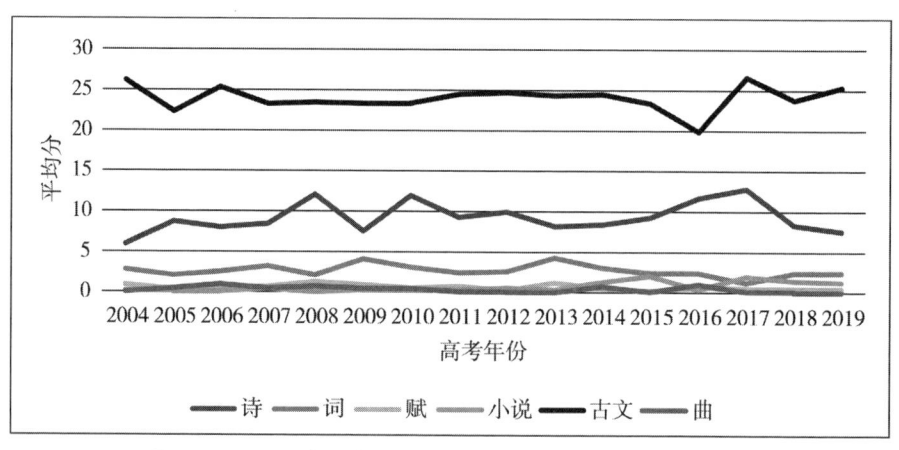

图 3-12 2004 年以来文言文各题材在高考中的平均分数变化

通过对近十五年高考文言诗文所属朝代的统计分析，从图 3-13 可以看出宋代是文言诗文考察分值最高的朝代，其次是唐代、清代、明代、战国时期。宋代之所以会成为高考文言诗词考试的大分值朝代，这与宋朝"重文轻武"的文学地位，文学体裁多，留存至今的文献数量较多且质量较高不无关系。

本章对中小学语文教材和高考语文试卷进行了定量分析。对于中小

# 第三章

## 新中国中小学语文教材及高考试卷中华传统经典教育内容分析

学语文教材，主要参考了人教版（共十个版本）、北师大版（2016版）和苏教版（2016版），对教材中的传统经典篇目进行数量、出处、作者、朝代和文体等角度的分析。对于高考试卷，针对新中国成立以来的高考语文试卷从分值、题型等角度进行定量分析。

从以上分析结果可以总结出以下结论：

第一，从教育不同阶段的教材上看：高中传统经典篇目与初中和小学相比，内容更加广泛与丰富，选题的出处、作者、朝代、文体种类更多，更具多样性，知识性和系统性更强。教育阶段越高，对不同朝代、不同类型的传统经典篇目的涉及程度越高，要求的传统经典篇目数量更多，传统经典篇目的选材更广，内容情感更丰富和多维。

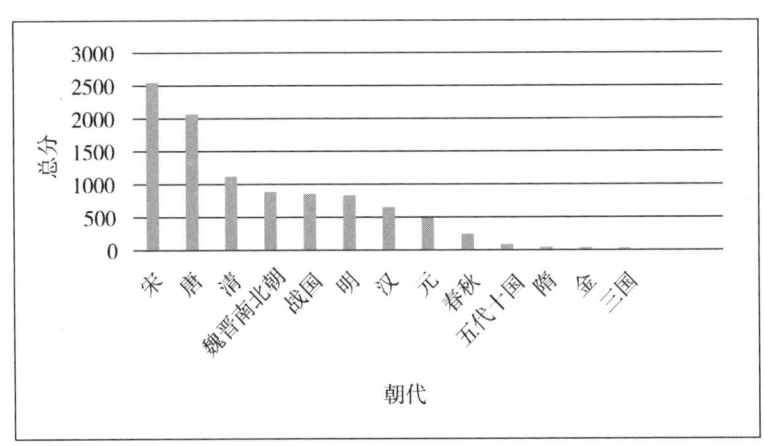

图 3-13　2004 年以来各朝代传统经典考察的平均分数分布

第二，从新中国成立以来不同版本的教材上看：同一教育阶段不同版本教材对于传统经典的要求具有一定的波动，但 20 世纪 90 年代之后对于传统经典的选文要求逐步上升。

第三，从高考试卷上看：改革开放之后，高考语文试卷中对于传统经典的要求逐步上升，特别是近几年，对于学生的阅读能力、对于传统经典的理解、对于中华传统文化的了解要求很高。同时，这种对于传统经典的重视从高考语文试卷中也逐步扩散到其他学科的试卷中，最终形成合力。

通过本章的实证分析，本文从教材与高考试卷两方面对中华传统经典教育进行了深入剖析。本章的研究结果，结合后续的实证研究，有助于更为系统化、多维度地理解我国目前中小学中华传统经典教育开展的现状与存在的问题。

# 第四章　中小学校园中华传统经典教育现状

全国中华传统经典教育现状整体调查分析描述主要分为：基础设施建设与资料配备、课程设置与建设、学生活动开展和团体组织、师资力量配置与管理、家庭教育与家长态度、学生参与及学生态度、对中华传统经典教育价值意义的认识与态度、传统经典书目推荐八个部分。因为涉及问题众多，全国报告仅对东、中、西部进行整体状况描述。

## 第一节　基础设施建设与资料配备

中华传统经典教育的开展依赖于教育基础设施和图书等资料的配备。一方面，以图书馆、阅读角、多媒体阅读设备为代表的基础设施为教育的开展提供了物质基础保障和便利的阅读条件；另一方面，基础设施的建设对于建设书香社会，营造良好的阅读氛围有重要作用。《全民阅读"十三五"时期发展规划》中明确指出，要完善全民阅读基础设施，重点推动图书馆、农家书屋、数字化平台的建设。因此，针对与中华传统经典教育相关的基础设施和资料配备情况的调研，可以有效地掌握中华传统经典教育开展的效果。围绕基础设施的建设和传统经典资料的配备，本研究从学生是否愿意去图书馆、书店阅读或购买书籍，学生喜爱的传统经典阅读基础设施情况、学生最喜爱的传统经典书籍形式、家长对建设传统经典阅读基础设施的认同程度、家长认为建设书香校园的必要程度等多个方面调研对比东、中、西部的发展情况。

首先，从整体上来看，平均80%的东部、中部、西部学生对去图书馆、书店阅读或购买传统经典书籍都表现出愿意的态度。由此可见，实体图书馆和书店在学生群体中的认可和接受程度较高，大力建设图书馆和鼓励发展实体书店，有助于刺激和满足学生对于传统经典阅读或购买的需求，对于开展中华传统经典教育有着促进作用。从东部、中部、西部的区域差异上来看，东部地区的学生愿意去图书馆、书店阅读或购买经典书籍的占比最大，其次是西部地区，比例最低的是中部地区。东部地区经济较为发达，图书馆、书店等基础设施建设起步早，建设更加完善，书籍资料更加丰富，对学生的吸引力更大；中部地区呈现出"洼地"状态，愿意去图书馆、书店阅读或购买传统经典书籍的学生占比为63%；西部地区学生愿意去图书馆、书店阅读或购买书籍的占比为86%，仅次于东部地区学生。我们分析其中可能原因是在西部扶贫中，较为重视图书馆等公益设施建设，因而西部学生对图书馆的认同程度较高。相反的是，中部地区成为图书馆等基础设施建设的真空区，学生对图书馆、书店的了解、认同程度较低。

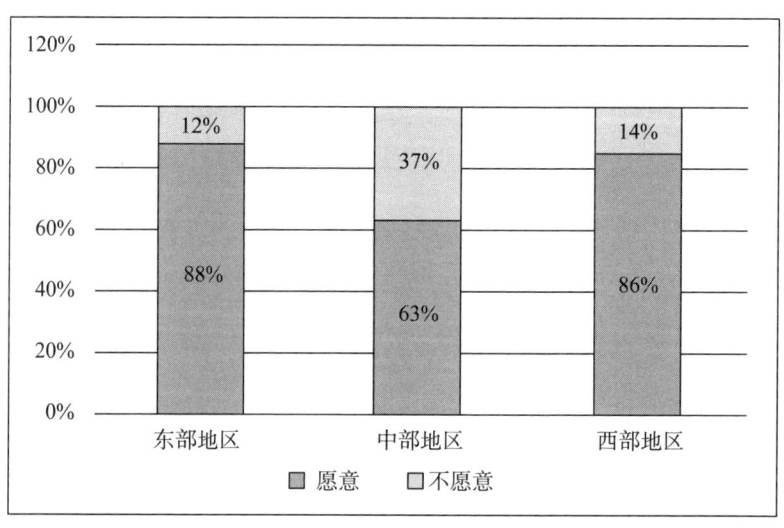

图4-1 学生对传统经典书籍的阅读和购买整体意愿

能够满足学生需求，吸引学生兴趣的传统经典阅读基础设施能够促

# 第四章
## 中小学校园中华传统经典教育现状

使学生投入到经典阅读中去。学生对传统经典阅读基础设施的喜爱的情况可以有效反映出当前学生群体对传统经典阅读基础设施的偏爱点。根据学生的喜爱方面，有针对性、个性化地建设传统经典阅读基础设施将会提升学生的阅读兴趣。从整体来看，学生喜爱的经典阅读基础设施呈现多样化，图书馆、纸本阅览室、绘本馆、班级读书角、电子阅览室或多媒体室都是学生喜爱的基础设施。图书馆依然是学生最喜爱的基础设施，其次是纸本阅览室、绘本馆、班级阅读角。电子阅览室或多媒体阅览室受喜爱的规模最小。由此可以看出，学生对于纸质类书籍的喜爱程度要高于电子类书籍。从地区差异来看，东部地区喜爱电子阅览室或多媒体阅览室的学生占比明显高于中部和西部。出现这种差异的原因，我们认为主要是东部地区经济发展较快，信息化水平相对较高，在传统的阅读基础设施基础上，以电子阅览室、多媒体阅览室为代表的新型阅读基础设施发展较快。与此同时，东部地区学生接触使用电子产品更频繁，因此更加愿意和习惯使用电子阅览室提供的电子设备。中部地区学生更喜爱绘本馆和纸本阅览室，而喜爱班级读书角和电子阅览室的学生占比却很低。西部地区学生更喜爱去图书馆阅读传统经典书籍。

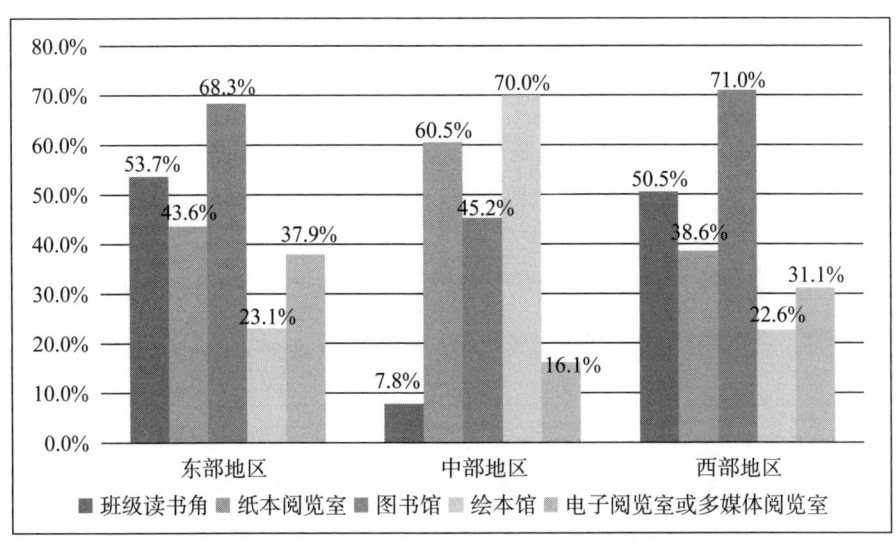

图 4-2　不同地区学生喜爱的传统经典阅读基础设施

图书馆、绘本馆等阅读设施作为校园中华传统经典教育的基础设施，具有重要的客观物质价值，是校园有效开展此类教育的基础性条件。现代条件下开展中华传统经典教育，绝不仅仅局限于阅读基本传统经典书籍，这项重要的教育工作对现代化的阅读设施和场所已经提出了更高的具有现代特征的要求。而家长对建设图书馆、绘本馆等阅读设施，开展中华传统经典教育重要程度的认识，代表了家长群体对于此类教育工作所需条件的基本认知。针对这一问题，调研发现，家长对学校相关基础设施的建设普遍持积极态度，认为学校中华传统经典教育相关设施的设立有利于学校开展此类教育。认为图书馆、绘本馆等阅读基础设施对开展中华传统经典教育的重要程度为"重要"或"非常重要"的家长受访者总体上占九成左右。但是以细分的东、中、西三个地域来分析，东部地区持"非常重要"这一强烈认同态度的家长占比最高，并向中部、西部地区递减。东部地区经济较发达，家长能够接触到各类先进的阅读设施，对它们所能发挥的积极作用有更加清晰的了解，因此往往会对阅读设施影响中华传统经典教育开展的重要程度持最积极和强烈的认同。

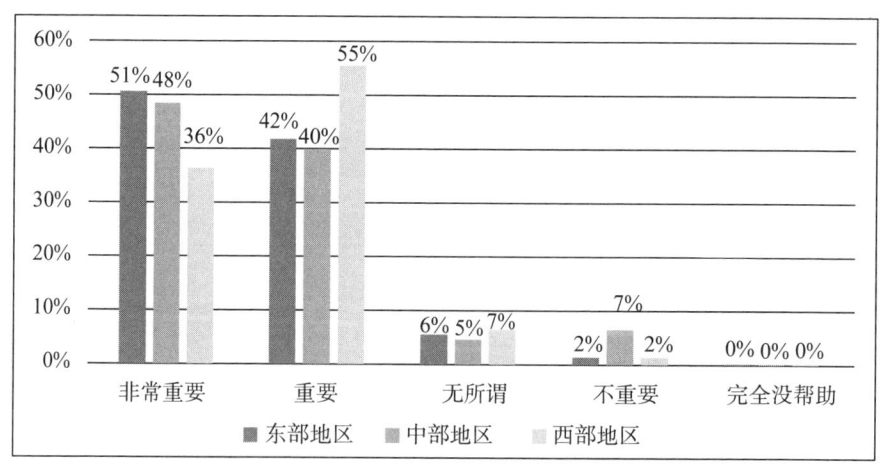

图 4-3　不同地区家长认为阅读基础设施对中华传统经典教育的重要程度认知

专门的阅读场所或设施，能够为受教育者提供更好的学习支持。因此，是否设置有专门的中华传统经典阅读场所或设施能直观地反映出特定区域教育综合体对中华传统经典教育的重视程度和建设情况。而家长对于子女所在学校是否设置有专门的中华传统经典阅读场所（设施）的了解程度，一方面可以反映出所在地区专门场所和设施的建设情况；另一方面也能够反映出家长对这一问题的重视程度。总体上看，抽样调查地区的家长受访者过半表示孩子所在学校的图书馆（阅览室）设置有专门的中华传统经典阅读场所，如中华传统经典图书角或阅览室。但是表示"不知道"的家长占比也普遍超过三成。这一方面表明，中华传统经典教育在全国范围内总体上将建设触角延伸到了更加精细的专门图书角或阅览室，教育精细化的程度较高；另一方面也表明家长对于中华传统经典教育基础设施的专门建设仍然有深化了解的更大空间。就东、中、西部三个地区而言，东部地区家长确知所在学校的图书馆（阅览室）设置了中华传统经典图书角或阅览室的比例最高，达到了59%。西部地区家长确知未设置的占比最高，达到了12%。而中部地区表示"不知道"的家长占比最高。某种程度上，东部地区经济较为发达，因此设置专门的中华传统经典图书角或阅览室的条件更加充分，西部则相反。

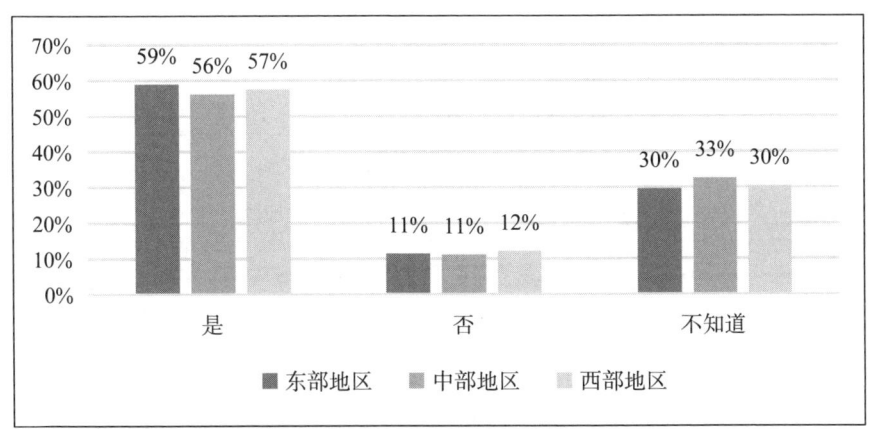

图 4-4　家长对子女就读学校的图书馆（阅览室）是否设置经典图书角或阅览室的了解

如果把中华传统经典教育置于"书香校园"建设的宏观视角下加以审视，由于传统经典教育的开展对营造书香校园的天然价值，可以认为是植根于对书香校园建设重要性的认识。从教育的综合性来说，对书香校园建设的重视需要学校、家庭等各个方面的综合发力，而学校教师对于"书香校园"积极的价值认知是毋庸赘言的，而家长对"书香校园"建设重要性的认识往往是形成校园书香氛围合力中存在较大变量的一部分。调研中专门就家长对建设"书香校园"重要性的认识做了调查。从总体结果来看，各地家长对建设"书香校园"的必要性绝大部分都持积极态度。但是以东、中、西部三大地理区域细分来看，东部和西部持"非常有必要"的强烈正面态度的占比远远高于西部。而西部地区持"无所谓"态度的占比（9%）则高于东部与中部地区。经济较发达地区的家长对"书香校园"建设的必要性认识要比经济较落后地区的家长更清晰，这反映出了经济更发达地区对书香氛围所具有的以文化人功能有更显著的认可，某种程度上这将有益于中华传统经典教育在这些地方的开展。

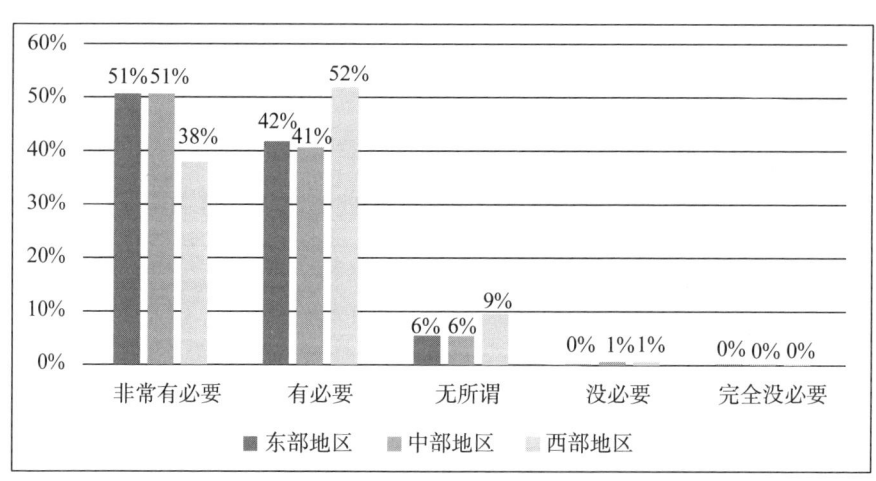

图 4-5　不同地区家长对建设"书香校园"必要性的认识

## 第二节　课程设置与建设

中华传统经典教育相关课程是学校开展此类教育的重要形式，也是实现中华优秀传统文化知识输送和价值构建功能的基本载体。根据所在学校相关课程的开设与建设情况，学生、学校教师和学生家长站在不同立场，对这一问题具有不同的观察视角和基本观点。因此，针对这一问题，分别就学生接受相关课程教育的基本情况、学校教师开展相关课程基本情况及家长对相关课程的看法进行调研。

## 一、学生接受相关课程教育基本情况

首先，就中学生最喜欢的中华传统经典教育课程来看，历史、语文、经典阅读依次为最受欢迎的相关课程，而历史的受欢迎程度位居第一，这表明结合历史和史实的经典教育模式可能更受同学们的欢迎。从东、中、西部不同地域的情况来看，各门课程在各个区域受欢迎的程度格局基本一致，只是各门课程在不同区域的具体受欢迎程度有所差异。

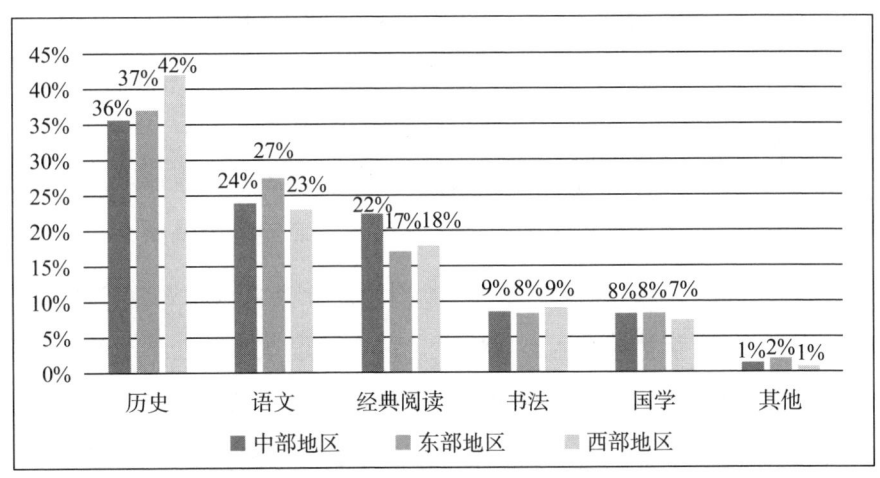

图 4-6　不同地区学生最喜欢的经典教育课程

其次，就同学们喜欢经典教育课程的原因来看，个人兴趣是最大的原因，并且相对其他选项有压倒性的优势，同时这一特点在全国东部、中部、西部地区都同样成立。这表明，中华优秀传统文化本身对于广大的青少年学生来说，具有较强的吸引力和感召力，当代的青少年对中华优秀传统文化感兴趣、学习有热情、对参与传统经典教育课程有期待，这为进一步做好传统经典教育提供了直接的现实背景和价值依据。

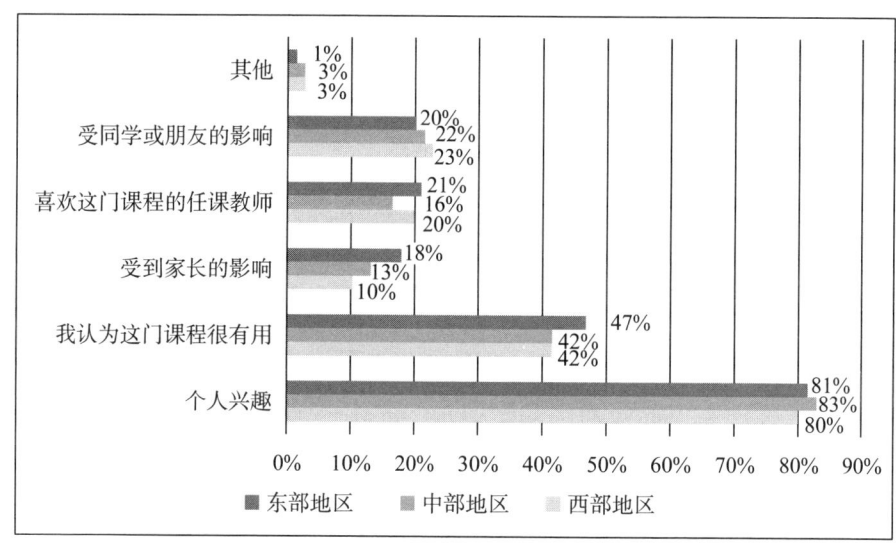

图 4-7　不同地区影响学生对课程喜爱的因素

再次，就不同地区学生喜欢的中华传统经典教育教学方法来看，各地总体上表现了相似的规律，翻译讲解经典、配乐唱诵经典、编排演绎经典受到比较广泛的喜爱，相对而言，记忆背诵和抄录默写经典在东部、中部、西部三个区域受欢迎程度都相对较低。这表明，更加灵活、更加具有趣味性、更能将鲜活多样的形式与传统经典深刻内涵结合起来的教学方法，更加受到同学们的喜爱。因此，在开展中华传统经典教育活动时，教育者可以将创新精神融入教学实践，以新颖形式丰富教学活动，用多样手段传承中华传统经典，在保证必要的记忆性要求的同时，致力于寓教于乐，营造教师乐于教、学生乐于学的生动教学局面。

而就开设的中华传统经典课程的数量看法而言，总体上认为数量一般及以下的人数占比普遍超过三成，特别是中部地区认为一般、不合适及非常不合适的人数占比达到54%，这表明在课程数量的设置问题上，我国各地的中华传统经典教育还值得结合实践经验进一步予以更加科学的分析与研究，探讨更加科学合理的课程数量。但相对来说，东部地区的同学对课程数量设置的满意度表现出了更多的积极评价，这表明东部地区学校的此类教育在课程数量的设置上具有一定的先进经验，值得进一步探究与总结。

# 第四章 中小学校园中华传统经典教育现状

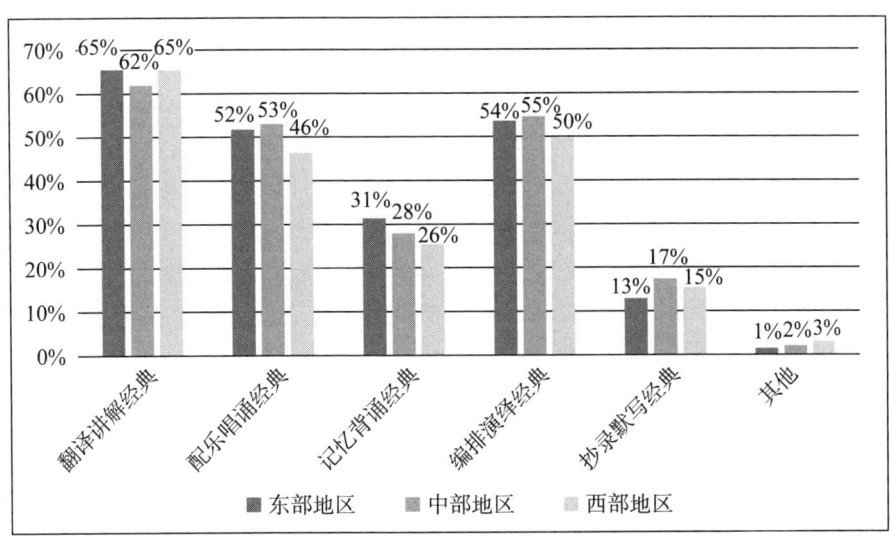

图 4-8　不同地区学生喜欢的中华传统经典教育教学方法

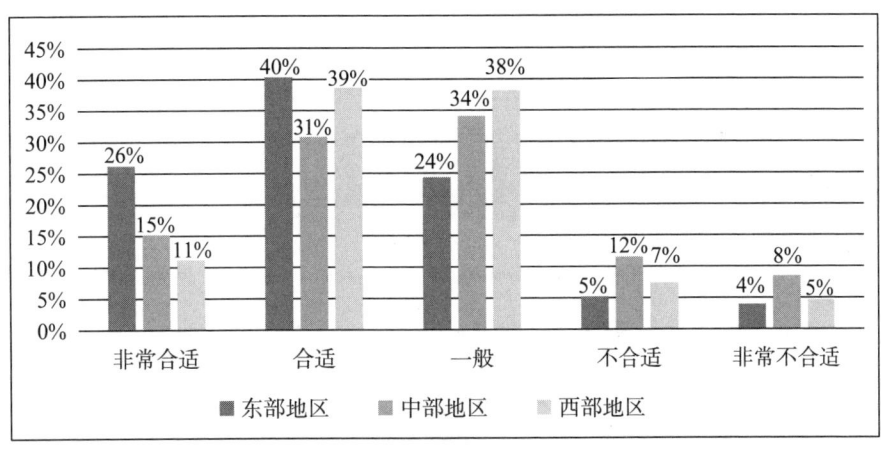

图 4-9　不同地区学生对学校开设中华传统经典课程数量的看法

此外，教材作为中华传统经典教育开展的基础，其包含关于传统经典的内容，是教师在学校开展此类教育的文本依据。学生对这些内容的态度直接反映了对进入课堂中的中华传统经典教育的态度。总体上看，抽样地区学生对课本中有关内容大部分持积极态度，但是不同地区之间存在一定差异。东部、中部、西部三个地区持积极态度人数的占比依次递减，特别是"非常喜欢"部分，东部地区的占比远远高于中部和西部，而表示"无所谓"的人数占比，则反映了由东部向西部递增的规律。这表明，经济发达地区的学生对课本上关于传统经典的内容更加认同。一方面，这可能是因为东部地区所用教材的编排设置更受学生欢迎；另一方面，从选择"无所谓"的人数占比来看，东部地区学生对课本中的传统经典内容更加重视，其学习和传承中华传统文化的意识更加明显。

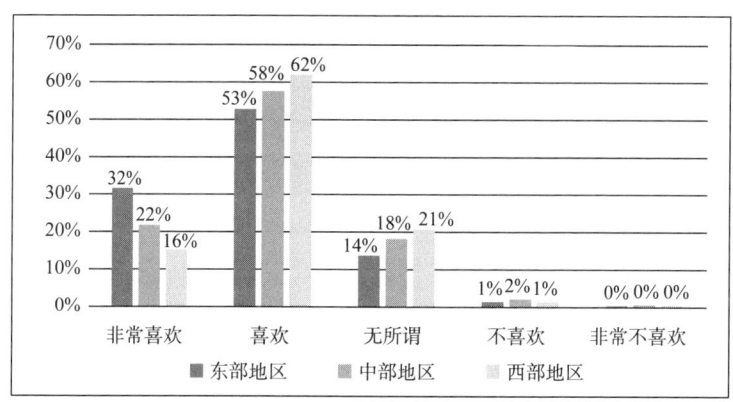

图 4-10　不同地区学生对于教材中有关于传统经典内容的态度

## 二、教师开展中华传统经典教育相关课程的基本情况

教师在中华传统经典教育中扮演着重要的角色，是学生进行传统经典学习的引路人，教师对中华传统经典教育的看法及在教育开展过程中采用的教学方式在很大程度上会影响教育的效果，一线教师对中华传统经典教育的现状也有着较深的了解。

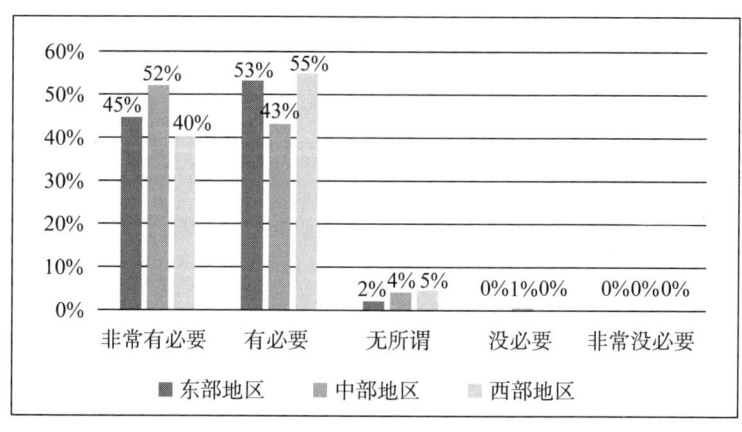

图 4-11　不同地区教师认为学校开设中华传统经典教育课程的必要性

# 第四章 中小学校园中华传统经典教育现状

首先，从总体上看，东部、中部、西部地区认为在学校开设中华传统经典教育课程"非常有必要""有必要"的教师占大多数，占比基本在90%以上。由此可见，教师已经意识到了中华传统经典教育在学生培养过程中的重要性并产生了将其列入课程计划中的紧迫感。

在中华传统经典教育实际开展的过程中，全国各地区教师采用的教学方法、考评方式和作业形式存在较高的相似性。从使用的教学方法来看，使用"记忆背诵经典"和"翻译讲解经典"教学方法的教师最多，占比将近70%，而使用"编排演绎经典"教学方法的教师最少，仅有30%左右。从不同教学方式的占比差异可以看出，当前阶段的中华传统经典教育的教学方式仍偏于传统，以学生能够记住、理解传统经典内容为主，在形式上不够活泼，可能存在吸引力不足的问题。但同时我们也可以注意到，从总体上看使用"配乐唱诵经典""编排演绎经典"等较为活泼有趣的教学方法的教师也占有不小的比例，说明教师们已有意识地在提高传统经典课堂的吸引力。

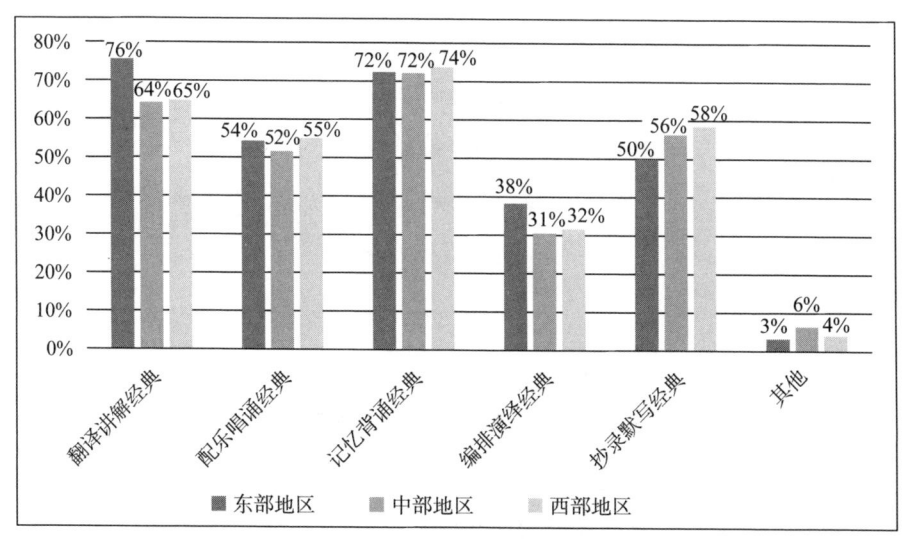

图4-12 不同地区教师在授课中使用的教育教学方法

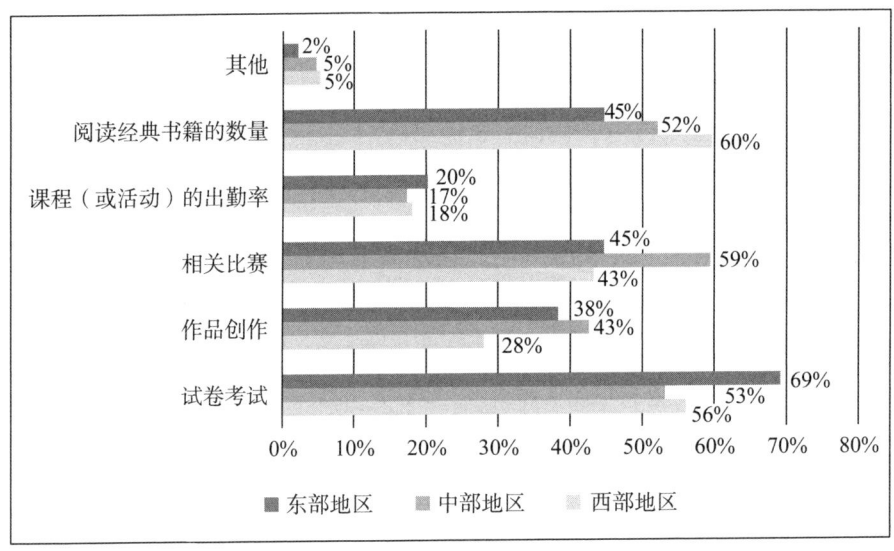

图 4-13　不同地区教师在中华传统经典教育中对学生的考评方式

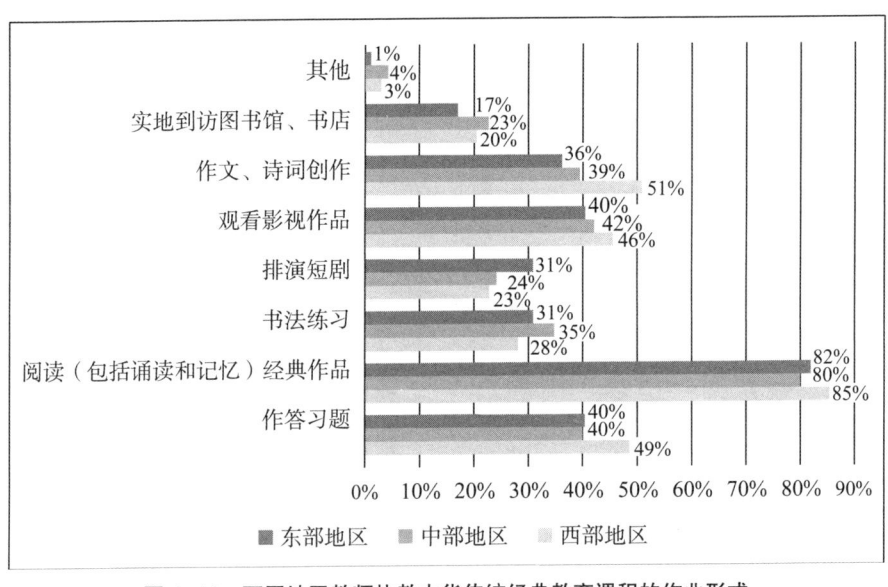

图 4-14　不同地区教师执教中华传统经典教育课程的作业形式

从考评方式上看，以"试卷考试"、"阅读经典书籍的数量"和"相关比赛"作为考评方式的教师最多，占比在50%左右；以"课程（或活动）出勤率"为考评方式的教师则最少，占比小于20%。总体而言，目前中华传统经典教育的考评方式较为多样，主要注重学生对传统经典的积累和理解。具体来看，各地区教师青睐的考评方式存在一定差异。最受东部地区教师青睐的考评方式是"试卷考试"，中部地区教师更倾向于以相关比赛的成绩作为考评依据，西部地区教师则更青睐以阅读传统经典书籍的数量作为考评标准，各地区不同的考评方式体现出多样化特征。

从作业形式上看，"阅读（包括诵读和记忆）经典作品"的占比远高于其他形式，占比在80%以上；而"实地到访图书馆、书店"、"排练短剧"和"书法练习"等形式的比例则相对较低，仅在30%左右。总体而言，目前中华传统经典教育的作业形式较为保守，以阅读和作答为主，其他形式的作业数量较少，主要关注学生对传统经典内容的积累和理解，这与教学方法和考评方式是一脉相承的。

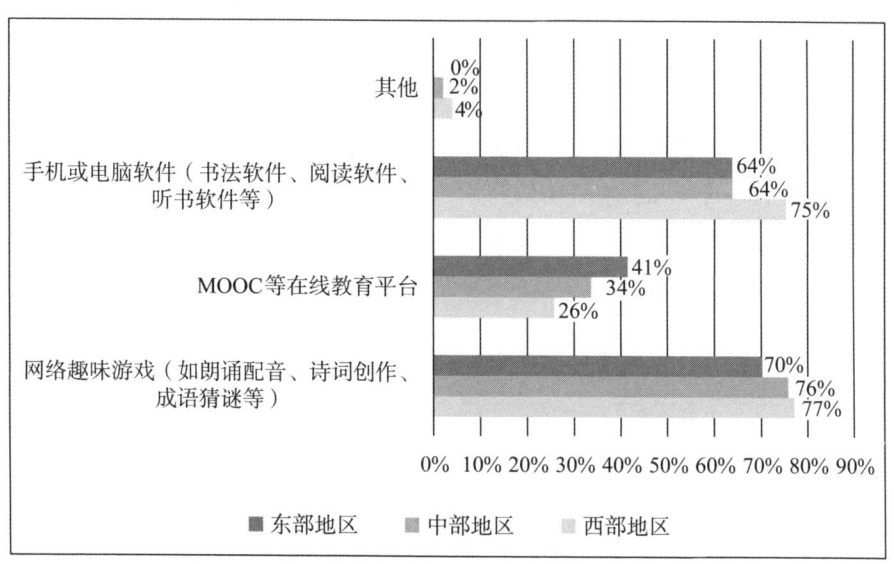

图4-15　不同地区教师在相关教学中愿意使用的多媒体资源

各地区教师普遍认可在中华传统经典教育中使用多媒体资源，其中"网络趣味游戏"受教师青睐程度最高，占比在70%以上；而MOOC（大型开放式网络课程，Massive Open Online Courses）等在线教育平台的青睐程度只有不足40%。多媒体资源的使用是为了更好地辅助教师完成中华传统经典教育，网络趣味游戏以其生动活泼的特点有效地弥补了传统教学模式中趣味性不足的问题，因而更受教师青睐。同时值得注意的是，从东部到西部地区使用网络趣味游戏的教师比例呈现出不断增长的趋势，而使用MOOC等在线教育平台的教师比例则呈现出明显的下降趋势。这说明越是师资薄弱的地区越依赖能够提升教育趣味性的多媒体资源。

不同地区的教师也表达了他们对当前中华传统经典教育相关课程数量、课时量和学生课堂互动情况的看法。总体上看，东部地区和中部地区认为当前相关课程的数量和课时量基本合适的教师占大多数，占比在60%左右。西部地区的教师则普遍反映相关课程和课时量"比较少""太少"，比例合计超过50%。这说明在当前中华传统经典教育的开展过程中，西部地区和东部、中部地区存在一定的差距，仍有较大的进步空间。同时，从图4-16、4-17可知，从东部地区到西部地区，对中华传统经典教育相关课程的数量和课时满意度在不断下降，这实际上与地区之间社会经济发展水平的不同及意识观念的差异有关。社会经济发展水平高的地方其教育理念也相对先进一些，在进行教学设计时会更多地考虑到中华传统经典教育对提高学生综合素质的作用，因而会给其分配更多时间。

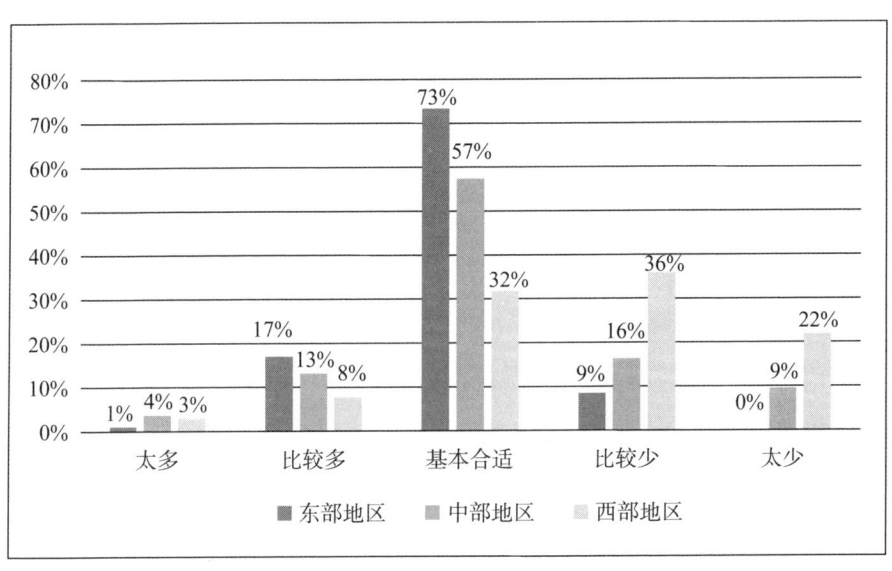

图4-16 不同地区教师对目前学校开设相关课程的数量（开设门数）的看法

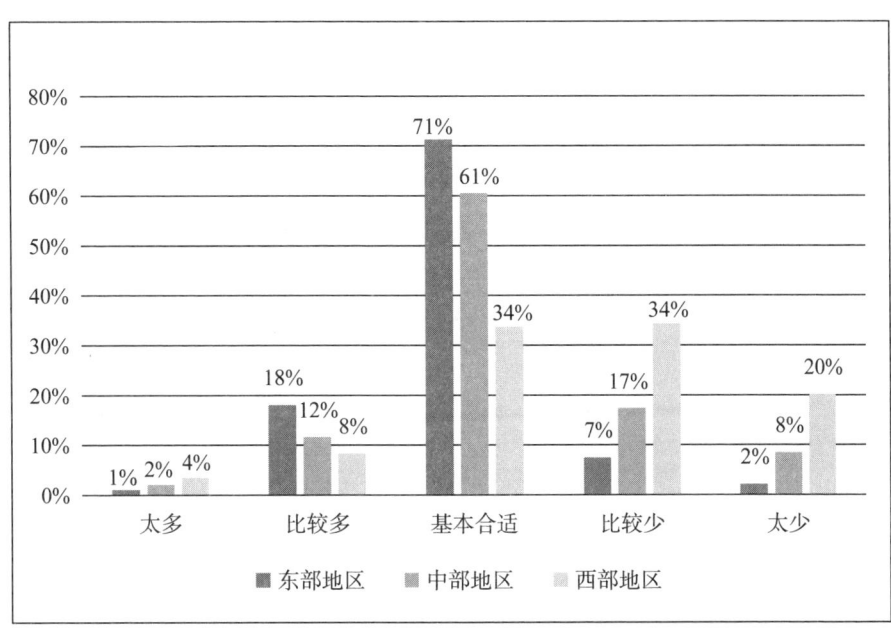

图 4-17　不同地区教师对学校开设相关课程课时量的看法

## 三、家长对中华传统经典教育相关课程的看法

家长对学校相关课程的认可情况一方面能反映出家长对学校开展中华传统经典教育质量的基本看法；另一方面也能体现出家长对此教育本身的重视程度。

就不同地区学生家长对学校开设相关课程的数量和教学内容的满意程度来看，总体上，以正面的积极态度为主，但是东部地区持"非常满意"和"满意"态度的总人数占比明显高于中西部地区，而中西部地区持"无所谓"或者"不满意"态度的家长占比则相对高于东部。东部地区的家长对学校开设相关课程的满意度较高，一方面，表明东部地区学校在此方面确有可取之处，值得中西部地区学校借鉴；另一方面，一定程度上也从一个侧面映射出东部地区家长对中华传统经典教育更加关注和重视。

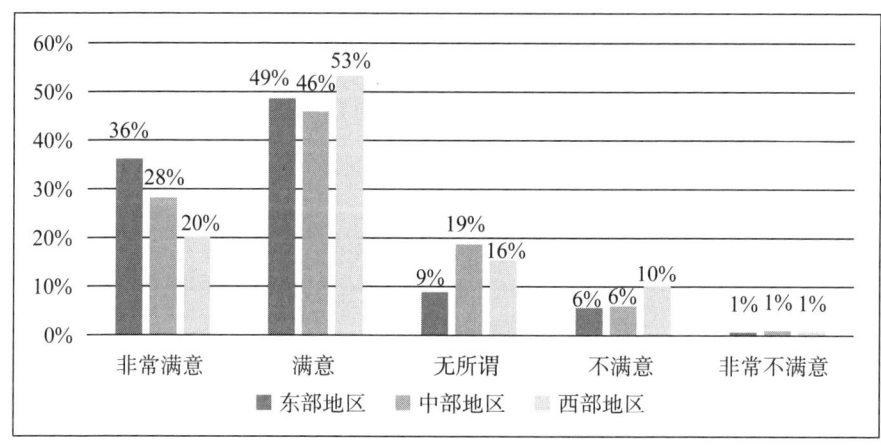

图 4-18　不同地区学生家长对学校开设课程的数量和教学内容的满意度

## 第三节　学生活动开展与团体组织

课外活动和学生社团作为中小学生学习和成长的第二课堂，对中华传统经典教育的开展至关重要。与课堂教学不同的是，课外活动和学生社团的教育方式更具灵活性和趣味性，让学生在亲身实践和体验中收获知识、锻炼能力。同时，课外活动和社团也与课堂教学相辅相成，通过科学的规划和有效的组织，课外活动和社团可以和课堂授课的内容联系起来，从而加深学生对书本知识的理解，实现学生知识面的扩展。因此，在考察中华传统经典教育时，相关的课外活动和团体组织的开展情况是不可忽视的一面，可以反映在素质教育的大背景下中华传统经典教育开展的综合情况。通过图表，我们可以直观地看出东部、中部和西部三个地区在学生活动和团体组织方面的规律和差异。具体而言，我们主要从开设和参与的课外活动类型、学生参与课外活动的情况和意愿、学生参与社团或兴趣班的情况和意愿、学生参与与否的原因、阻碍学生参与课外活动和社团的因素这五个方面入手进行考察。

# 第四章 中小学校园中华传统经典教育现状

## 一、开设和参与的课外活动类型

首先来看学校开设和学生参与的课外活动类型。图 4-19 显示了东、中、西部中小学学校开设中华传统经典教育课外活动的类型。从图中可以看出，整体来看，全国各地区中小学开设最多的活动类型是演讲比赛、读书比赛和书法比赛。可见这三种类型的课外活动在全国范围内都受到了认可。开设最少的三种活动类型则是亲子互动、夏/冬令营和校外参观，这在东、中、西部三个地区也是一致的。因此从整体来看，全国各地中小学在开设课外活动的偏好上基本一致，即更偏向于校内的、短期的、锻炼基本语言能力的活动。但如果具体考察每种活动类型，又会发现一些细微的差异。首先，除了文学创作比赛外，西部地区在其余的所有活动类型上的表现都或多或少地落后于东部和中部。可见西部地区中小学开设课外活动的积极性仍需要进一步提高；中部地区在文学创作比赛和校外参观这两种活动类型上的比重要显著高于东部地区和西部地区，可见中部地区对这两个方面更加重视；东部地区则在亲子互动活动上的比重明显高于中部和西部，说明东部地区的中小学在中华传统经典教育的家校互动上更有经验。

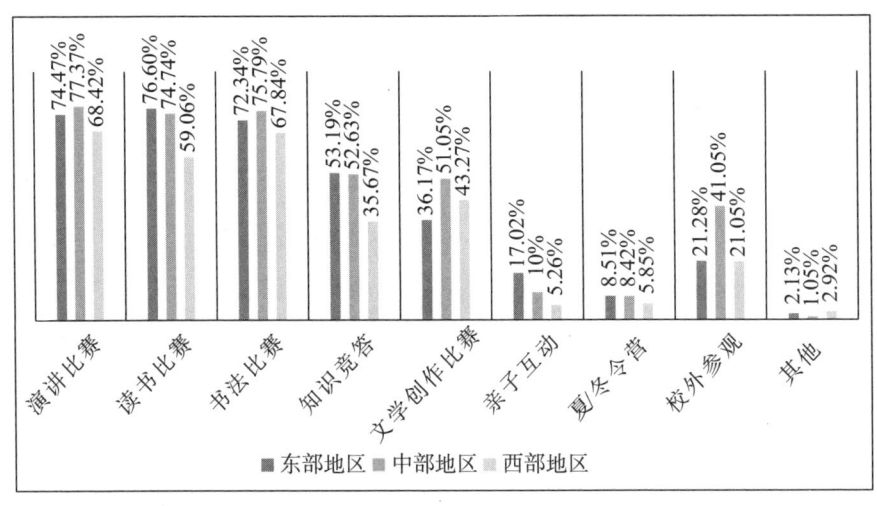

图 4-19 全国中小学学校开设中华传统经典教育课外活动类型统计

东、中、西部三地区的中小学在课外活动开设情况上的表现差异从图 4-20 中也可以看出。图 4-20 显示了三个地区的中小学每学期组织相关课外活动的频率。从图中我们可以看出,三个地区的中小学比较普遍的情况是每学期开设 1~3 次中华传统经典教育课外活动,在各地区的比重都占了 50% 以上。但同时我们也可以看到,中小学每学期开设课外活动 3 次及以上的比重东部地区要显著高于中西部地区;相应地,每学期开设课外活动少于 1 次的比重西部地区的要明显高于东部和中部地区;中部地区中小学每学期开设 1~3 次课外活动的比重也是三个地区中最高的。这说明西部地区中小学的课外活动无论是开设类型还是开设频率都落后于东部和中部地区,东部地区在这两个方面的表现都更好。

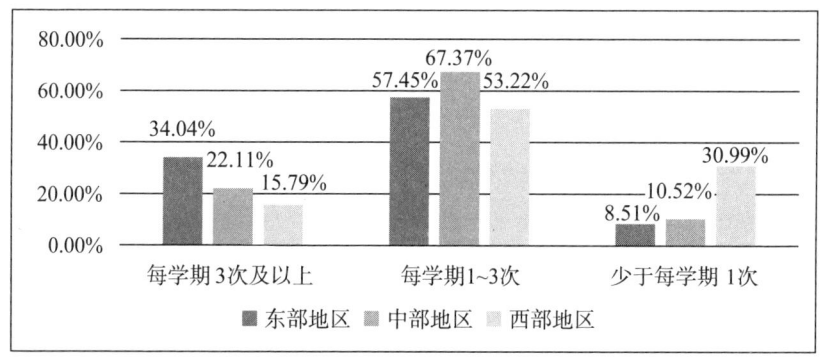

图 4-20 学校组织中华传统经典教育课外活动的频率统计

## 二、学生参与课外活动的情况和意愿

以上是从学校角度进行的考察。学校开展活动的情况是否与学生的参与兴趣相匹配,图 4-21 就显示了通过学生问卷获得的东、中、西部地区中小学学生参与课外活动的情况。从图中可以看出,与学校开设的偏好截然不同,东、中、西部地区中小学生在所有的课外活动类型中,参与度最高的是校外参观,远远高于其他类型。其他类型中除了读书比赛、书法比赛和知识竞答的参与度略高外,整体分布比较平均。可见与学校开设活动的考虑不同,大多数学生还是从兴趣和趣味性的角度出发做出的选择。具体到每个类型上，与学校开设活动的情况类似。西部地区学生在所有类型的活动上的参与度都低于东部和中部地区，这说明西部地区学生的参与课外活动的积极性要相对落后；中部地区学生在文学创作比赛和校外参观活动中的参与度也高于其他两个地区；东部地区学生除了在亲子互动的课外活动的参与度上高于其他两个地区以外，夏/冬令营的参与度也显著高于中西部，这可能与东部地区学生课外时间相对充足、家庭经济条件更优越有关。

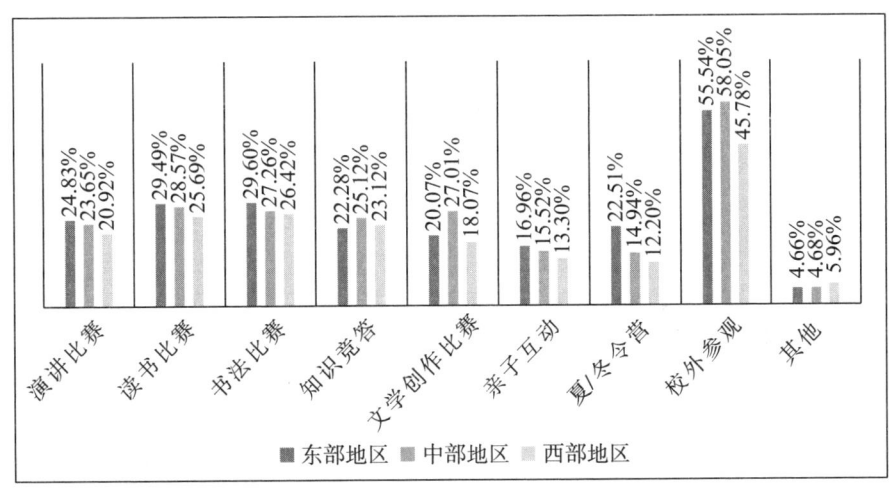

图 4-21　中小学学生参与中华传统经典教育课外活动类型统计

综上，全国中小学整体开设课外活动类型比较丰富，但各种类型的活动分布不均，主要以短期性、实用性、可操作性强的活动为主；中小学生也参与到了各种类型的课外活动中，其中趣味性强的活动最受学生欢迎。对比两者可知，由于出发点不同，学校开设活动的类型和学生的需求并不匹配，且西部地区在两个方面的表现都落后于东部和中部地区，东部地区在家校联系方面的表现，明显优于中西部地区。

### 三、学生参与社团或兴趣班的情况和意愿

除了课外活动以外，中华传统经典教育相关的学生社团和兴趣班

也是开展此类教育的重要组织或场所。图4-22就分别显示了东、中、西部三个地区中小学教师反映的学生参与社团和兴趣班的情况。从图中可以看出，三个地区中没有参与相关社团和兴趣班的学生均占大多数，分别为73.54%、83.58%和81.56%，可见社团和兴趣班在全国中小学生的中华传统经典教育中尚未普及，仍有很大的提升空间。其中东部地区没有参加社团和兴趣班的学生比重最低，相应地参加了社团和兴趣班的学生比重也是最高的。中部和西部两地差异不大，中部地区的未参与学生比重要略高于西部地区，参与学生比重也略低于西部地区。可见社团和兴趣班参与度最高的仍然是东部地区，参与度最低的为中部地区，这可能与中部地区传统的应试教育更普遍、学生课内学业压力较大有关。

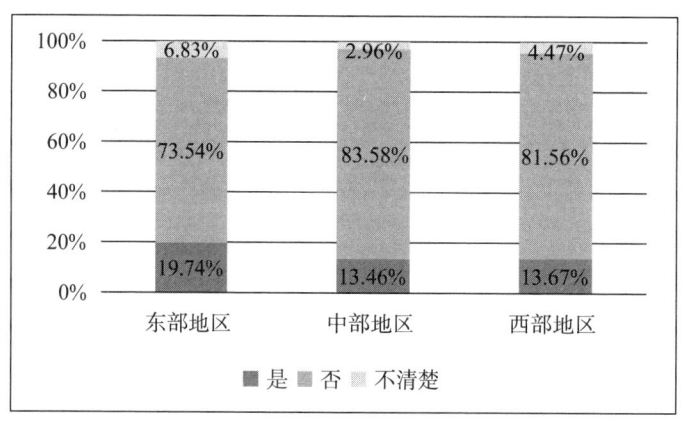

图4-22 学生参与中华传统经典教育学生社团或兴趣班情况统计

以上分析是从教师问卷中获得的数据入手进行的。在中学生问卷和小学生家长问卷中，我们也设置了与参与意愿相关的问题，可以与以上分析相互印证。中学生参与兴趣班和社团的意愿如图4-23所示。与图4-22显示的实际参与度截然相反，愿意参加学生社团和兴趣班的中学生在东、中、西部三地都占了大多数，分别为75.26%、64.17%和61.54%。中学生的参与意愿还是普遍较高的。在三个地区中，依然是东部地区的中学生参与意愿最强，不愿意参加的中学生比重也是最低的；其次是中部地区，最后是西部地区。小学生的参与意愿主要是通过小学生家长填写的问卷得出的。在问卷中我们就这一问题设置了参与意愿量表，其中最高意愿"非常愿意"对应"5"，以此类推，最低意愿"非常不愿意"对应"1"。最后计算出平均得分如表4-1所示。表4-1显示的情况与图4-23相同，即东部地区的小学生参与社团和兴趣班的意愿最高，得分为4.02，中部地区和西部地区略有差别，西部地区的得分略高于中部地区。但无论是中学生还是小学生，参加社团和兴趣班的整体意愿还是比较强烈的。

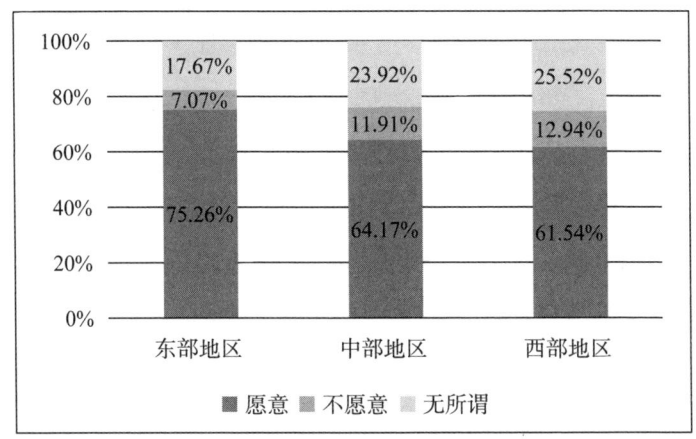

图 4-23　中学生参加兴趣班或社团的意愿统计

表 4-1　小学生参与兴趣班或社团的意愿得分

| 东部地区 | 中部地区 | 西部地区 |
| --- | --- | --- |
| 4.02 | 3.65 | 3.67 |

从以上分析可以得出结论，东部地区的中小学生在中华传统经典教育学生社团和兴趣班的参与度和参与意愿上的表现都明显优于中部和西部地区，中部和西部地区没有太大差别。在全国范围内，中小学生参加社团和兴趣班的意愿普遍较高，但参与度却很低，这说明目前中小学已有的社团和兴趣班没能匹配学生的需求，或课内繁重的学习任务没能给学生们留下充足的发展社团和参加兴趣班的时间。

## 四、学生参与与否的原因

那么学生为什么选择参与课外活动或社团或者不参加,在问卷中我们也考察了学生做选择时主要考虑的因素。就中学生而言,我们在问卷中设置了"老师或家长要求""同学影响""社团活动或质量""个人兴趣"等选项,统计结果如图4-24所示。图4-24显示,对东部、中部、西部三个地区中学生而言,最普遍的考虑因素还是个人兴趣,在三个地区的比重分别为79.42%、76.48%和78.76%,显著高于其他因素。其次是社团或活动本身的质量。老师或家长的要求、同学的影响所占的比重最小。其中,相对于东部和中部地区的中学生,西部地区的中学生更看重同学的影响,中部地区的中学生受同学影响最小。中部地区的中学生是三个地区中最看重社团或活动的质量的,西部地区的中学生则是最看重个人兴趣的。这说明在课外活动和社团参与方面,中学生更多的还是从内部因素出发,外部因素对他们的决定影响有限。

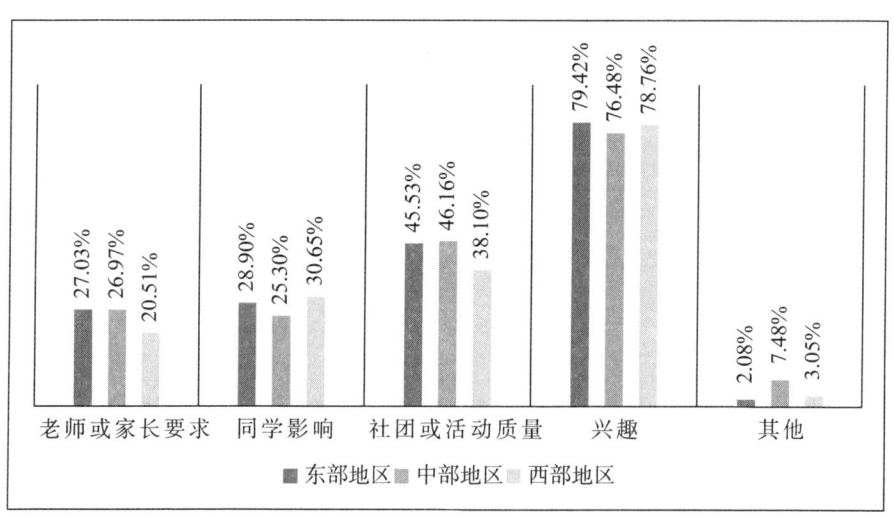

图4-24 中学生是否参加课外活动或社团的考虑因素

此外,在家长问卷中,我们还设置了量表题考察中小学生家长对学生参加课外活动和社团的支持度。同样,"非常支持"对应5分,以此类推,"非常不支持"对应1分。最后三个地区的中小学家长在这一问题上的平均得分如表 4-2 所示。从表中可以看出，东部地区的中小学家长对学生参加课外活动和社团的支持度最高，其中东部小学家长的得分为 4.51 分，中学家长的得分为 4.47 分，都明显高于中部地区和西部地区。得分最低的是西部地区的中小学家长。这说明相对于中、西部地区而言，东部地区家长对课外活动和社团的接受度更高，教育理念也更加开放，西部地区在这方面还需要进一步提高。如果将三个地区的中学和小学情况进行对比，我们也会发现，小学生家长对学生参与课外活动和社团的支持度要明显高于中学生家长，这可能与中学生的学业压力更大，时间和精力不如小学生充足有关。

表 4-2　家长对学生参与课外活动和社团的支持度得分

|  | 东部地区 | 中部地区 | 西部地区 |
| --- | --- | --- | --- |
| 小学 | 4.51 | 4.48 | 4.23 |
| 中学 | 4.47 | 4.38 | 4.22 |

综合以上分析，我们可以总结出以下两点：中学生参加课外活动或社团普遍是从个人兴趣、社团或活动质量等内部因素出发，家长、老师、同学对他们的选择有一定影响，但影响有限；中小学家长们普遍对学生参加课外活动和社团比较支持，其中东部地区中小学家长的支持度高于中部和西部地区，小学生家长的支持度高于中学生家长。

### 五、影响学生参与课外活动和社团的因素

从以上分析中我们发现，学生参与课外活动和社团的意愿和实际参与度之间有很大的差距，那么为什么会产生这样的差距，哪些因素阻碍了学生参加课外活动和社团呢，我们就这一问题在家长问卷和中学生问卷中都设置了相关的问题，从家长和学生两个角度进行了考察，最后得出的结果分别如图 4-25 和图 4-26 所示。

通过图 4-25 和图 4-26，我们会发现无论是东部、中部还是西部地

区,"时间紧张"这一阻碍学生参加课外活动或社团的因素是最普遍的,也是最受家长和学生认可的因素。这说明无论是家长还是学生,都受到了时间不足这一问题的困扰,原因可能是学校的课内学习任务挤占了太多时间。在其他因素上,家长和学生之间存在一定的差异。在家长看来,除了时间紧张之外,其他因素分布均匀,影响最大的两个因素是不够重视和缺乏兴趣,然后才是经费有限,最后是组织不当;但对学生而言,经费有限是第二大阻碍因素,且远高于其他因素,其次是不够重视,之后是缺乏兴趣,最后是组织不当。可见相对于家长来说,学生受到了时间和经费两大因素的双重困扰。就不同地区的差异而言,东部地区的家长相对于其他两个地区对活动本身组织不当的问题更加关注,无论是家长角度还是学生角度,经费、重视程度和兴趣问题等因素相对于中西部地区影响更小,这可能与东部地区家庭收入较高、学校重视程度更高等因素有关。西部地区家长和学生选择时间紧张这一因素的比例远低于东部地区和中部地区,但是经费有限和不够重视这两个因素的比例要高于其他地区。中部地区的家长选择时间紧张的比例在三个地区中最高。可见对于三个地区的家长和学生而言,不同因素的影响程度有细微的差异。

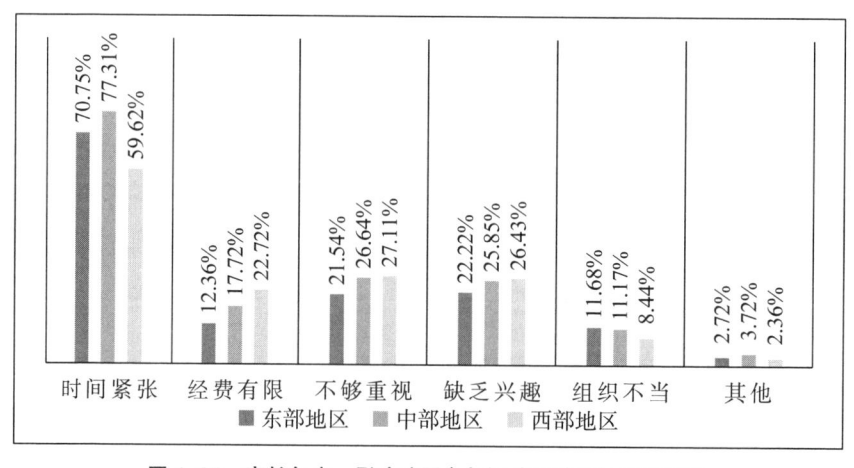

图4-25 家长角度—影响孩子参与课外活动和社团的因素

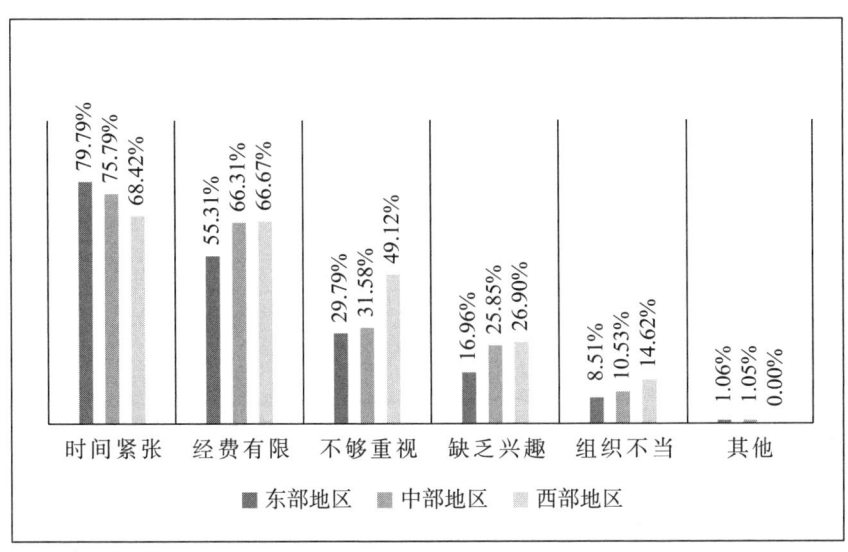

图 4-26 学生角度—影响学生参与课外活动或社团的因素

综上所述,全国范围内,阻碍学生参加课外活动或社团的最大因素是时间紧张问题,但经费有限这一因素从学生角度来看也非常重要。相对于其他地区而言,东部地区的学生家长更关注活动或社团的组织问题、中部地区的时间紧张问题更加突出,西部地区的经费有限问题和重视程度不足问题则更加严重。

## 第四节 师资力量配置与管理

学生是中华传统经典教育的参与者和接受者,中小学教师作为组织者和管理者是开展中华传统经典教育的重要一环,甚至会起决定性作用。本研究有必要对中小学教师的情况进行调查、分析和总结。通过教师的性别和年龄等基本信息、学历水平、职务职称、中华传统经典教育的相关培训与考核情况等,我们可以从教师的角度观察和评价全国东部、中部和西部三个地区中华传统经典教育的开展,发现教师方面存在的问题,并提出相应的建议。

## 一、教师的基本信息

基本信息方面，我们主要统计了全国三个地区中小学教师的性别与年龄情况，统计结果如图4-27和图4-28所示。从图4-27可以看出，在东部、中部和西部地区中，参与中华传统经典教育工作的中小学教师的男女数量女性显著高于男性，比例依次为86.17%、72.63%和73.10%，且东部地区中小学女教师比例也明显高于中部和西部地区，可见东部地区中小学中华传统经典教育相关教师的性别失衡更加严重。年龄分布上，全国三个地区的中小学均以40岁以下的教师为主，其中西部地区30岁以下的教师比重在三个地区中最高，但51岁以上的教师比重同时也是最高的，说明西部地区教师的年龄分布比较两极化；中部地区30岁以下的教师比重最低，但31~40周岁、41~50周岁的教师比重是三个地区中最高的，说明中部地区的教师年龄层次以中年为主；东部地区40岁以上的教师比重在三个地区中最低，可见东部地区的教师整体来看更加年轻化。

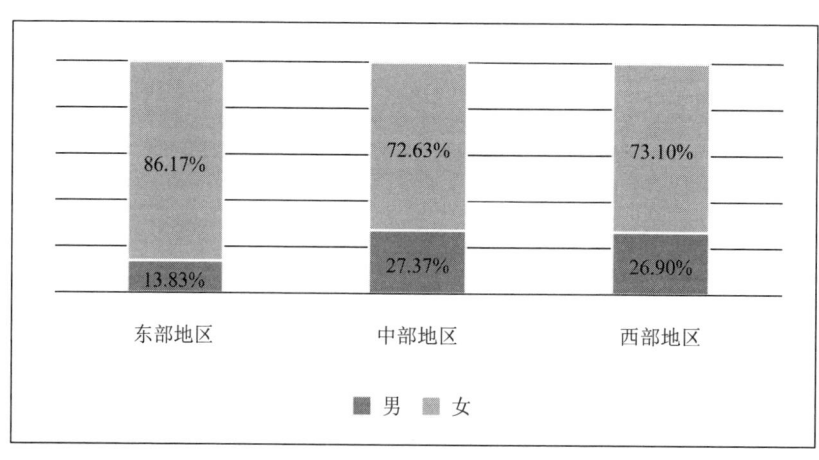

图4-27　全国中小学教师性别统计

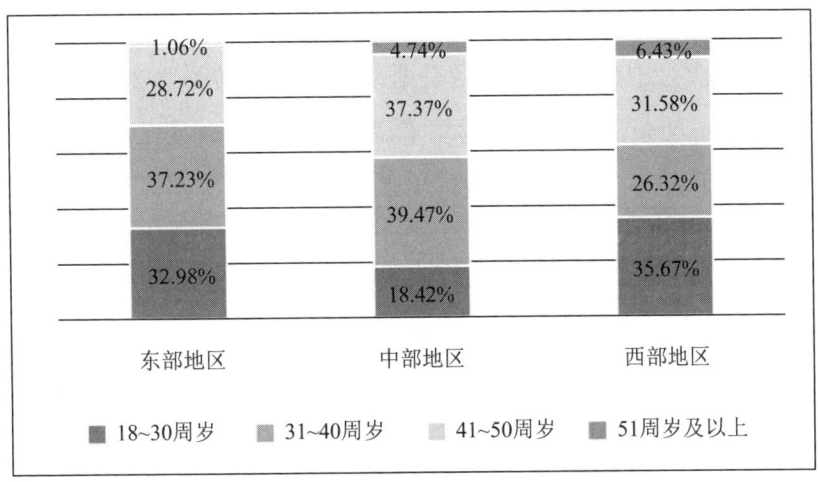

图 4-28 全国中小学教师年龄统计

## 二、教师的学历情况

调查问卷也设置了考察中小学教师学历的问题，全国三个地区中小学教师的学历水平统计结果如图 4-29 所示。同时问卷还设置了量表题，以进一步考察教师认为自己的学历层次对开展相关教育工作的帮助程度，统计结果如表 4-3。

首先就学历水平分布来看，东、中、西部地区中小学教师 90% 以上都拥有本科及以上学历，其中本科学历的中小学教师最多，在三个地区的中小学教师队伍中均占 80% 以上，且三个地区差别不大，分布较均衡，可见全国中小学教师普遍具有较高的学历水平。具体来看三个地区，东部地区硕士及以上教师的比例要明显大于中部和西部地区，同时大专及其以下学历的教师比例也明显小于中西部。可见东部地区的中小学教师的学历水平整体还是高于中部和西部地区的，这可能与东部地区中小学对教师的学历更重视、要求更高有关。这一点也可以从表 4-3 即教师对学历在自己开展相关教育工作上帮助的打分情况上得到印证。从表 4-3 可知，在满分为 5 分的情况下，三个地区的中小学教师在这方面的得分均在 4 分以上，说明对全国的中小学教师而言，学历对自己开展中华传统经典教育工作还是有比较大的帮助的。其中东部地区中小学教师的得分最高，其次是中部地区，最后是西部地区。这与图 4-29 显示的地区差异一致，说明东部地区中小学更重视教师学历，教师在实际相关教育工作中能够更好地把学历优势发挥出来。

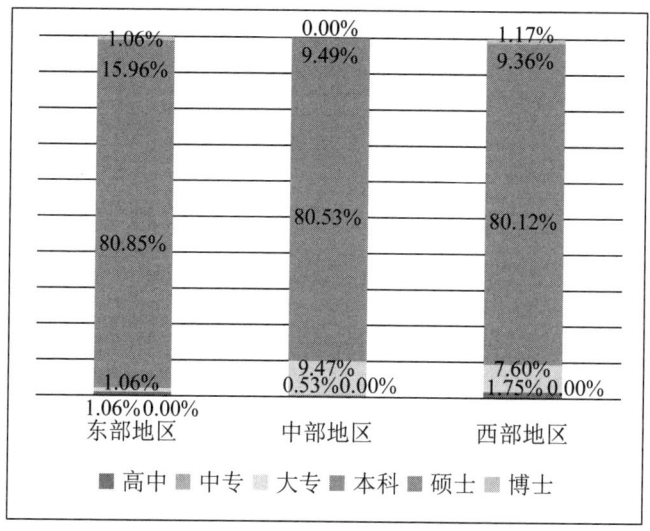

图 4-29　全国中小学教师学历统计

表 4-3　教师的学历水平对中华传统经典教育工作的帮助得分

| 东部地区 | 中部地区 | 西部地区 |
| --- | --- | --- |
| 4.46 | 4.34 | 4.26 |

## 三、教师的职务和职称情况

就中小学教师们的职务和职称情况，我们主要设置了问题统计了他们目前的最高职称、在学校的岗位及担任的具体课程。最后得出的结果分别如图 4-30、图 4-31 和图 4-32 所示。

先来看教师们的职称情况。在所有调查的教师中，三个地区的教师均以中（小）学一级及其以上为主，这说明全国开展相关教育工作的教师专业水准整体相对较高。其中中（小）高级比重最大的依然是东部地区，其次是中部和西部地区，同时东部地区中（小）学三级职称的教师比重也明显高于另外两个地区，这可能与东部地区中小学教师的整体年龄层次偏年轻化有关。中部地区中（小）学一级职称的教师比重在三个地区中最高，说明中等偏上水平的教师在中部地区开展中华传统经典教育中发挥着更大的作用。而西部地区中（小）学高级职称的教师比重在三个地区中最少，中（小）学二级职称的比重在三个地区中最多，可见西部地区教师的专业水平与东部地区仍存在不小的差距。

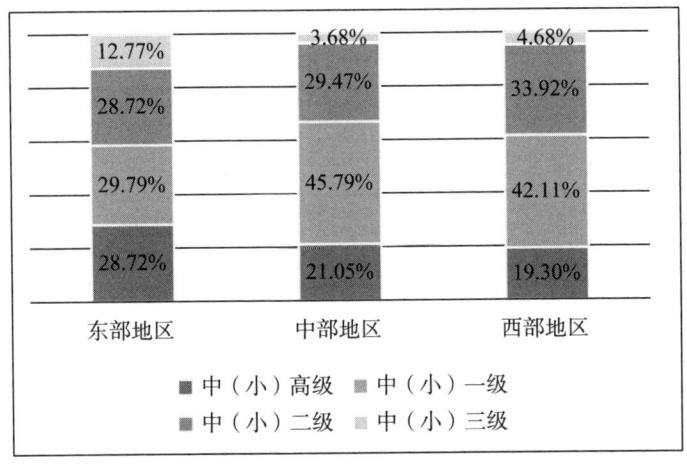

图 4-30　全国中小学教师的职称统计

就岗位或职务情况来看，如图 4-31 所示，三地区接受调查的教师的岗位或职务分布整体是一致的，即担任中小学科任教师的教师比重在三个地区中都是最高的，东、中、西部地区的比重依次为 67.02%、68.42% 和 73.68%，其次是担任中小学班主任的教师，接着是担任年级主任或科研组组长的教师，最后是担任中小学校长的教师。这说明在全国范围内，主要负责和参与中华传统经典教育工作的教师仍以中小学科任教师为主，其中有相当一部分担任了班级主任。科研组长、年级主任及校长等更高职务的教师整体较少。从事中华传统经典教育的科任教师主要担任哪些课程，从图 4-32 中可以看出，全国三个地区中，担任语文课程的教师比重最高，均为 70% 以上，其次是经典阅读、经典诵读，接着是历史、书法课程。西部地区担任语文课程的中小学教师在三个地区中比例最高，但除书法课外其他课程的比例均低于东部和中部地区，这说明在西部地区的中小学，完成中华传统经典教育更多是在语文课中进行。东部地区担任经典阅读和诵读课程的教师比例也明显高于另外两个地区，这说明东部地区专门开设这两类课程的情况也更普遍。中部地区则是没有担任任何课程的教师比重远高于东部和西部地区，这可能与中部地区中小学教学与行政分离更普遍有关。

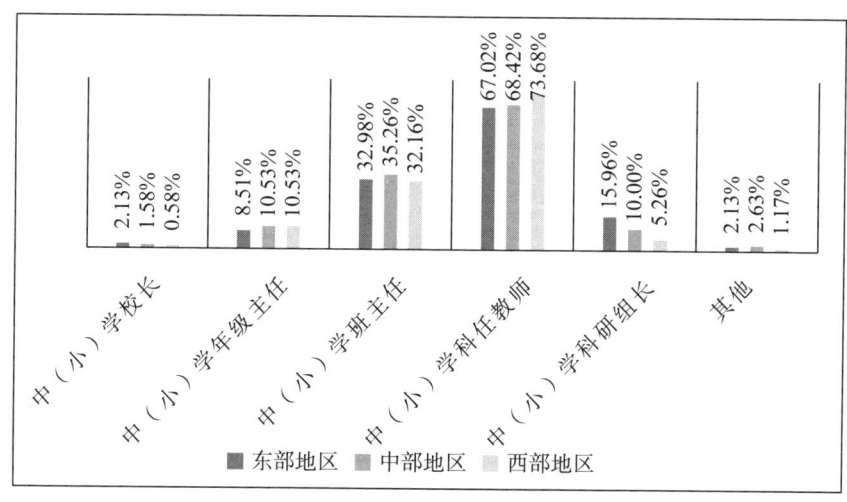

图 4-31　全国中小学教师担任的岗位或职务统计

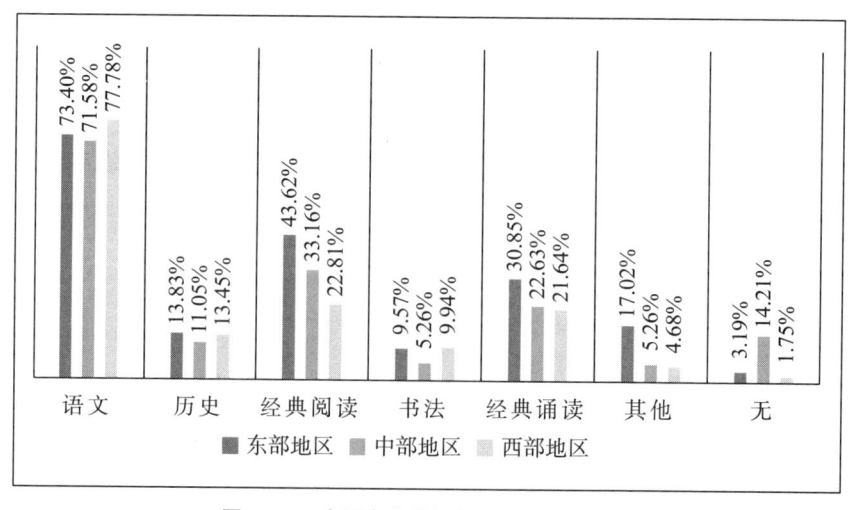

图 4-32　全国中小学教师担任的课程统计

综上所述，全国范围内开展中华传统经典教育的中小学教师整体具

# 第四章 中小学校园中华传统经典教育现状

有较高的专业水平,主要以科任教师特别是语文教师为主,说明中华传统经典教育仍主要通过语文课完成。东部地区的教师专业水准、专门的经典阅读和诵读课程开设情况要优于中部和西部地区,特别是西部地区在这些方面仍有较大的提升空间。

## 四、教师参与中华传统经典教育培训的情况

具有专业化、科学性的培训是提升中华传统经典教育相关教师专业能力和素养的重要途径,但从调查结果来看,全国中小学教师接受相关培训的情况并不理想。如图4-33所示,全国大部分中小学教师每年接受相关培训的次数在三次以下,其中西部地区甚至有46.20%的教师没有接受过相应培训,而此类现象在东部地区仅占比4.26%。同时,东部地区每年接受三次以上培训的教师占了17.02%,远高于中部地区的6.84%和西部地区的1.76%,可见地区之间在专业培训组织方面存在严重的不均衡,西部地区与中部和东部地区的差距十分明显。与此相对应的是,中小学教师们对培训次数和数量的满意度也是从东部到中部再到西部依次降低,其中西部地区的满意度得分低于3.5分,这说明西部地区中华传统经典教育的相关专业培训未能满足中小学教师的需要。

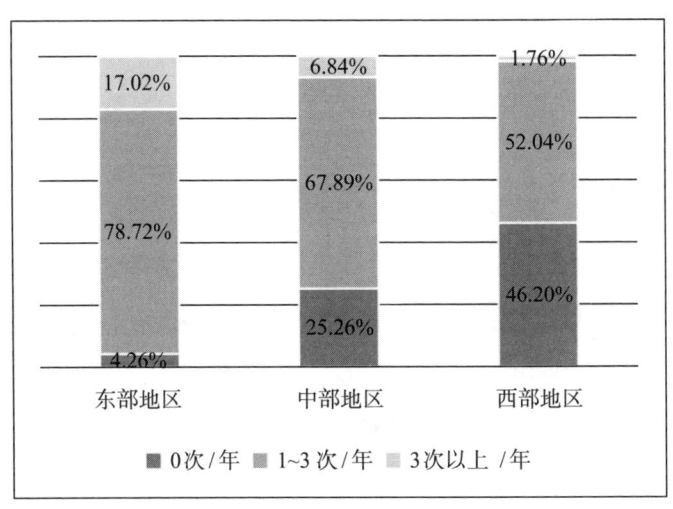

图4-33　全国中小学教师培训次数统计

表 4-4　全国中小学教师对培训次数和数量的满意度得分

| 东部地区 | 中部地区 | 西部地区 |
| --- | --- | --- |
| 4.22 | 4.06 | 3.49 |

综上所述，目前全国中小学针对教师开展的中华传统经典教育相关培训的次数还相当不足，东部、中部和西部地区之间，特别是西部地区与另外两个地区相比，无论是培训次数还是教师满意度都存在较大差距。

## 五、教师考评情况

教师考评是教师队伍专业水平提升和教育效果检验的重要环节。问卷设置相关问题以考察全国中小学教师参与中华传统经典教育相关的考评次数和考评依据。

如图 4-34 所示，总体来看，全国三个地区的考评次数大多数都能维持在每学期至少一次的水平，但地区之间仍然存在相当大的差异。东部地区的中小学中，每学期进行两次以上考评的比重在三个地区中最高，相应地，每学年都没有一次考评的比重也是三个地区中最低的，仅占 7.75%。相反，西部地区每学年考评次数低于一次的比重高达 37.43%，而每学期考评两次以上的比重仅有 7.02%。东部和西部之间在中华传统经典教育教师考评方面的巨大差距可见一斑。中部地区每学期考评一次的比重在三个地区中是最高的，处于中等水平。

对教师进行考评时的主要依据问卷中设置了"学生学习成绩""学生满意度""家长满意度""社会认可情况"和"教学成果"五项。结果如图 4-35 所示，五项依据总体分布较为均匀，说明它们在教师的考评过程中有着相当重要的作用。具体到地区之间的差别，考评最重视学生成绩和学生满意度的地区是东部地区，说明东部地区的考评指标更多地是从学生的角度出发；考评最重视家长满意度、社会认可情况和教学成果的地区均为中部地区，特别是教学成果，说明中部地区的教师考评更多的是从社会声誉角度出发，不进行考评占比最高的是地区西部。整体呈现出的特点是，东部地区最看重的考评指标是学生学业成绩，中部和西部地区最看重的指标是教师的教学成果。

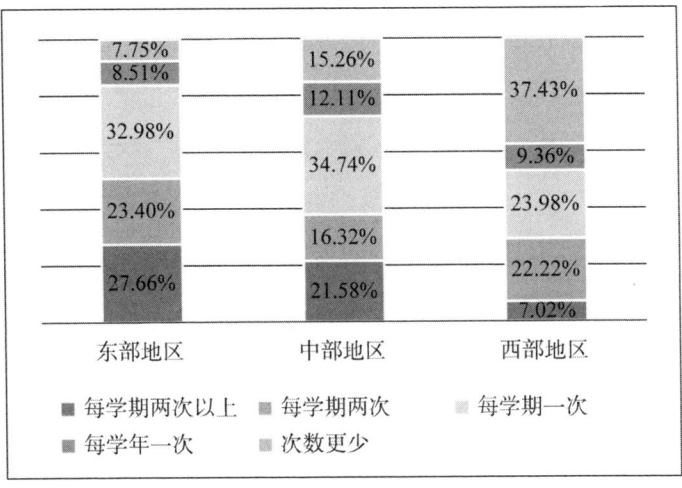

图 4-34 全国中小学教师考评次数统计

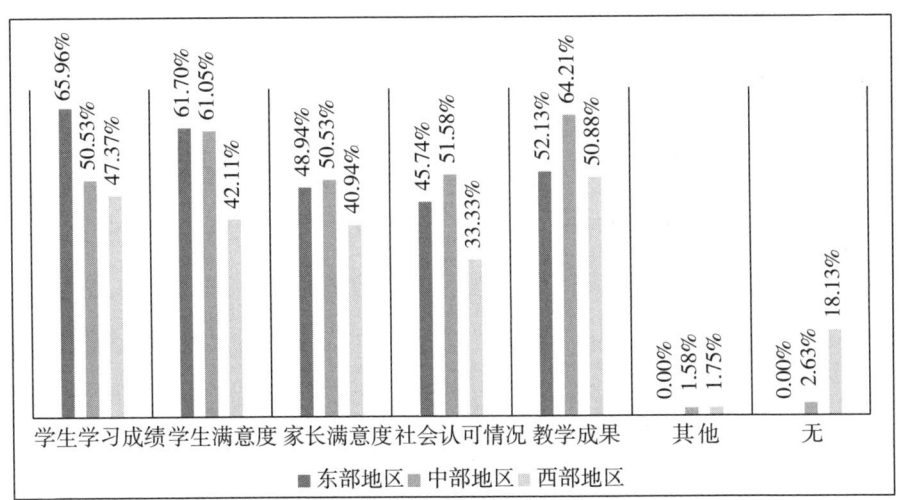

图 4-35 全国中小学教师考评依据统计

综合以上分析，目前全国范围内中小学教师的包含中华传统经典教育的考评次数大都能保证每学期一次，西部地区的考评频率远低于东部地区。东部地区在考评过程中对学生的进步和反馈重视程度更高，西部和中部地区在考评次数和考评标准的人性化方面都有待进一步提高。

## 第五节　家庭教育与家长态度

家庭教育在学生的教育过程中扮演着不可或缺的角色。一方面，家庭能够为孩子的成长发展提供一定的物质支持；另一方面，家庭作为孩子成长的重要园地，能够在潜移默化中塑造孩子的三观。家庭对中华传统经典教育的重视程度、家长为此投入的时间和精力等都会对教育的效果产生重要影响。因此，通过对家长对家庭中华传统经典教育总体重视情况、家长自身阅读传统经典的时长、家庭为学生购买传统经典的开销及数量，以及家长陪伴学生参与相关教育活动的时间投入进行调查，以期对中华传统经典教育过程中家庭教育与家长态度进行直观的呈现。

首先，从总体上看，东部、中部地区对中华传统经典教育持非常重视、重视态度的家长占大多数，占比基本在80%以上，西部地区这一数据刚超过70%，见图4-36。由此可见，中华传统经典教育在学生成长、成才过程中发挥的重要作用得到了家长们的广泛认可与重视。同时值得注意的是，尽管东、中、西三部分地区家长的重视程度评分都在3以上，但各地在重视程度上仍呈现出一定的差异。其中，重视程度最高的是东部地区的家长，得分为4.17，重视程度最低的是西部地区的家长，得分为3.76，重视程度呈现出由东部向西部递减的趋势。这表明，经济发达地区的学生家长对中华传统经典教育意义的认识更为深刻。这实际上与中华传统经典教育自身的特点相关，中华传统经典教育讲究在潜移默化中提升一个人的各方面素质，总体来说是一个厚积薄发的过程，所耗费的时间相对较长，见效也相对较慢。西部地区经济相对落后，应试教育仍在教育体系中占据主导地位，学生各方面素质的考评更多依靠的仍是考试分数，因此与中、东部地区家长相比，不能"立竿见影"的中华传统经典教育受到的重视程度会相对低一些。

# 第四章

## 中小学校园中华传统经典教育现状

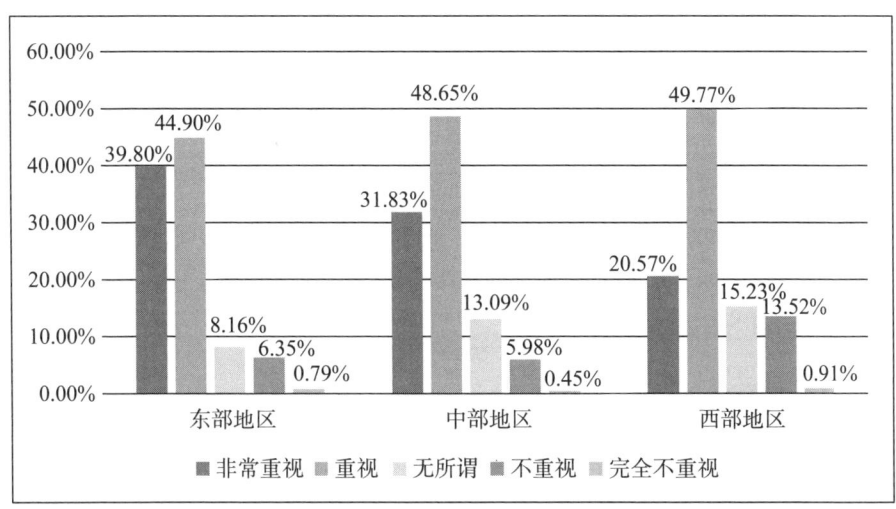

图 4-36　不同地区家长的重视程度

表 4-5　家长的重视态度评分

| 家长对中华传统经典教育重视态度的评分 |||
|---|---|---|
| 东部 | 中部 | 西部 |
| 4.17 | 4.05 | 3.76 |

家长作为家庭教育的主要负责人，其一言一行都会对学生产生重大影响，家长对传统经典的阅读情况一方面体现了家长在传统经典方面的积累，以及其是否能胜任中华传统经典教育；另一方面也能够在学生对传统经典的兴趣方面发挥引领作用。总体而言，东、中、西三个地区大部分家长的每周传统经典阅读时长都在 3 小时以下，见图 4-37，占比将近 80%。按一周七天换算下来，每天传统经典阅读时长在 30 分钟以下。这表明家长在传统经典阅读方面的时间仍有提升的空间，这也说明如今家长们都面临着巨大的工作压力，闲暇时间相对较少。家长每周阅读传统经典时长也呈现出由东部地区向西部地区递减的趋势，每周阅读传统经典时长在 7 小时以上的家长，东部地区有 6.01%，而西部地区仅有 3.75%，这与家长们对中华传统经典教育的重视程度差异呈现出相同的特征，其中原因也与地区社会经济发展水平相关。

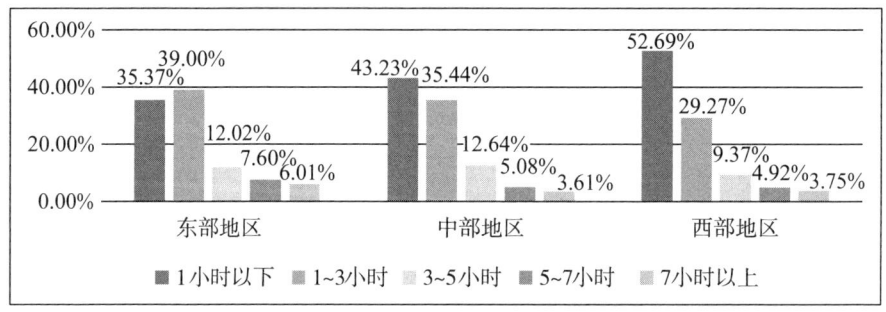

图 4-37　家长每周阅读传统经典的时长

传统经典书籍的开销是家庭对中华传统经典教育支持力度的直观体现。从总体上看，东、中、西部各地区的家庭每学年为学生购买传统经典书籍的支出多在 200 元以下，其中东部地区和中部地区每年购买传统经典书籍在 100~200 元之间的家庭数量最多，均接近 40%，见图 4-38。这表明家庭基本上都保障了学生购买传统经典书籍的需求。同时值得注意的是，西部地区家庭每学年购买传统经典书籍的支出明显少于东部地区和中部地区，其支出在 200 元以上的家庭数量不足 30%。这一方面是因为西部地区人均家庭收入相对较低，即便是购买传统经典的支出在整个家庭支出占比中与东、中部地区相同，但由于本身基数小，因此从绝对数额上来看，支出也是相对较少的。另一方面也与西部地区家庭对中华传统经典教育的重视程度相对其他两个地区较弱相关。

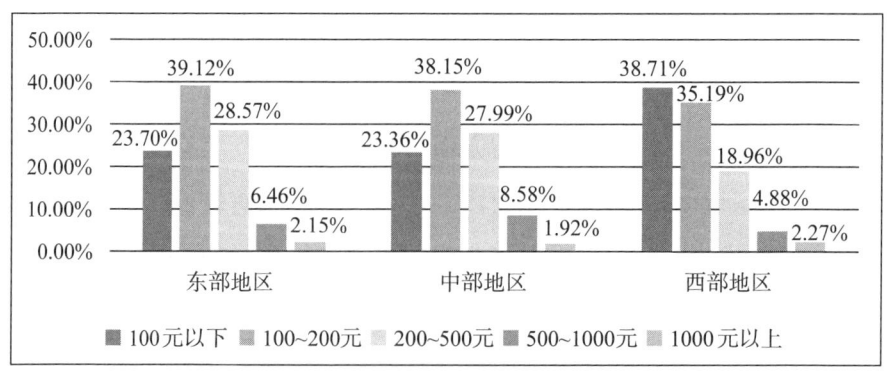

图 4-38　不同地区家庭每学年购买经典书籍支出

每学年购买传统经典书籍的数量，决定了学生能够享有传统经典资源的数量。从总体上看，东、中、西三个地区的家庭购买传统经典书籍的数量多在1~6本左右，其中购买数量在1~3本的家庭数量最多，占比多在50%以上，见图4-39。这表明学生拥有传统经典的资源数量得到了一定程度的保障。同时，购买传统经典书籍的数量与支出额度呈现出相同的特点，其原因也与不同地区的社会经济发展水平相同。

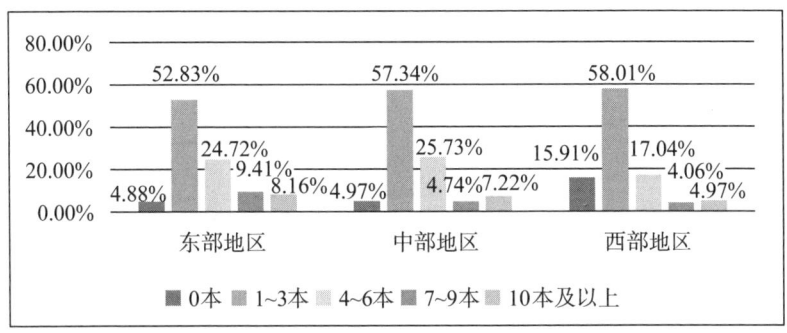

图4-39　不同地区家庭每学年购买传统经典书籍数量

家长参与到学生中华传统经典教育的过程中，一来可以帮助解答在传统经典学习过程中遇到的问题，二来可以起到亲情培养的作用。从总体上看，家长陪伴学生参与相关教育活动的时间多为0~3小时，其中除东部地区投入时间在1~3小时家庭数量占比最高外，中部地区和西部地区家庭投入时间在1小时以下的家庭数量占比最高，均在50%以上（见图4-40）。这表明，东部地区家长在相关教育活动上陪伴学生的时间投入更多。这一方面与东部地区中华传统经典教育开展情况良好有关，相关资源和活动都较为丰富，家长参与其中并为其花费一定时间的机会较大。另一方面，也印证了东中西三地在中华传统经典教育重视程度上的差异。

总体而言，经济发达地区对中华传统经典教育的意义有着更为深刻的认识，也更为重视此类教育，这一观念上的差异加上各地区之间存在的客观社会经济状况差异，导致在中华传统经典教育的资金、时间等方面的投入都呈现出由经济发达地区向经济欠发达地区递减的趋势。这说明，中华传统经典教育的有序推进首先要从思想上更新人们的观念，经济欠发达地区要加强对中华传统经典教育的宣传，让更多人从根本上理解其所具有的重要意义，而不是将其仅仅看作"锦上添花"的东西。当然，观念的转变绝非一朝一夕之事，这还需要与之配套的教育体系进行支撑，否则人们短期内看不到中华传统经典教育的成效，也就不会对此进行更多的投入。

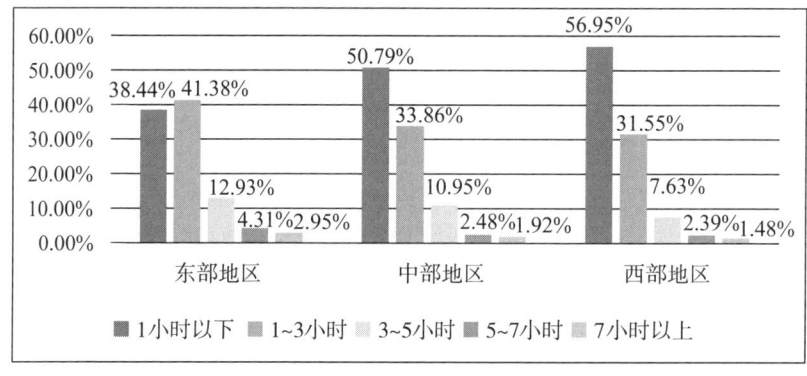

图 4-40  不同地区家长陪伴学生参与相关教育活动的时长

## 第六节　学生参与及学生态度

对学生参与情况与学生态度进行调研，有助于全面了解中华传统经典教育开展的实际状况。因此，将从学生在传统经典学习上投入的时间、对投入时间的满意程度、学生阅读传统经典书籍的数量、学生喜欢的传统经典阅读方式及喜欢的教育资源形式五个方面对中华传统经典教育中学生参与及学生态度进行呈现。

传统经典具有丰富的内涵及历久弥新的思想，这也决定了对待传统经典需要投入一定的时间进行细细品读，才能掌握其深刻的内涵。从总体上看，东、中、西三个地区的学生每周在传统经典上阅读的时长投入多在 0~3 小时左右，其中投入时间在 1~3 小时的学生占比最高，各地均在 40% 以上。按每周七天进行换算，学生每天用于传统经典的阅读时长大致在 10~30 分钟的区间之内。在传统经典上投入的阅读时间相对较少，与现阶段的学生学习特点有关，学生每天都要面对多个科目的学习，而且随着所学内容难度的提升，学生自然需要花费更多时间进行钻研，这就导致学生每天除去课程学习外可自由支配的时间较少，而真正分配给传统经典阅读的时长也就更少。同时，传统经典书籍多是文言文，学生阅读难度较大，这也在一定程度上打击了学生对传统经典学习的积极主动性。值得注意的是，社会经济发展水平越高的地区学生在传统经典阅读上投入的时间就越多。这与社会经济发展水平较高地区注重对学生中华传统文化知识积累的教育理念相关。

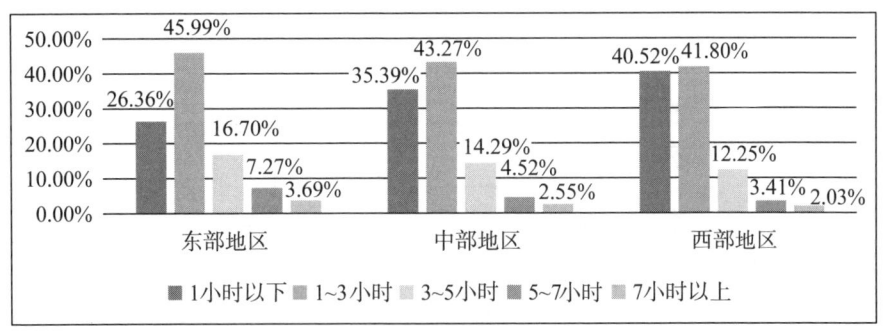

图 4-41 学生每周阅读传统经典时长

学生对自身用于阅读传统经典的时长的感受度，既反映了当下的教育体系留给学生投入到传统经典阅读的时间余量，也在一定程度上能反映出学生对待传统经典学习的态度。从总体上看，东、中、西三地持有"一般"态度的学生占大多数，各地区人数占比都接近 40%。中、西部地区学生中，持"不充裕"看法的学生也占多数，比例可达 30% 及以上，见图 4-42。从评分表上看，东部地区学生基本对投入的时间持有积极态度，认为投入的时间基本充裕，而中西部地区学生对投入时间的态度得分均在 3 分以下，表明中西部学生普遍反映自身用于传统经典阅读的时间不足，见表 4-6。从学生们所反映的态度来看，学生们对中华传统经典教育都给予了一定程度的重视，并且能够意识到目前自身投入到传统经典阅读的时间是不足的。投入时间的不足，一方面是与课程体系设置有关，目前很多学校都没有为中华传统经典教育安排专门的课程时间，即便是有也是以阅读课的形式进行。而在阅读课上，对学生阅读的材料并没有进行限制，即便有部分学生会选择传统经典进行阅读，但仍然很难保证学生会将阅读课的时间都分配到传统经典阅读上。另一方面，过于繁重的课程学习压力使得学生们往往很难再愿意花一定的精力对传统经典进行学习。

表 4-6　学生经典阅读投入时间自身评分

| 投入阅读时间评分 |||
| --- | --- | --- |
| 东部地区 | 中部地区 | 西部地区 |
| 3.07 | 2.62 | 2.69 |

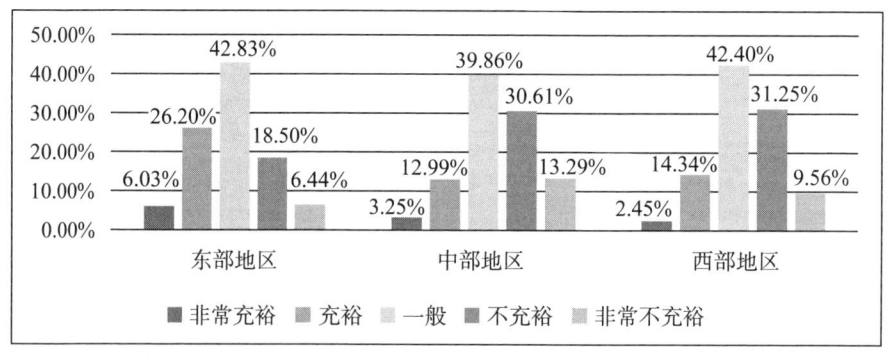

图 4-42　不同地区学生对阅读时长的感受度

学生每学年阅读传统经典的数量可以作为一项量化指标对学生传统经典的学习情况进行一定的解读。从总体上看，东、中、西三个地区的学生每学年传统经典的阅读数量多在 1~6 本左右，其中阅读数量为 1~3 本的学生数量最多，占比可达 50% 以上。阅读数量呈现出从社会经济条件发达地区向社会经济条件欠发达地区递减的特点，东部地区每学年阅读传统经典数量在 7 本以上的学生占近 20%，中部地区占 12%，而西部地区仅有 9%，见图 4-43。说明当前学生都进行了一定数量的传统经典积累，但社会经济发展水平会对学生的阅读数量产生一定的影响。这实际上与阅读时间的投入也密切相关，其原因也大致相同。

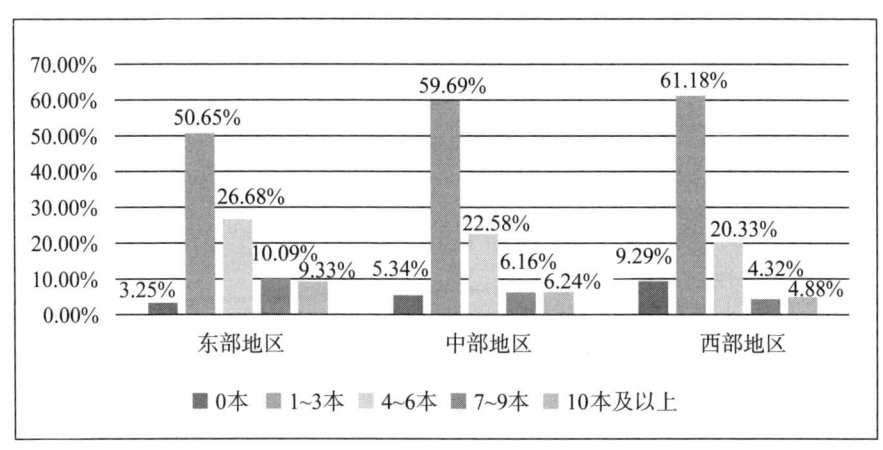

图4-43　不同地区学生每年阅读传统经典数量

进行传统经典阅读依托于一定的方式进行，不同的阅读方式没有好坏之分，了解最受学生青睐的传统经典阅读方式及对各种不同的阅读方式的倾向性，有助于在推进经典教育的实际工作中有的放矢。从总体上看，喜欢"独自阅读一本书"方式的学生占大多数，各地区占比均在70%以上，其中西部地区喜欢此方式的学生占比更是在85%以上。同时，与老师、朋友共同进行阅读也受到了同学们的青睐，喜欢此方式的学生占比约在40%左右。而与家长共同阅读的形式得到的支持度相对较低，仅有不到20%的学生喜欢此方式，见图4-44。数据反映了在当前情况下，"独自阅读"仍是最受学生青睐的阅读方式，这与传统经典自身需要慢慢品读的特性有关。其次，喜欢与老师、朋友共同阅读的人数远超与家长共同阅读的人数则是因为随着学生年纪的增大，一方面与父母之间的观念差异体现得越来越明显，这在很大程度上影响了学生们的选择；另一方面，学生待在学校的时间越来越长，与老师、朋友的联系更为密切，因此也更愿意和老师、朋友共同进行阅读。

基础教育中的经典教育

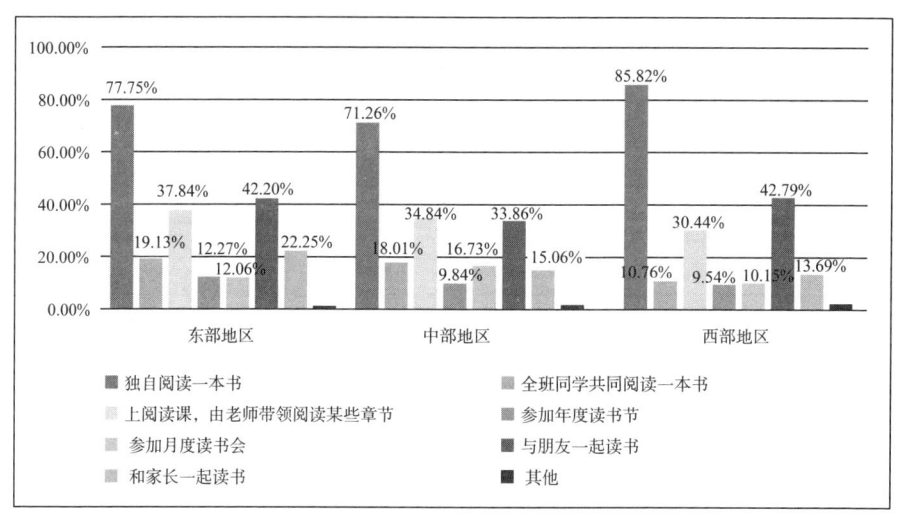

图 4-44　不同地区学生阅读方式

　　传统经典书籍有不同的形式，了解学生对各种书籍形式的偏好情况，有助于中华传统经典教育的开展。从总体上看，东、中、西三个地区的学生在传统经典阅读上更喜欢纸质书籍，占比 70% 左右，远超其他各类书籍形式。同时，其他各类书籍形式喜爱人数均在 10% 左右，喜爱人数都相对较少，见图 4-45。这反映出纸质书籍在传统经典学习中的重要地位。这一情况的出现，可能有以下三个原因：一是目前市场上传统经典书籍的形式还相对较为单一，以纸质书籍（不含绘本）为主，其他形式的书籍即便有也相对较少，所涵盖的内容范围也相对较小，供学生选择的余地相对较小；二是纸质书籍（不含绘本）自身所具有的独特韵味，使得学生在阅读时更倾向于选择纸质书籍；三是家长更倾向于让孩子选择纸质书籍，以免电子产品给孩子的学习带来不必要的干扰。

　　从总体上看，目前学生在中华传统经典教育方面的参与情况基本良好，阅读时长、阅读数量都得到了一定程度的保障，但学生普遍反映目前的阅读时间并不充裕，因此如何增加可支配于传统经典阅读的时间是一个值得思考的问题。同时，独自阅读仍是学生更为青睐的阅读方式，在阅读过程中，学生与他人的分享互动相对较少。纸质书籍（不含绘本）凭借自身独特的优势成为学生在进行传统经典阅读过程中的首要选择。

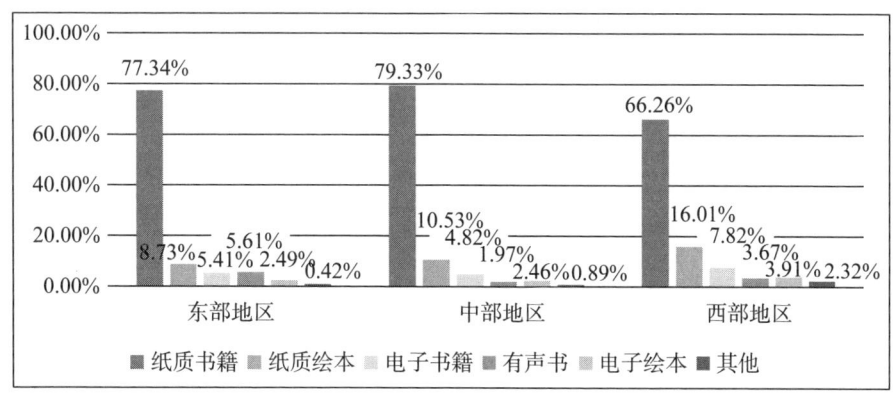

图 4-45　学生喜欢的经典书籍载体

## 第七节　对中华传统经典教育价值意义的认识与态度

对中华传统经典教育价值意义的认识，直接反映出学生、教师及家长对于开展中华传统经典教育的实际作用和内在价值的看法。学生是否认为接受中华传统经典教育是有意义的、是否能从中取得收获，教师是否认为中华传统经典教育促进了教育质量的优化、是否认为促进了学生综合素质的提高，家长是否认为让孩子接受中华传统经典教育有利于孩子的健康成长，都是关乎中华传统经典教育的未来发展、影响其具体实施的重要问题。本研究围绕这些问题，分析东部、中部、西部这三个经济社会发展程度差异显著的地区内学生、教师、家长的基本看法，在整体比较中探究对中华传统经典教育价值与意义的认知状况及其区域性差异。

首先，整体上看，如图 4-46 所示，东部、中部、西部地区的学生绝大多数认为作为学生需要接受中华传统经典教育，这表明学生对其必要性价值总体上持积极态度，也在一定程度上反映出学生群体对于接受中华传统经典教育具有较高意愿。从东、中、西部三个区域对比来看，学生认为非常应该接受中华传统经典教育的占比整体上自西向东呈递增趋势，特别是东部地区持"非常应该"态度的学生占该区域学生的比例最高，中部次之，西部最低。这表明经济越发达地区的学生，对开展中华传统经典教育必要性价值的认可度越高。造成这一现象，可能是因为经济发达地区的学生接受信息的条件较好，视野更为开阔，对于中华传统经典教育的实际价值与意义认识相对较高。

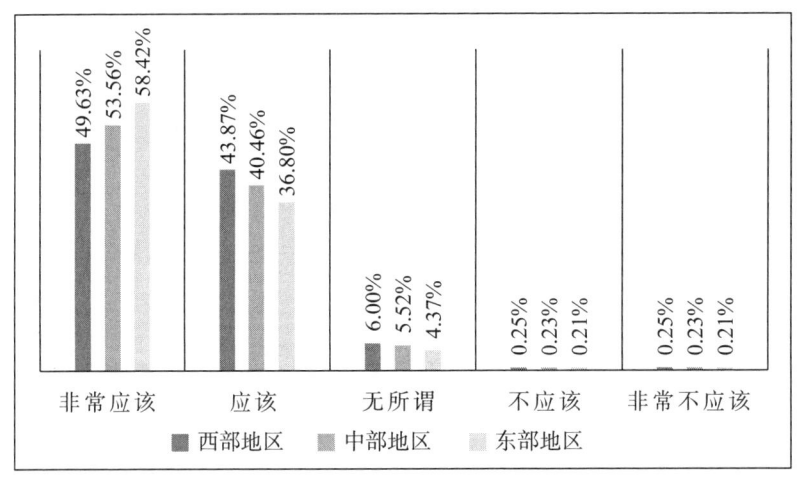

图 4-46 不同地区学生对接受中华传统经典教育的态度

学生对中华传统经典教育对于提高其认知能力、表达能力、语文成绩和综合成绩的重要性认识，反映出学生对于中华传统经典教育实际作用的认识。如图 4-47 所示，总体上看，学生普遍对中华传统经典教育提高其认知能力、表达能力和语文成绩三个方面的重要性持较高比例的积极态度，但是对于提高其综合成绩的重要性持积极态度的占比较低。形成这种认识的可能性原因在于学生的知识迁移能力总体上还不强，对于中华传统经典教育对其他科目和综合素质提高的价值认识还不够深，而另一方面也可能是因为当前中华传统经典教育所传递的知识结构相对单一，所涉及的知识层次和方面还不够丰富。从不同区域来看，无论是中华传统经典教育对学生何种能力提升的重要性认识,东部地区持积极态度(重要及非常重要)的占比都最高,且总体上具有西部、中部、东部递增的趋势。形成这一现象的原因与前述类似,经济发达地区的学生知识结构更加科学,视野更为开阔,对于中华传统经典教育的实际价值与意义认识相对较高。

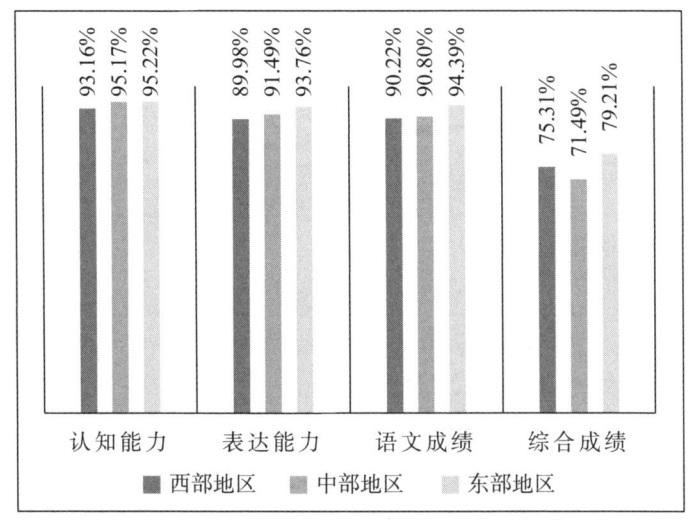

图4-47 不同地区学生对中华传统经典教育提高自身不同方面能力的认可程度

中华传统经典教育对学生爱国主义精神的提高作用,是开展此类教育的重要动因之一,学生就中华传统经典教育对其爱国主义情怀培养作用程度的认知,可反映出当前中华传统经典教育在此方面的实际效果。可以指出,如图4-48所示,绝大多数学生认为中华传统经典教育对培养其爱国情怀有作用,这表明中华传统经典教育在实际运作中起到了应有作用。而相对来看,尽管三个区域的学生大部分都对中华传统经典教育培养爱国情怀持积极态度,但是东部地区学生持有最强烈的认同感,认为"非常有作用"的占比最高,中部地区次之,西部地区再次之。除了学生的认知水平差异外,较发达地区开展经典阅读活动的形式和资源更为丰富,也是导致其认知差异的潜在原因之一。问卷问题"在经典学习过程中学习到的正面人物精神对你'塑造人生观'起到的作用"也表现出类似特点，如图 4-49 所示，即普遍认为起到积极作用，但是经济发达地区学生具有更强烈的认同感。

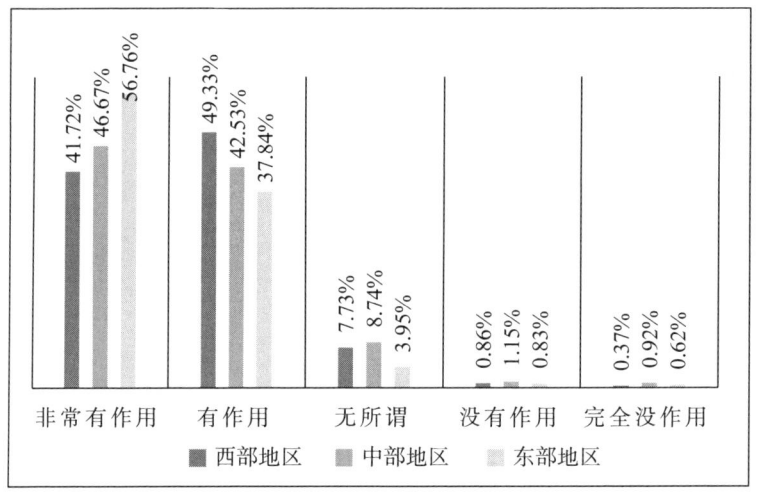

图 4-48　不同地区学生对中华传统经典教育提高爱国情怀的认可程度

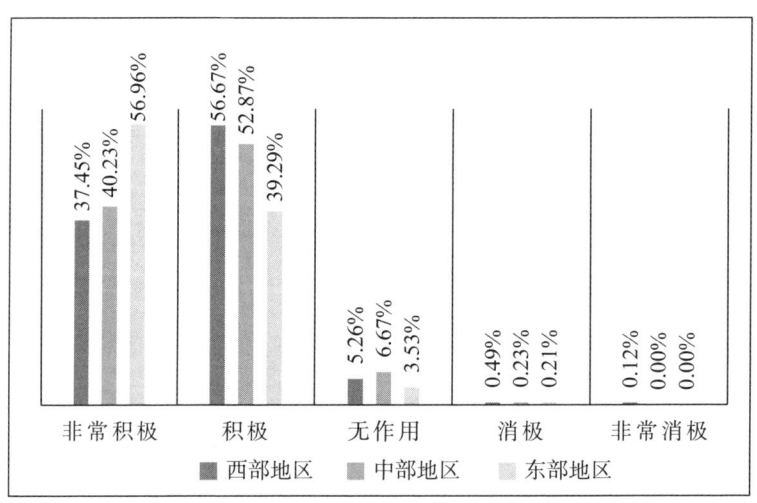

图 4-49　不同地区学生对中华传统经典教育对塑造人生观作用的认可程度

教师是开展中华传统经典教育的核心力量之一。教师对开展中华传统经典教育的价值与意义的认知能直接反映出中华传统经典教育的当前效果，也将对未来中华传统经典教育的持续开展和深入推进提供重要参考。就开展中华传统经典教育对提升学生语文水平、总体成绩、认知能力、表达能力、审美能力、道德水平、培养健全人格、传统文化认同感等几个方面的能力是否有帮助这一问题，东、中、西等不同地区的教师回答差异不大，都表示了普遍的积极态度，这表明开展中华传统经典教育对提升学生各项能力的正面价值获得了广大一线教育工作者的普遍认同，这既是中华传统经典教育在教育实践中开展至今取得的重要成绩，也是进一步做好中华传统经典教育工作的重要依据。

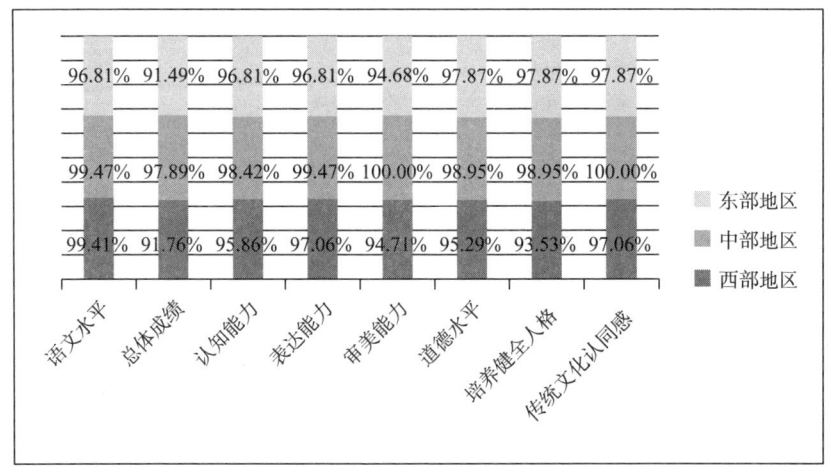

图4-50 不同地区教师对中华传统经典教育提升学生能力持积极态度（有帮助及以上）的占比

而教师对于开展中华传统经典教育的意义认识中，无论东、中、西部，认为开展中华传统经典教育的意义在于"传承民族文化与精神"的占比最高，"积累学生人文素养"和"提高语文能力"次之，占比也较高，再次是"提高学生综合素质"，占比亦不低。相对而言，认为开展中华传统经典教育意义在于"提高学生总体应试分数"的占比较低，这表明教师对开展中华传统经典教育的功利性意义的认同度并不高，而更加认同其在传承民族文化、提高学生综合素质等方面的长远性价值。应指出，在面对中高考升学压力时，对中华传统经典教育提高学生应试分数的较低认同，是否会造成中华传统经典教育受到应试教学内容的挤压，是值得注意的问题。此外，认为开展中华传统经典教育没意义或者是"复古倒退"的占比极低，印证了教师群体对中华传统经典教育的积极价值普遍持正面态度。

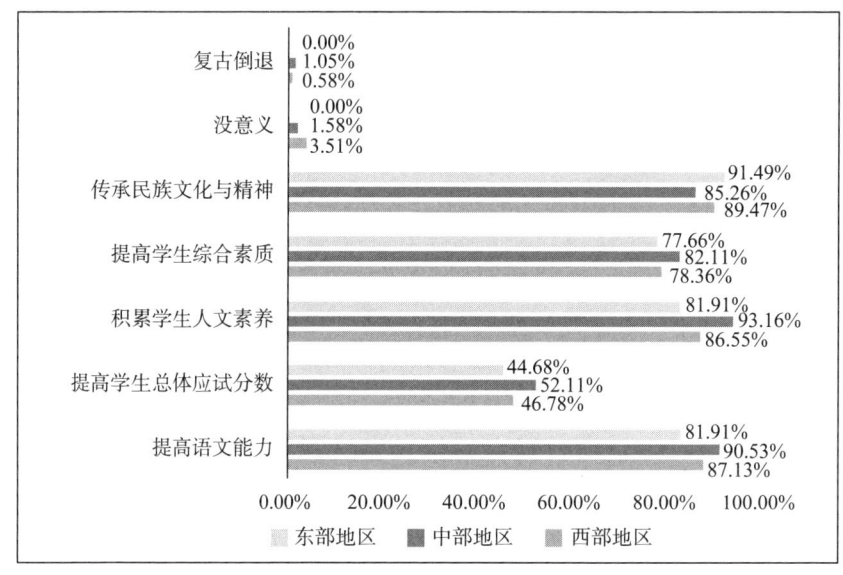

图 4-51　不同地区教师对开展中华传统经典教育意义的认识

家长对于中华传统经典教育价值的认识将直接影响家长对于其子女接受此类教育的态度。总体上，如图 4-52 所示，东部地区、中部地区、西部地区的学生家长普遍对中华传统经典教育各项具体价值都予以了较高的认同，包括"中华传统文化的传承""培养孩子健全人格""提高孩子道德水平""增加孩子识字量""提升孩子表达能力""提高孩子认知能力"等都获得了 90% 以上的认同。相对而言，家长对中华传统经典教育"提升孩子注意力""提升孩子记忆力"等价值的认同相对较低。值得注意的是，几乎所有的选项中，西部地区的家长对各项价值持认同态度的占比基本都最低，这表明经济发展程度相对落后的西部，学生家长对中华传统经典教育的具体价值认识水平相对较低。可以认为这与西部地区相对落后的经济社会发展程度造成社会成员的视野和知识水平较低有关。类似的，各地区学生家长对于中华传统经典教育在"爱国主义教育""带来善良的认知""光明的价值""爱的教育"等方面的内在价值和作用持肯定态度的占比也表现出总体普遍较高，但西部地区相对较低的特点。这也进一步表明社会经济发展状况影响了家长对中华传统经典教育价值的认识水平。

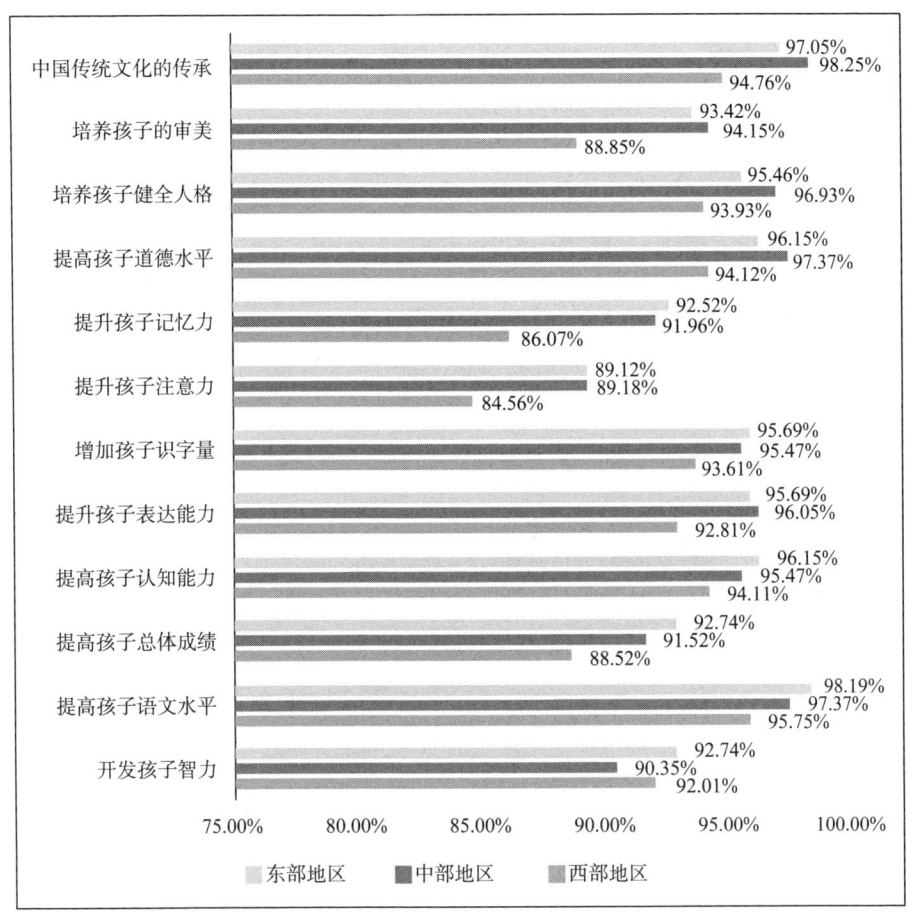

图4-52 不同地区学生家长对开展中华传统经典教育价值和意义的认识

总体上，无论是学生、教师还是家长，对于开展中华传统经典教育的价值和意义都表现出了普遍的积极认同。这表明，随着国家的发展和中华优秀传统文化在新时代的传承发展与繁荣兴盛，中华传统经典教育在社会各界受到了普遍的欢迎和重视，其对于学生的积极意义和深刻价值已逐渐成为教育事业参与各方的基本共识。但是，我国社会经济发展不均衡的现实状况，也影响着不同区域相关群体对于中华传统经典教育价值的认识程度。总的来看，经济发展状况较好的地区，其学生和家长对于此类教育的积极意义和正面价值有着更为深刻和更加普遍的认识，一定意义上也可以认为，经济发展程度较好的地区，中华传统经典教育活动的开展受到了更多关注和重视。社会经济发展水平较低的地区，特别是西部地区，由于客观条件所限，中华传统经典教育开展的价值和意义受到的关注和认可程度偏低。经济社会发展程度与人们对于开展中华传统经典教育的价值与意义的认同程度表现出了一定程度的正向关系。

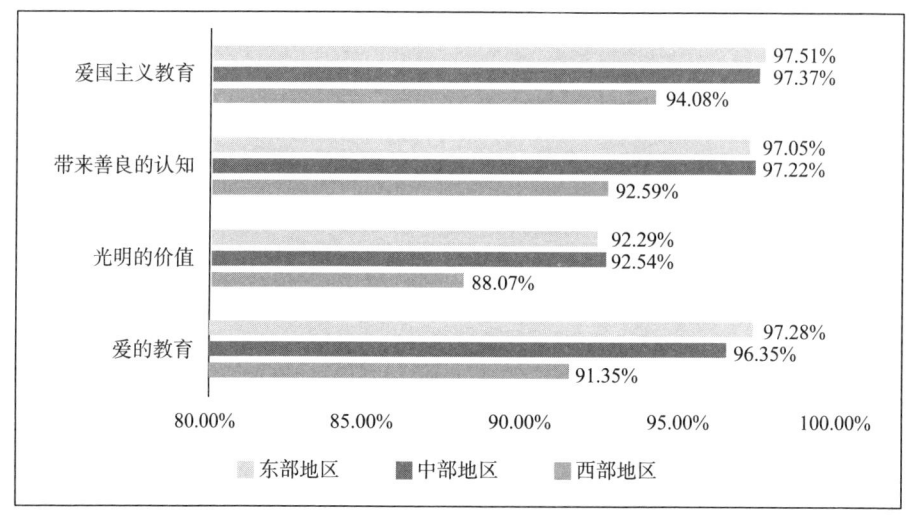

图 4-53　学生家长对中华传统经典教育内在价值持肯定态度的占比

# 第八节　中华传统经典书目推荐

面对浩瀚的中华传统经典，该如何为学生选择经典是很重要的问题。书目推荐是当下常见的阅读指导方式，将调研所获取的数据进行分类统计，得出小学、初中、高中不同学段学生、家长和教师广泛喜爱或推荐的书籍，其结果如下：

## 第四章 中小学校园中华传统经典教育现状

表 4-7　小学阶段传统经典书目推荐

| 排序 | 小学生家长 | 小学教师 |
|---|---|---|
| 1 | 论语 | 弟子规 |
| 2 | 三国演义 | 论语 |
| 3 | 三字经 | 三字经 |
| 4 | 西游记 | 三国演义 |
| 5 | 弟子规 | 诗经 |
| 6 | 红楼梦 | 西游记 |
| 7 | 诗经 | 红楼梦 |
| 8 | 孟子 | 水浒传 |
| 9 | 史记 | 唐诗三百首 |
| 10 | 道德经、水浒传、唐诗三百首（并列） | 笠翁对韵、百家姓、千字文（并列） |

从小学阶段传统经典书目推荐中可以看出，家长和老师推荐的书大多句子短小，易于背诵，符合小学生学习特点，例如《诗经》《三字经》《唐诗三百首》《笠翁对韵》《千字文》等。其中《弟子规》在教师推荐榜单中排名第一，家长推荐中也排在前列第五，《三字经》均排在第三位，说明教师和家长都希望学生通过对《弟子规》《三字经》的学习来了解中华传统文化，来规范孩子的行为，塑造孩子的价值观，形成道德规范。湖南省湘潭小学受访老师表示："用《弟子规》来治班，道德教育比较有价值，对孩子的性格、人格、价值观、世界观的塑造都是有用的。《论语》当中为人做事的道理，取其精华，去其糟粕，对成绩学习也有作用，经典古诗词，小升初考试古诗八十首等经典著作都是必考。"[①]

表 4-8　初中阶段传统经典书目推荐

| 排序 | 初中生 | 初中生家长 | 初中教师 |
|---|---|---|---|
| 1 | 西游记 | 三国演义 | 论语 |
| 2 | 三国演义 | 论语 | 西游记 |
| 3 | 论语 | 红楼梦 | 红楼梦 |
| 4 | 水浒传 | 西游记 | 水浒传 |
| 5 | 红楼梦 | 水浒传 | 三字经 |
| 6 | 大学 | 三字经 | 弟子规 |

---

① 2018 年 11 月 29 日，对湖南省湘潭小学某老师的访谈。

续表

| 排序 | 初中生 | 初中生家长 | 初中教师 |
|---|---|---|---|
| 7 | 史记 | 诗经 | 史记 |
| 8 | 诗经 | 史记 | 诗经 |
| 9 | 中庸 | 孟子 | 三国演义 |
| 10 | 三字经 | 弟子规 | 孟子、聊斋志异、曾国藩家书（并列）|

从初中阶段传统经典书目推荐中可以看出，《论语》及四大名著依然在榜，且位置靠前。其中四大名著的综合推荐比小学生更为靠前，《大学》《史记》《中庸》《聊斋志异》《曾国藩家书》出现在了初中生榜单，说明对教师、家长及初中学生自身的阅读水平和文言文理解能力要求更高，且推荐书目可读性更强。《弟子规》在家长、教师的推荐中仍在前十名，可见《弟子规》对于教师、家长规范学生道德行为、塑造三观的重要意义和深远影响。

表 4-9　高中传统阶段经典书目推荐

| 排序 | 高中生 | 高中生家长 | 高中教师 |
|---|---|---|---|
| 1 | 三国演义 | 论语 | 论语 |
| 2 | 水浒传 | 三国演义 | 红楼梦 |
| 3 | 红楼梦 | 诗经 | 诗经 |
| 4 | 史记 | 西游记 | 孟子 |
| 5 | 论语 | 史记 | 弟子规 |
| 6 | 西游记 | 孟子 | 资治通鉴 |
| 7 | 诗经 | 红楼梦 | 庄子 |
| 8 | 山海经 | 大学 | 颜氏家训 |
| 9 | 儒林外史 | 水浒传 | 史记 |
| 10 | 聊斋志异 | 资治通鉴 | 三国志、三国演义、古文观止（并列）|

从高中阶段传统经典书目推荐中可以看出，《论语》在教师和家长心目中排在最重要的位置，四大名著在家长和学生推荐中仍排名靠前，四大名著在学生的排名更为靠前，这说明学生在选择经典时更注重可读性、趣味性。此外，在家长和教师的推荐榜单中《诗经》《史记》排序更靠前，《大学》《资治通鉴》在家长推荐中上榜，说明家长对高中生经典阅读的要求更高；教师推荐经典书目更为多样，四大名著中缺少了《水浒传》《西

游记》,而《红楼梦》《三国演义》《三国志》在榜,同时出现了《资治通鉴》《颜氏家训》《古文观止》,这说明在兼顾趣味性的同时,更注重文化经典性,而且教师的推荐兼顾了工具性和人文性,他们期望学生能够从经典中汲取中华传统文化的营养,与此同时,通过经典训练使得写作等能力有更好地提高。

本章通过针对中小学教师、家长和学生的问卷与访谈,对全国中华传统经典教育现状进行整体调查,着重从基础设施建设与资料配备、课程设置与建设、学生活动开展和团体组织、师资力量配置与管理、家庭教育与家长态度、学生参与及学生态度、对中华传统经典教育价值意义的认识与态度、传统经典书目推荐等角度进行描述分析。通过大范围的问卷与访谈,笔者发现,目前中小学中华传统经典教育主要存在以下问题:从中小学学生角度看,主要存在时间紧张、相关内容理解困难等问题;从家长角度看,主要存在陪伴时间不足、孩子兴趣不高、自身能力不足和缺乏科学方法等问题;从教师和学校角度看,主要存在相关体系不完备、部分教师能力有限、时间精力不足和缺少统一的专业指导或成熟的理论依据等问题。通过问卷与访谈发现的这些问题,可以为理解中小学中华传统经典教育的现状提供更多实证依据。

为更加深入地了解、更全面地分析中华传统经典教育在中小学开展的情况,下一章,笔者将从中小学图书馆这个角度出发来探究此类教育的特点和现状。

# 第五章 中小学图书馆中华传统经典教育现状

随着社会经济和网络信息技术的繁荣发展,图书馆已经不再是以往单一的图书借阅场所,而承担起了更多的职能。其凭借自身丰富的馆藏资源、优质的馆员队伍和先进的技术优势,能够在中华优秀传统文化的传播弘扬过程中发挥不可替代的重要作用。中小学图书馆处于校园之中,可以直接参与到一线的校园学生活动和课程设计之中,具有在校园开展中华传统经典教育的独特优势。因此,在上一章调研分析中小学校园中华传统经典教育现状的基础上,本章将从中小学图书馆的角度,对中华传统经典教育的现状进行研究。

中华传统经典以文本的形式呈现,阅读的场景在民众的生活中出现的频次更高、难度更小,是开展中华传统经典教育的良好切入点。对于正处于世界观、人生观、价值观形成阶段的中小学生来讲,阅读不仅能够给他们带来乐趣,也能够带领他们认识社会与世界,拓宽他们的思维。阅读那些历经岁月沉淀和实践检验的中华传统经典,对他们三观的形成和行为践行都有着积极的促进作用。但是由于年龄较小、知识储备不足等原因,中小学生在阅读传统经典的过程中也会面临着阅读理解水平低、阅读计划模糊、阅读目的不明确和从众心理严重等各种各样的问题,急需专业力量的加入,对其进行更为专业的阅读指导。

# 第一节　中小学图书馆中华传统经典教育概述

## 一、中小学图书馆开展中华传统经典教育的优势

图书馆是对文献进行系统的收集、整理、加工、保存和传递的信息服务机构。《完善中华优秀传统文化教育指导纲要》中也指出要着力增强中华优秀传统文化教育的多元支撑，要"利用学校博物馆、校史馆、图书馆、档案馆等……发挥其独特的文化育人作用"[①]。中小学图书馆既有丰富的中华传统经典馆藏资源，又有先进齐全的数字硬件设施，馆员队伍开展阅读推广活动的经验更加丰富、学科知识背景更加专业，优美安静的馆舍环境也提供了很好的学习研究环境。这也就决定了在中小学开展中华传统经典教育的过程中，图书馆有着其他组织不可比拟的先天优势。

### （一）资源优势

图书馆自诞生以来，无论社会制度如何交替变化，也不管文献的载体如何更新换代，图书馆一直都是文献信息资源的收集、保存之处。图书馆中所收藏的古籍、善本、方志等文献信息资源是中华传统经典的重要组成部分。除此之外，中小学图书馆拥有的丰富经典书籍、电子出版物、数据库、影音资料等都为其在校园内开展中华传统经典教育活动提供了坚实的基础。通过这些资源，学生能够感受到中华优秀传统文化的魅力，以及蕴含其中的思想理念、中华传统美德、中华人文精神，让学生能够从全方位、多角度、更加直观地感受传统文化的博大精深，从而在潜移默化中受到熏陶和教育。中小学图书馆可以充分发挥资源优势，将传统经典文献的组织整理列为工作重点，形成一套较为完整的资源体系，以

---

[①] 中华人民共和国教育部.教育部关于印发《完善中华优秀传统文化教育指导纲要》的通知[EB/OL].（2014-03-28）[2022-02-16]. http：//www.moe.gov.cn/srcsite/A13/s7061/201403/t20140328_166543.html.

资源内容内涵的挖掘开发为切入点，丰富读者服务，为中小学中华传统经典教育构建坚实的资源保障。

### （二）空间优势

相较于其他类型的图书馆，中小学图书馆处于校园之中，与中小学生的距离更近，更方便学生到馆使用。同时，相较于校园中其他建筑，图书馆的设计更为独特，图书馆更加注重营造舒适的阅读环境，借助更为宽敞的空间、舒适的桌椅、明确的功能分区和柔和的光线，根据特定使用场景，划分出各种研讨室、阅览室、多媒体教室等，加之各类文献资源和自助设备的使用，使得中小学图书馆有着浓厚的文化氛围和整洁优美的阅览环境，成为一个清新的书香世界，更能吸引喜欢读书的中小学生。此外，图书馆条理分明的规章制度、井然有序的阅读环境，以及整体呈现出来的积极向上的学习氛围，能够引导中小学生在这里参加各式各样的阅读活动，探求新知、交流思考、陶冶情操、扩大眼界，增强对于中华优秀传统经典的认知和理解，丰富他们的第二课堂活动。精心设计的环境布置和蕴藏其中的传统文化信息为图书馆开展中华传统经典教育形式的多样性提供了可能。

### （三）平台优势

图书馆作为文献信息资源的贮藏机构，一直充当着沟通读者和文献两者的中间桥梁的角色。在中小学开展中华传统经典教育的过程中，也同样离不开图书馆。中小学图书馆在线下可以发挥实体平台的体验功能，在文献和书籍之间建立联系，为书找人，为人荐书，让学生接触到更多优秀的中华传统经典，同时在读者与读者之间建立联系，通过为中小学生开展传统经典阅读讨论会、协作学习小组等提供活动空间、设备，可以组织开展中小学生换书活动、随想征集等经典阅读衍生活动，更好地发挥图书馆的线下平台优势。另一方面，将图书馆中华传统经典教育与互联网相结合，建立"互联网＋中小学经典教育"平台，不断完善传统经典数据库、音视频资料、线上虚拟社区等数字媒体资源，不断丰富数字文化资源的内容和形式，有效保障中小学生对于传统经典相关数字资源的使用，确保传统经典的线上传播，使得中小学图书馆发挥好线上与线下、实体与虚拟、学生与资源之间的平台桥梁作用。

## 二、中小学图书馆在中华传统经典教育中的定位

中小学生正值青春年华，是继承和发扬中华民族优秀传统文化的生力军。他们身处校园之中，为向他们传播中华传统文化知识奠定了良好的氛围和基础。中小学图书馆作为专门服务于中小学生的图书馆类型，在中小学生继承发扬、学习领悟中华传统经典方面，有着巨大的优势，也是其职责所在。

### （一）文化自觉与文化自信的培育平台

中华传统经典为中华优秀传统文化的重要组成部分，是历经岁月打磨洗礼沉淀下来的宝贵民族财富。其中所蕴含的中华民族的思维方式、价值观念、行为准则，都有着强烈的民族性、历史性，同时又因为时代的变化具有了鲜明的现实性和变异性，它们对中华民族产生了潜移默化而又深远持久的影响，是我们今天进行文化创新的基础。一个人在青少年时期接受到的教育，会对他的一生产生长远且积极的影响。因此，在中小学阶段就适时开展中华传统经典教育，不仅能够对中小学生的为人处世、观念态度产生影响，也能够使他们成为文化的传承人，进而逐渐认识到文化自觉与文化自信的概念及重要性。中小学图书馆通过在校园中开展丰富多样的教育活动，将传统经典推荐给中小学生，也能够将文化传承的观念以润物细无声的形式更加自然地注入中小学生的学习、生活之中，实现传播传统文化、弘扬优秀传统的历史重任。

### （二）中华传统经典传承的前沿阵地

中小学生在学校的图书馆中，不仅能够通过借阅馆藏传统经典书籍、

使用传统经典数字资源等形式直接接触到中华传统经典的内容，也能够通过参加图书馆举办的各式各样的读者活动、阅读课程等更为新颖有趣的形式感受经典的内涵与魅力。中小学图书馆通过将馆藏资源和馆办活动相结合，能够极大地激发中小学生对于传统经典的热情与学习兴趣。作为直接服务于中小学生的图书馆类型，中小学图书馆是在校园之中传播中华传统文化、推广经典的前沿阵地，通过与区域内公共图书馆、其他学校图书馆以及社会组织机构合作，根据中小学生的行为偏好和认知能力，组织和开展相关的阅读推广活动，将课堂教学与第二课堂相结合，使得中华传统经典教育渗透到中小学生学习生活的方方面面，将中华传统经典教育的工作精细化、深入化、全面化，让广大中小学生能够拥有策划更加优秀、内容更加精致的中华传统经典教育活动和体验，让他们读经典、爱经典。

### 三、中小学图书馆开展中华传统经典教育的方式

#### （一）营造中华传统经典传承浓厚氛围环境

发挥环境育人的作用，就是要通过不断提升和完善中小学图书馆乃至整个校园的基础设施与氛围营造工作，借助温馨舒适的环境和浓厚的学习氛围，使学生身处中华优秀传统文化内容之中，进而潜移默化地了解经典、阅读经典、传承经典。中小学图书馆要营造出温馨舒适、充满人文气息的氛围环境，可以在服务大厅的大屏幕上滚动播放传统经典的导读讲解、拓展故事、名师分享等内容，可以在阅览室、走廊、柱子等处悬挂有关读书的名人名言和传统经典作者画像、传统经典节选、书法字画等，通过校园的广播台、电视台、校园报纸等校园媒体传播传统经典的相关内容，积极创造富有教育性、拓展性、艺术性的环境，进而营造出一种典雅古朴的馆内环境和校园环境，让中小学生身处校园之中就能够时时刻刻感受到传统经典的魅力和气息，时时被传统文化熏陶，处

处为传统经典所感染，引导他们深入探讨传统经典的文化内涵，接受中华传统经典教育，形成文化自觉与文化自信。此外，馆员作为图书馆的重要组成部分，在此过程中也需要不断提升自身的传统文化素养，在工作中用实际行动为学生树立起爱经典、学经典、讲经典的良好榜样，发挥标杆作用，在无形中对中小学生进行教育引导。

### （二）完善中华传统经典电子资源

信息技术的快速发展和广泛应用，为中华传统经典教育提供了更为便利的条件。中小学图书馆在不断完善馆藏纸质经典资源的同时，也要充分利用电子资源，通过自建或者引进外购一些适合中小学生行为认知特点和接受能力、符合中小学生阅读兴趣和探索方向的传统经典数据库、应用软件等，加强传统经典传播的平台建设，为中华传统经典教育提供技术和资源的有力支撑。针对单个中小学图书馆人员、资金各方面力量薄弱的问题，可以构建区域合作平台，与域内其他中小学图书馆、高校图书馆、公共图书馆和其他社会机构开展合作，建设数字资源信息共享平台，为中小学生全方位呈现经典内容。

### （三）开展中华传统经典导读服务

中小学生的认知能力和阅读理解能力都还处于开发阶段，在阅读传统经典时，会存在一定的困难，而且面对众多版本和内容的经典书籍，学生家长往往又不具备全面的筛选分类、判断分析能力，图书馆开展经典的导读服务就显得尤为重要。中小学图书馆可以基于本馆丰富的馆藏资源，根据不同年级、不同年龄段学生的阅读爱好、需求和理解能力等具体的情况，开展多种形式的经典导读，能够帮助中小学生更好地学习、理解经典的内容，提高他们学习经典的效率。一方面，建立好书推荐榜单，对经典书籍进行分类并给出书评，方便学生及时发现所需要的书籍；另一方面，可以与语文课程的教授相结合，进行经典的专题导读，根据不同阶段课程学习的内容，有针对性地选取某一专题文献，并辅之以馆员咨询服务的引导，对学生进行专业导读，帮助学生选取经典，提供阅读指导。

### （四）举办多样化的中华传统经典教育活动

中华传统经典教育的形式，不应仅仅局限于荐书和读书，中小学图书馆也可以通过多样化的活动，以新颖的形式、丰富的内容吸引中小学生参与到活动中，进而感受中华优秀传统文化的魅力。中小学图书馆可以聘请相关专家学者为学生讲解经典著作，与学生分享读书的方法，以讲座的形式围绕某一主题或某一著作畅谈读书体会与人生感悟，并在师生互动中引导学生思考，加深对于原著的认识与理解；还可以结合特殊时间节点，举办主题鲜明、内容丰富的校园读书活动，带领学生走入经典，走进传统文化。比如，可以在4月围绕"世界读书日"开展为期一个月的经典推广活动，在此期间开展经典阅读演讲比赛、图书展览、有奖征文、优秀读者评选、组织读书小组等活动，引导学生结合自身实际情况感悟经典，加深对作品的体悟和理解，使之深刻领会作品内涵，感受丰富多彩的文化，并内化于心，外化于行，自觉学习、传承传统经典。

## 第二节 中小学图书馆中华传统经典阅读推广概述

### 一、中小学图书馆的职能发展

从中小学图书馆定位的历史演变来看，相关研究将我国中小学图书馆事业的发展划分为四个阶段：第一阶段，1978年至20世纪80年代末；第二阶段，20世纪80年代末至90年代末；第三阶段，20世纪90年代末至2008年；第四阶段，2008年至今。在第一阶段，中小学图书馆被认为是基层图书馆的重要组成部分，宣传和普及阅读就是其承担的核心任务之一；在第二阶段，中小学图书馆的教育功能愈发受到重视，思想政治教育、爱国主义教育、德育与素质教育、辅助课堂教育、扩充知识等都是中小学图书馆的使命；在第三阶段，中小学图书馆更加关注教育改革、素质教育、学术信息素养培育等问题；第四阶段以来，中小学图书馆重点进行法制化和标准化建设，利用教育与阅读指导等热点长盛不衰。[1]从中可以看出，中小学图书馆作为学校图书馆的一个层级，是中小学校园内的文化信息中心，除保存文化典籍等功能外，更担负着"开通发智，作育人才"的使命。

从《中小学图书馆宣言》来看，1999年，国际图联和联合国教科文组织共同发布了《中小学图书馆宣言》，指出"中小学图书馆提供信息和理念，这些信息和理念，对于在今天这个建立在信息和知识基础上的社会中取得成功，是十分必要的。中小学图书馆使学生具有终身学习的技能，发展其想象能力，使之能够成为一个有责任感的公民"[2]。中小学图书馆的基本目标之一就是发展和支持学生阅读、求知和终身利用图书馆的习惯和爱好。联合国教科文组织从1980年的宣言到1999年的宣言中，都始终贯彻着中小学图书馆在推进儿童阅读方面的重要任务，将中小学图书馆作为少年儿童品德和智力发展的重要一环。

从基础教育改革来看，2001年5月，国务院发布了《国务院关于基础教育改革与发展的决定》，提出确立基础教育在社会主义现代化建设中的战略地位，坚持基础教育优先发展，深化教育教学改革，扎实推进素质教育。[3] 2015年5月，教育部、文化部、新闻出版广电总局联合发布了《关于加强新时期中小学图书馆建设与应用工作的意见》（以下简

---

[1] 吴梦.我国中小学图书馆研究综述[J].图书馆工作与研究，2018（06）：34-38.
[2] 徐斌.国际图联《中小学图书馆宣言（1999）》解析[J].中国图书馆学报，2001（05）：91-93.
[3] 中华人民共和国国务院.国务院关于基础教育改革与发展的决定[EB/OL].（2001-05-29）[2022-02-16].http://www.moe.gov.cn/jyb_xxgk/moe_1777/moe_1778/201412/t20141217_181775.html.

称《意见》),指导中小学校全面贯彻教育方针、实施素质教育,提升学校内涵与品质,形成书香校园,带动全民阅读,助推学习型社会和书香社会建设。《意见》强调,中小学图书馆应创新借阅方式、推动有效阅读,开展经常性主题读书活动,培养学生阅读兴趣、阅读习惯等有效阅读能力。《意见》指出,中小学图书馆需要营造良好的阅读氛围,在"世界读书日""国家图书馆日"等开展丰富多彩的中小学生读书专题活动。可以看出,新时期中小学图书馆肩负着阅读推广的重要使命。[①]

在基础教育改革的时代背景下,中小学图书馆也愈发受到重视。中小学图书馆承担着促进未成年人思想道德建设的历史使命,担负着存储知识、提供信息、开展社会教育、传播文化的重任,在学校、家庭、社会三位一体的教育中,图书馆是学校教育的延伸,也是家庭教育的补充。推进经典阅读是中小学图书馆使命中的核心部分,是其职能所在。

## 二、中小学图书馆中华传统经典阅读推广的类型

### (一)主题活动型

主题活动是中小学图书馆经典阅读推广最常见的形式,在吸引学生兴趣、增强影响力等方面具有一定优势。以 2017 年全国高校阅读推广案例大赛为例,117 个参赛案例中主题活动类有 76 个,占比达到 65%。[②]

区别于资源导读型、课堂教育型和网络新媒体型的经典阅读推广形式,笔者这里所指的主题活动型经典阅读主要包括经典讲座、经典读书会、各类品读和翻译比赛、经典书展等专门性、线下为主的校园活动。主题活动类经典阅读推广的主要特点有:易形成较强的号召力,在活动投入、活动规模等方面具备一定优势;适合与传统节日、时事热点等相

---

① 中华人民共和国教育部,中华人民共和国文化部,中华人民共和国新闻出版广电总局.教育部 文化部 新闻出版广电总局 关于加强新时期中小学图书馆建设与应用工作的意见[EB/OL].(2005–06–01)[2022–02–15].http://www.gov.cn/gongbao/content/2015/content_2916960.htm.
② 侯明艳.创新视域下高校图书馆阅读推广优秀案例分析与启示[J].现代情报,2018,38(11):90–94.

结合，通过不同的主题进行针对性的阅读推广；可以利用主题活动的影响力吸引各方面资源，将图书馆资源、校内其他资源和校外资源都引入中小学经典阅读推广中；可打造品牌，有延续性的活动能够产生更加深远持久的积极影响。

近年来，中小学图书馆的经典阅读推广主题活动还呈现出从经典中来又不局限于传统的新趋势。起初，各图书馆的主题活动主要以各种传统节日、"世界读书日"为契机，发展到今天，更多的活动体现出主动迎接社会热点问题、积极倡导青少年轻松健康成长的特点，出现了越来越多的由经典作品改编的音乐和电影观赏活动、符合青少年趣味的文娱绘本评比大赛、融入运动和游戏等元素的室外经典文化拓展活动等。除此以外，借鉴央视综艺节目《朗读者》《中国诗词大会》《经典咏流传》等，中小学图书馆的经典阅读推广活动正在变得更加生动而有内涵。

**（二）资源导读型**

资源导读型活动以中小型图书馆的馆藏资源为依托，以书目导读为主要呈现方式。借助于图书馆的丰富馆藏优势，对经典书目的挑选推荐和阅读引导是发挥图书馆作用的重要方式。一方面，经典作品资源是中小型图书馆进行阅读推广的基础起点，也是相较于学校教育的其他环节和家庭教育最大的优势所在；另一方面，中小学图书馆馆员具备一定的专业素养，在书目推荐和阅读引导等方面有理论积累和实践经验，也便于拓展利用各方面的信息资源为中小学生的经典阅读提供有益指导。

资源导读型阅读推广的具体内容主要是针对中小学生的阅读需求，重点推介优秀儿童文学作品、名著以及科普服务，以拓展中小学生的知识面，增强中小学生的阅读兴趣。[1]在具体呈现上，这一类型的阅读推广主要通过新书宣传、推荐榜单、专题书目、编写目录索引、阅读技巧指导、阅读疑问咨询等方式进行。

---

[1] 于廷礼.国内中小学图书馆阅读指导服务模式的比较研究［J］.河南图书馆学刊，2018，38（04）：118-119.

青少年的阅读兴趣是需要引导的，良好的阅读习惯更是需要不断积累的。中小学图书馆的经典导读能以最直接有效的方式为青少年提供阅读指导，在书目选择、阅读方式、理解途径上加以指引。

### （三）课堂教育型

课堂教育是中小学教育的基础形式，中小学图书馆的经典阅读推广需要走进课堂，出现在教育的第一线。教育部《基础教育课程改革纲要（试行）》指出，要使学生继承和发扬中华民族的优秀传统，具有初步的科学和人文素养，培养学生搜集和处理信息的能力，关注学生的兴趣和经验，拓展课堂教育的形式。[①]通过图书馆开展经典阅读课堂教育，是丰富课堂形式、促进学生全面发展的重要手段。

中小学图书馆将经典阅读推广引入课堂主要有两种途径：第一种是通过阅读课、朗读课直接走入第一课堂，将图书馆的活动和导读书目等通过教师进行传达和推广，学生之间对图书馆经典书目的交流讨论也是对课堂教育形式的良好补充；第二种是借助图书馆的空间和资源开展第二课堂教育，发挥图书馆馆员的能力特长，开设传统文化教育、文献检索基础知识、经典阅读方式培训等课后教育。

以课堂教育的形式开展经典阅读推广，会具有更强的执行力和持续性，能更加引起学生和教师的重视。中小学图书馆可以大力推进经典阅读课程的系统化，增加吸引力和实用性，克服传统阅读推广和课堂教育中存在的枯燥和低效。

### （四）网络新媒体型

网络新媒体是新时代阅读推广的新型阵地，中小学图书馆需要利用网络平台接触青少年群体，采用更贴近时代的方式推广经典阅读。中小学图书馆的此类型活动能充分利用新媒体得天独厚的资源、与时俱进的

---

① 中华人民共和国教育部.教育部关于印发《基础教育课程改革纲要（试行）》的通知［EB/OL］.（2001-06-08）［2018-11-25］. http: //www.moe.gov.cn/srcsite/A26/jcj_kcjcgh/200106/t20010608_167343.html.

技术和与身俱来的环境优势，让经典阅读焕发新的时代魅力。

网络新媒体类经典阅读推广分为两大板块：第一是借助网络平台构建经典阅读新阵地，主要是根据学生的电子阅读习惯，将数字化资源进行网络推广，并利用各新媒体平台做好主题活动宣传推广、经典书目阅读推荐等；第二是建设参与式网络阅读社区，主要是利用网络社交平台与学生开展线上的阅读交流，将中小学图书馆的阅读咨询等拓展到线上环境中。

新媒体环境让阅读更偏即时性、直观性、内容互动性、碎片化[1]，中小学图书馆需要把握这种阅读特点，将经典作品与新媒体有机结合，在保证经典阅读质量的前提下发挥新媒体时代的技术条件。在这方面走在前面的是高校图书馆，中小学图书馆可以借鉴高校图书馆官方网站、官方微博、微信公众平台、手机 app 等新媒体矩阵，根据各校中小学生所接触的网络平台和网络资源进行阅读推广布局。利用网络新媒体开展经典阅读推广也给中小学图书馆员带来了新的挑战，图书馆馆员需要学习相关技术知识，了解青少年的网络习惯和兴趣特点，积极融入学生的线上平台，利用信息技术推动经典文化的新发展。

### 三、中小学图书馆中华传统经典阅读推广的策略

#### （一）注重环境建设，营造良好阅读氛围

传统经典的熏陶是潜移默化、"润物细无声"的，中小学图书馆开展经典阅读推广需要营造良好的氛围，让学生切实感受到中华传统文化和经典的独特魅力。

经典阅读的环境是多层次的，从图书馆建筑实体到图书馆馆藏资源，从学生阅读热情到校园专题活动，都是中小学阅读环境建设的题中之义。首先，在建筑实体方面，中小学图书馆本身的馆舍设计可以向传统文化

---

[1] 王战雪. 微阅读时代高校图书馆经典阅读推广策略研究［J］. 中外企业家，2015（24）：183–185.

## 第五章 中小学图书馆中华传统经典教育现状

靠拢，如古色古香民族风的雕花对称房檐、大门上的经典对联、室内大堂放置的景泰蓝盆景、阅览室张贴的传统文化名人头像、大厅的警言语录、配上民族的古筝古乐[1]，等等，让学生将图书馆视为经典的宝地，进入图书馆就能感受到传统文化的号召。其次，在馆藏资源方面，中小学图书馆应集中展示经典文献，将经典作品进行集中存储，以达到学生在这个空间中能完全沉浸于人类的文化精华之中。最后，在校园活动方面，中小学图书馆应配合学校各部门共同营造校园阅读氛围，目前学生社团、学生组织等也广泛在各中学出现，加上图书馆本身的阅读推广活动，在相互补充中形成阅读活动闭环，塑造全校共同阅读的良好氛围。

中小学图书馆的中华传统经典阅读推广不是一个居于高阁的理性认知和命题概念，它是要借助于阅读氛围、阅读活动传递给学生群体的。营造全员阅读的校园氛围，是经典阅读从政策导向的理性走向青少年个体的感性的第一步。

**（二）扩充馆藏资源，大力建设中华传统经典阅览室**

中华传统经典作为中华优秀传统文化的结晶，蕴含着丰富的历史积淀和文化营养，中小学图书馆扩充经典馆藏是历史和时代对文化传承的共同要求，也是顺利进行阅读推广的前置条件和资源保证。馆藏资源的丰富和扩充不仅包含图书采购，也包括现有馆藏的挖掘整理、兄弟单位的资源共享、社会各界的资源捐赠等。在进行资源建设的过程中，要注意资源质量，设定资源建设规划和质量控制制度。与此同时，读者喜好是资源采购的重要参考意见，适合中小学生健康成长的传统经典是中小学图书馆资源建设的目标和方向。

针对传统经典，馆藏资源的集中化能够形成一定的规模效应，中小学图书馆可以借鉴公共图书馆设立中华传统经典阅览室的做法，将中小学生的各类经典阅读活动都统筹到图书馆的空间中。很多公共图书馆的

---

[1] 张冰，张素华. 高校图书馆渗透教育的内涵及实现路径——以中华传统文化的传承为例[J]. 农业网络信息，2013（07）：77-79.

经典阅览室都在社会上取得了良好反响,如国家图书馆的经典阅览室、河北省图书馆的经典空间、深圳市南山区图书馆的"南书房"等[①],中小学图书馆也应将自己定位为学校的"第三文化空间",通过书籍、空间和人力物力资源的集中推动传统经典由上至下的传播。经典阅览室中传统经典的集中展示,一是对中小学生有更大的吸引力,二是可以使各种活动集中进行,三是利于资源的深层挖掘和关联发现,进一步拓展图书馆生长空间。

### (三)重视组织联动,加强机构建设与合作

组织机构是阅读推广活动稳定开展的基础保障,中小学图书馆需要健全组织制度,设立专门的部门。结合实际情况,中小学图书馆普遍规模较小、馆员人数不多,在中华传统经典阅读推广的组织机构方面会相对精简,但相关规范和制度仍需建立,与校内其他机构的联动更显得尤为重要。作为一项可持续发展的事业,阅读推广应挣脱读者服务、流通阅览、宣传推广的部门限制,而是以经典阅读活动的形式特点为导向,将有相关经验的老师和学生组织在一起,使学生爱上经典、爱上阅读。

中小学图书馆作为联结学校、家庭、社区的枢纽,有必要联合各方资源共同推动中华传统经典阅读推广。家庭是青少年的第一课堂,学校是青少年教育的核心基点,社区等社会空间也为青少年教育提供多元化补充,而图书馆作为信息资源中心和文化中心,承担着将各方凝聚到阅读推广这一重要课题上的责任。实现中华传统经典阅读推广的合作共建,有利于构筑以图书馆为核心的立体效应,全面培育青少年的阅读兴趣和阅读习惯。

### (四)丰富活动形式,打造多元化阅读推广

中华传统经典阅读活动的呈现形式是丰富多样的,多彩的阅读推广

---

① 徐红昌,张静茹.高校图书馆"文化主导型"服务探究——开展经典教育与推广[J].内蒙古科技与经济,2016(17):105-107.

活动为书香校园的建设注入了新鲜的能量。从 2005 年开始，中国图书馆学会建立评选表彰机制，以"全民阅读"为核心评选活动示范基地、优秀组织和活动先进单位，近年来的奖项评比反映出各图书馆的阅读推广活动日益丰富，呈现多元化的活动形式。[①]

按照对中华传统经典的推广方式，经典阅读推广的方法一般分为以下三种类型：经典推介类，主要包括设立经典阅览室、编制书目、开展主题征文和书评活动、阅读辅导、举办优秀图书展等；经典演绎类，主要包括专题讲座、经典诵读、名著影视欣赏、开设经典阅读课程；综合方法，主要包括组织读书会、举办读书周和读书节等。

面对青少年成长的不同阶段、不同青少年的个体差异，在此基础上产生的多样化需求要求中小学图书馆用多样的中华传统经典阅读推广活动形式为学生提供不同的选择，满足不同学生群体的个性化阅读需求。与此同时，不断创新活动形式能不断提升中华传统经典阅读推广活动的吸引力，也能根据社会和时代的发展状况而不断调整目标和方向。

**（五）提升人员素养，发挥馆员教师指导作用**

中华传统经典阅读推广活动的质量效果，很大程度上取决于中小学图书馆员和教师的经典素养。国际图联《儿童图书馆服务发展指南》(*Guidelines for Library Services to Babies and Toddlers*) 明确指出，儿童图书馆应能帮助儿童获得终身学习和信息素养的能力[②]。对于中小学生而言，其自身知识体系不健全、信息素养不充分，较为依赖图书馆馆员和教师所进行的书目推荐和经典导读。

以图书馆为空间和资源载体，从馆员到教师都要提升中华传统经典阅读推广的素养和能力。首先，中华传统经典阅读推广队伍是一支有着

---

① 中国图书馆学会. 全民阅读奖［EB/OL］.［2018-11-26］. http：//www.lsc.org.cn/cns/chan nels/1201.html.

② International Federation of Library Associations and Institutions. Guidelines for Library Services to Babies and Toddlers. IFLA Professional Reports, No. 100.［J］. International Federation of Library Associations & Institutions, 2007：26.

正确的阅读观念的教师队伍，要重视中华民族优秀传统文化，具备良好的道德素养，愿意为中小学生的健康成长奉献力量。其次，馆员和教师要成为传统经典作品的研读者、思考者、鉴赏者、推广者，提升自身的人文素养和思想境界[①]，具备对经典作品的理解能力、选择能力、评价能力。最后，馆员和教师要掌握阅读推广相关技术，学会合理运用各种导读方式、宣传手段、技术方法将经典作品带到学生中去，构建课堂内外、线上线下的全渠道阅读氛围。除此以外，中小学图书馆馆员对学生阅读情况的了解、与教师和家长的沟通交流等也有助于做好中华传统经典阅读推广工作。

## 第三节  基于问卷调查的中小学图书馆中华传统经典教育现状分析

### 一、调查对象和方法

调查以全国各省市各类型中小学校图书馆为调查对象，以前期中小学图书馆中华传统经典教育的文献调研情况为研究基础，主要通过问卷发放的方式进行，以期了解各地中小学图书馆中华传统经典教育工作在馆舍馆藏建设、馆员队伍、读者活动、社会合作、制度考核等各个方面的开展情况，对现阶段我国中小学图书馆中华传统经典教育的成绩与问题进行梳理，并对应地提出未来完善该项工作的方向。

上文通过文献分析，对近几年我国中小学图书馆开展中华传统经典教育的情况进行了梳理，并采访了多位中小学教师、家长，了解他们在实际工作过程中遇到的新情况、新问题，基于此制成调查问卷，样本

---

① 李卫红. 文化自信引下高校图书馆开展经典阅读的若干思考[J]. 图书馆工作与研究，2018（07）：102-106.

限定为全国各地中小学图书馆的馆员,以获得来自一线的客观数据及评价。

## 二、问卷设计与发放

### (一)问卷设计

"中小学图书馆参与中华传统经典教育的现状调查"问卷共分为三个部分54题,第1–18题为第一部分"学校和图书馆的相关信息",以此了解样本学校的地理分布、评级信息、图书馆的馆舍馆藏、馆员队伍、读者群体等基本情况;第19–45题为第二部分"图书馆开展中华传统经典教育活动的相关信息",以此掌握中小学图书馆中华传统经典馆藏资源建设情况、开展教育活动的形式与频率、考核评价情况以及馆员对相关活动的认可度评价;第46–54题为第三部分"馆员个人基本信息",以此调查受访者个人经历与中华传统经典教育的相关度。

### (二)问卷发放与回收

为保证样本数据的有效性与全面性,本研究依托北京大学信息管理系本科生,在2018年12月—2019年1月期间,通过"问卷星"网络平台,以电子问卷的形式,定向发放给各中小学图书馆工作人员,共回收问卷49份,去除重复样本后,共有有效问卷43份,有效率为87.8%。

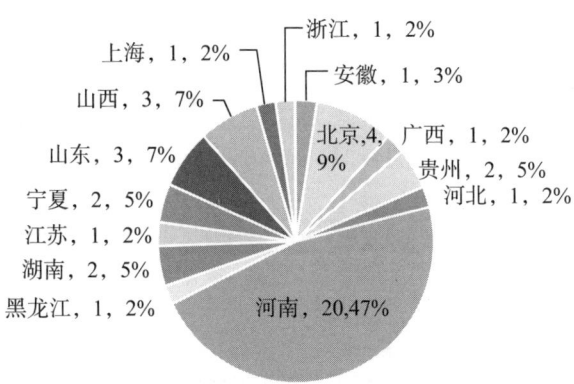

图 5-1　样本来源省份分布

在地域分布上，43个样本来自北京、安徽、广西、贵州、河北等14个省、市和自治区，涵盖了东、中、西部三个地区；在样本数量上，除河南省样本较多外，其余省份样本分布较为均匀。在各级行政区的分布上，县一级的学校最多，占51.6%，非省会地级市次之，占32.6%，没有来自乡镇中小学的样本。

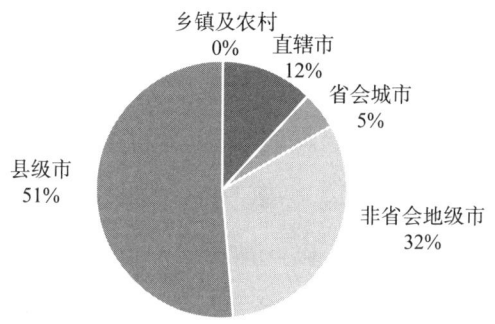

图5-2 样本来源行政区分布

在学校的分布上，小学、初级中学、高级中学、九年一贯制学校、十二年一贯制学校、初高中六年制学校均有覆盖，公立和私立两种办学类型也有兼顾。其中，有省级重点学校14所、市级重点学校19所。

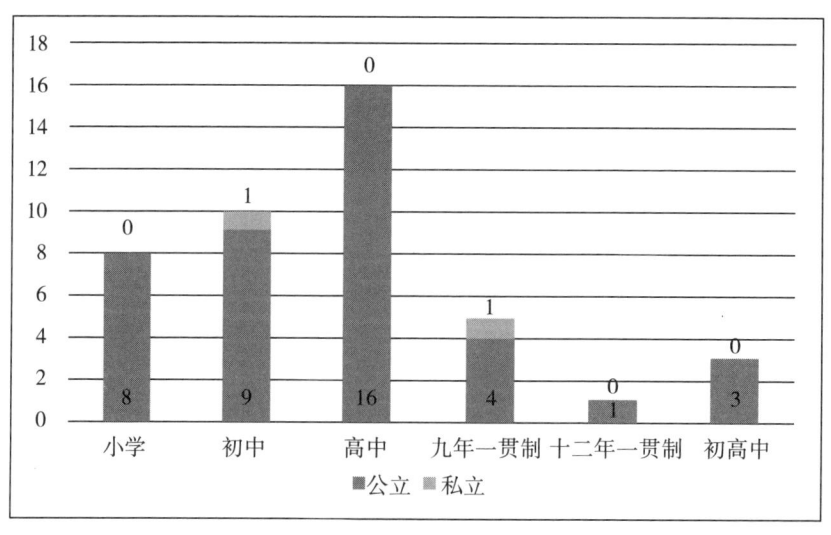

图5-3 样本来源学校类型分布

在 43 位受访者中，有 6 位是馆长/副馆长，5 位图书馆中层领导和 32 位馆员，能够较好地反映不同层级中小学图书馆工作人员对于中华传统经典教育的认识与现状的了解。

## 三、问卷分析

### （一）馆舍情况

建馆位置方面，在 43 所图书馆中，有 26 所图书馆位于教学楼之中，临近教室；此外也有部分学校建设了单独成栋的图书馆，其中有 1 所位于校园中心地带，1 所靠近教学楼；其余有 14 所则是处于远离教学楼的位置；还有 1 所图书馆位于学校办公楼的一楼。中小学图书馆如何选址，以更加便于师生读者的使用，有待进一步的分析研究。

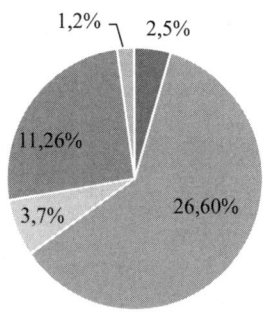

■100平方米以下 ■100~500平方米 ■500~1000平方米 ■1000平方米以上 ■不清楚

图 5-4 受访图书馆面积统计

馆舍面积方面，各个学校的图书馆差异较大。面积最大的图书馆有 21000 平方米，而最小的仅有 30 平方米，面积在 500~1000 平方米的占多数，有 26 所，占受访图书馆总数的 60%。

在中华传统经典教育空间区域的设置方式上，经典阅览室、经典书架和经典阅读角是中小学图书馆广泛采用的形式，有一些建设情况较好的学校，三种形式都有设置，为学生们提供了丰富多样的中华传统经典阅读空间。但是，也有 7 所学校到目前为止仍未设置任何形式的专门区域，师生读者在传统经典阅读的便捷性上还有一定的提升空间。

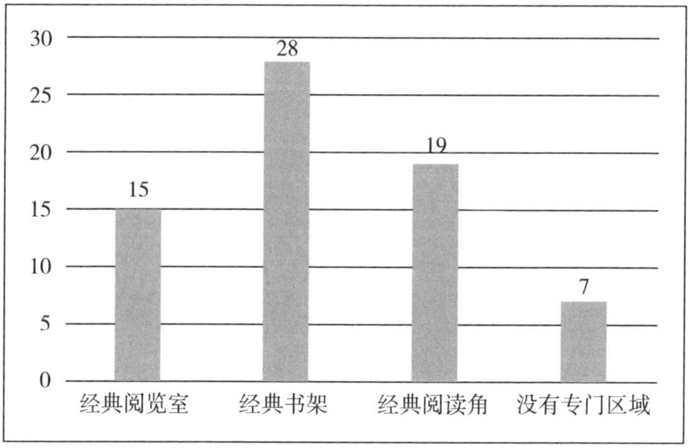

图 5-5　受访图书馆中华传统经典教育空间区域设置形式

## （二）馆员素养

在受调查的 43 所中小学图书馆中，现有工作人员和编制数量有着较大的差异，人员数从 0 人到 20 人不等，但两种情况下，仅有 1 名工作人员或 1 个编制的图书馆是最多的。此外，有 4 所图书馆存在编制未满的情况，11 所图书馆存在超编的情况。

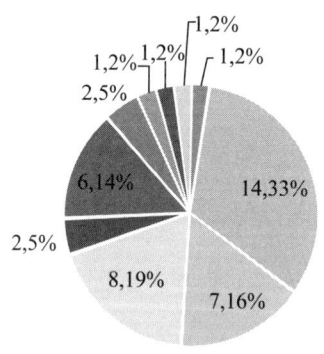

图 5-6　受访图书馆现有工作人员数量

在图书馆工作人员的构成上，呈现出多样化的来源。有 65.1% 的学校由专职的馆员担任，44.2% 的学校由教师兼职担任，仅有少数学校的馆员由行政人员兼职担任（6.9%）、退休教师返聘担任（6.9%）和临时工担任（2.3%）。此外，有29所学校设置了学生管理员或班级学生联络员，以加强与学生和班级的联系、管理。

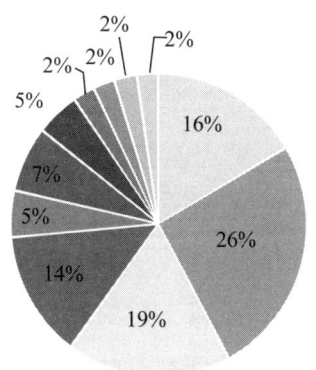

图 5-7 受访图书馆编制数量

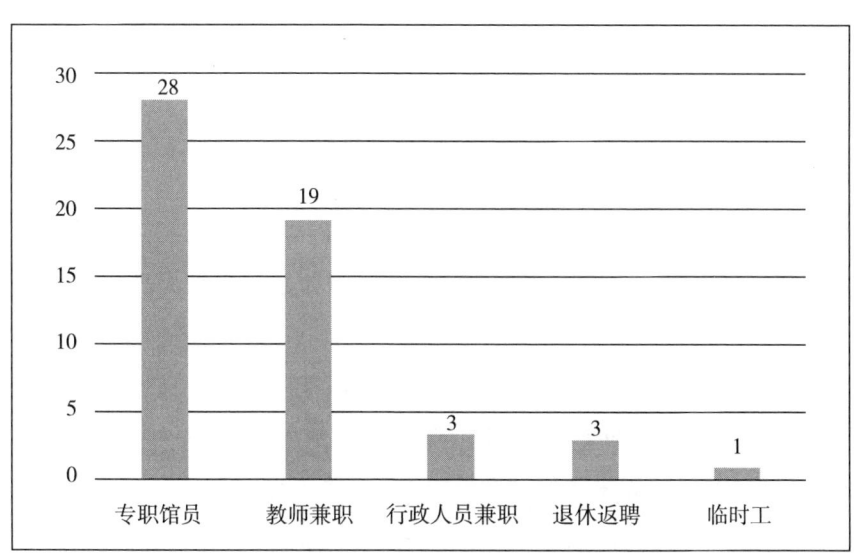

图 5-8 受访图书馆员来源类型

在馆员中华传统经典教育专业能力方面，过半的学校图书馆的馆员专业背景与中华传统经典教育相关的比例不足50%。

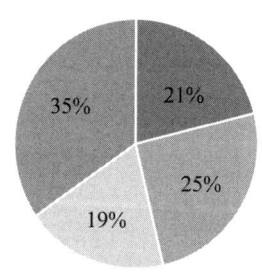

■ 80%以上　■ 50%~80%　■ 20%~50%　■ 不足20%

图 5-9　受访图书馆工作人员专业相关度

在馆员中华传统经典教育能力培训方面，仅有 30% 的受访学校每学期能够对图书馆馆员组织两次及以上的培训，有 37% 的学校几乎没有此类培训。但是，仅有 18% 的馆员对于自己受培训的情况表示不满意，这也折射出当前阶段中小学图书馆馆员在中华传统经典教育方面学习意识、提升意识的不足。

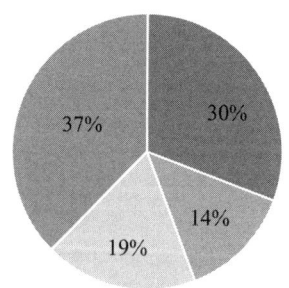

■ 每学期两次及以上　■ 每学期一次　■ 每学年一次　■ 几乎不培训

图 5-10　受访图书馆开展馆员培训频次

从 43 位受访者的信息来看，职称方面，共有 20 位中（小）一级职称，8 位中（小）二级职称，4 位中（小）三级职称和 11 位中（小）高级职称；学历方面，受访者中拥有大专学历的 10 人，本科学历的 30 人，硕士学历的 3 人；专业背景方面，最高学历的专业为教育学的 14 人，中国语言文学 14 人，历史学 3 人，图书馆学 3 人。大部分的受访者具有与其工作相对应的专业背景，整体学历与职称水平较高。此外，有 17 人参加过中华传统经典教育课程相关的比赛,并有 10 人获奖。

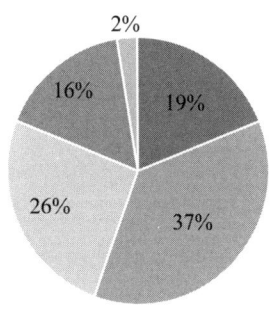

图 5-11 受访图书馆员对培训活动满意度

## (三)开放情况

各图书馆向读者开放情况方面,绝大多数(88.4%)图书馆的开放时间与教学时间同步,此外也有少数图书馆会在午休时和放学后(30.2%)、周末和节假日(18.6%)开放。与之相对应的是,有 19 所图书馆每天的开放时间在 8 小时以上,17 所图书馆每天开放时间为 4~8 小时,仅有 4 所图书馆每天开放时间不足 2 小时。受访的 43 所图书馆的开放情况整体较好。

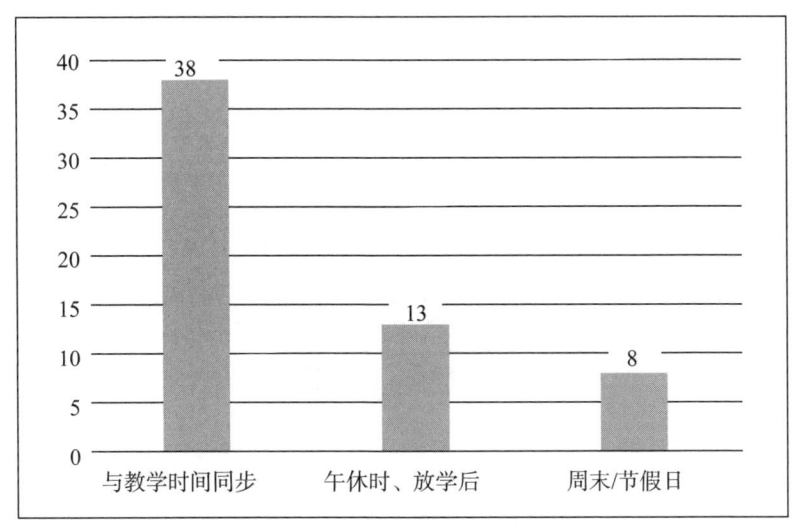

图 5-12 受访图书馆开放时间段

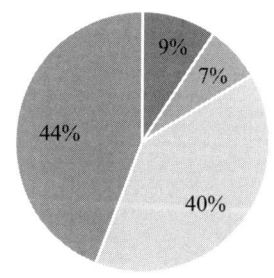

■ 2小时以内　■ 2~4小时　■ 4~8小时　■ 8小时以上

图 5-13　受访图书馆开放时长

在读者群体方面，受访的 43 所中小学图书馆中有 1 所只面向学生开放，1 所只面向教职工开放，其他 41 所的图书馆均同时向本校学生和教职工开放，此外也有少部分图书馆面向学生家长（1 所）和社会人士开放（2 所）。

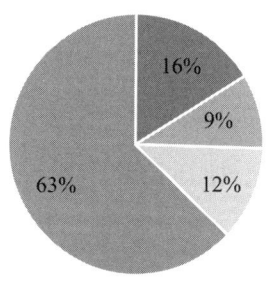

■ 200人以内　■ 200~500人　■ 500~1000人　■ 1000人以上

图 5-14　受访图书馆读者人数

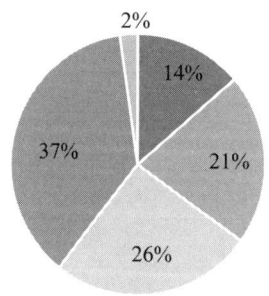

■ 不足1次　■ 1~2次　■ 3~5次　■ 5次以上　■ 不清楚

图 5-15　受访图书馆读者利用频次

在读者数量上，有过半数（27 所）图书馆的读者人数在 1000 人以上，读者人数在 500~1000 人的有 4 所，500 人以下的有 11 所。在读者每周使用图书馆的频率方面，有 27 所图书馆的读者平均利用频次在每周 3 次以上，图书馆利用情况良好，但也有 6 所图书馆读者每周利用率不到 1 次，在扩大自身影响力、服务吸引师生方面还有较大的提升空间。

### （四）管理考核

完善管理制度、加强考核验收，是监督、促进中小学图书馆做好中华传统经典教育工作的重要方式。对于图书馆中华传统经典教育工作的相关制度建设，有近半数（44%）的受访图书馆已经形成了完善的制度体系并且能够随着各方面情况的变化而定期更新，有 23% 的图书馆尚未形成较为完善的制度规则，而没有相关管理规范的比例则高达 33%。中小学图书馆中华传统经典教育的制度建设工作还有较大的提升空间。

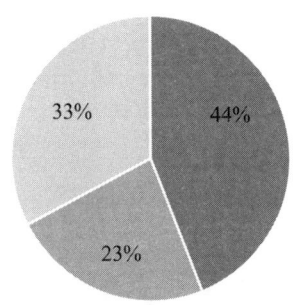

■ 有完善制度并定期更新　■ 有成文制度但不完善　■ 暂时没有成文的管理制度

**图 5-16　受访图书馆管理制度建设情况**

在学校对图书馆中华传统经典教育工作的考核方面，能够做到每学期一次以上的有 40%，但同时也有 32% 的学校，尚未开展相关的考核工作，这也会影响到图书馆馆员队伍在中华传统经典教育工作方面的积极性与完成度。

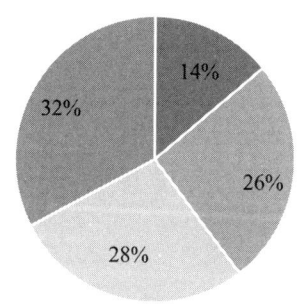

■ 每学期两次或以上　■ 每学期一次　■ 每学年一次　■ 几乎不考核

图 5-17　受访图书馆工作考核频次

在已经开展了考核工作的学校中，考核指标的选取也存在着一定的差异，但"学生综合能力的提高""活动的次数""参与的人数"三项指标被较多学校选取，仅有 8 所学校将中华传统经典教育成果评价与学生的考试分数相挂钩，这也反映出越来越多的学校已经能够积极全面地看待中华传统经典教育在中小学生成长发展过程中的作用。

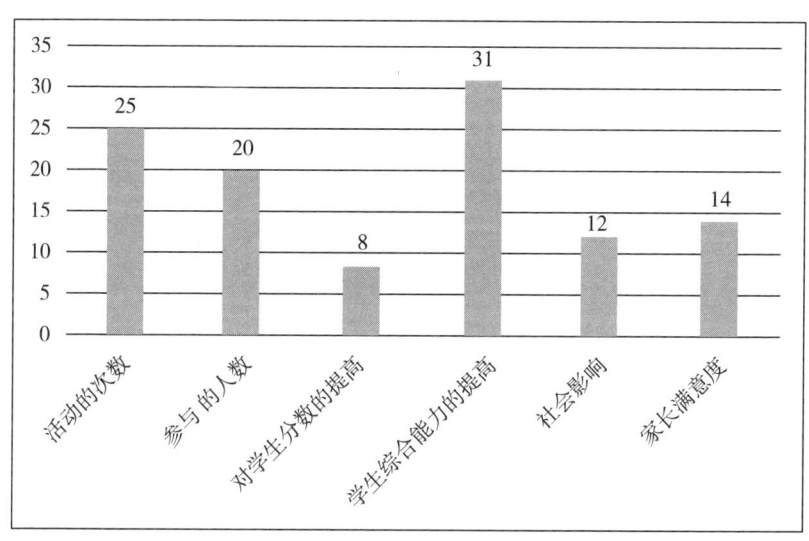

图 5-18　受访图书馆工作考核指标选取情况

**（五）馆藏建设**

受访的 43 所图书馆中，8 所图书馆每年购书经费在 10000 元以内，有 6 所图书馆的经费在 100000 元以上，其余的都分布在这二者之间。近半数的图书馆将购书经费的 20%~50% 用于购买传统经典书籍，此外分别有近 25% 的学校购置费用比例不足 20% 以及在 50%~80% 之间，还有 1 所学校的图书馆每年购置传统经典书籍的费用超过总购书经费的 80%。

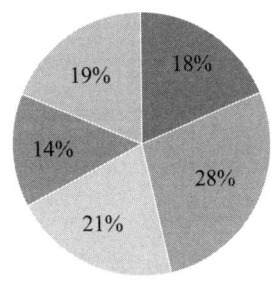

■ 0~10000元　■ 10001~50000元　■ 50001~100000元　■ 100000元以上　■ 不清楚

图 5-19　受访图书馆年购书经费

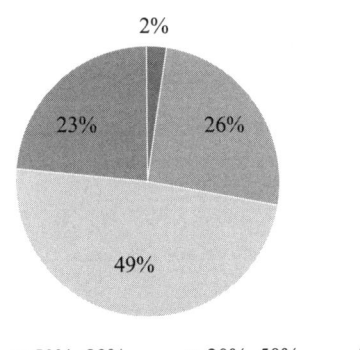

■ 80%以上　■ 50%~80%　■ 20%~50%　■ 不足20%

图 5-20　受访图书馆传统经典书籍购置占年购书经费比例

在馆藏建设方面，有 72% 的图书馆馆藏资源数量在 50000 册以上，也有 4 所学校的图书馆馆藏数量在 10000 册以下，各个学校之间存在较大的差异。传统经典书籍占比方面，近半数的受访图书馆中传统经典书籍占馆藏总数的比例在 20%~50% 之间，不足 20% 的学校有 12 所。

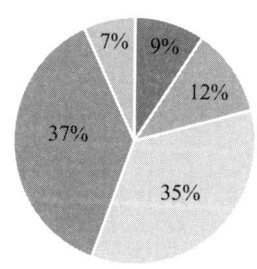

■10000册以下　■10001~50000册　■50001~100000册　■100000册以上　■不清楚

图 5-21　受访图书馆馆藏书籍数量

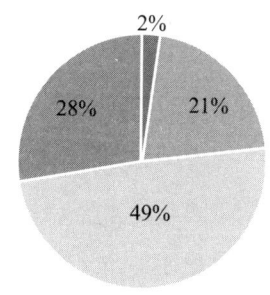

■80%以上　■50%~80%　■20%~50%　■不足20%

图 5-22　受访图书馆传统经典书籍占馆藏总量比例

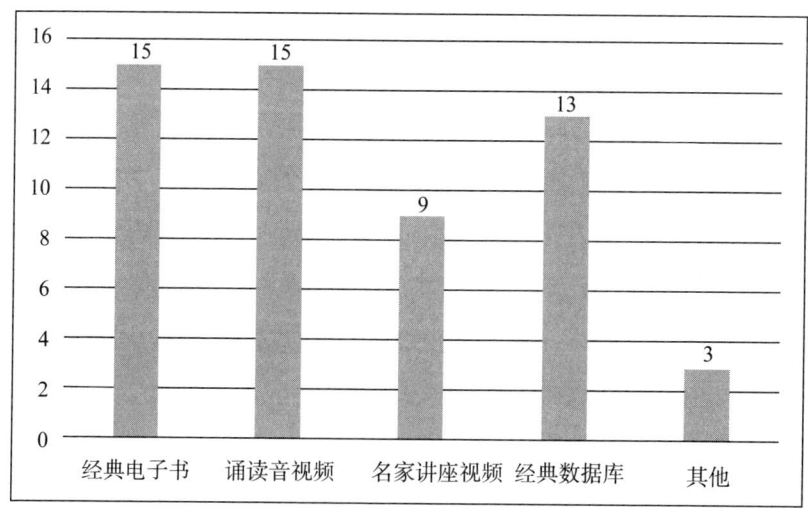

图 5-23　受访图书馆传统经典电子资源类型

在 43 所受访图书馆中，有 21 所图书馆拥有传统经典的电子阅读资源，这些电子资源的内容类型主要是"经典电子书"（34.9%）、"诵读音视频"（34.9%）和"经典数据库"（30.2%）。此外，有24所学校目前已经开展了传统经典的数字化工作，其中最普遍的是将纸质经典数字化（83.3%），此外还有少数学校开展了"建设传统经典数据库""建立传统经典内容网站"的工作。

**（六）社会合作**

与社会力量合作，在校园中开展中华传统经典教育活动，能够极大地增强中小学图书馆的业务能力，丰富校园中华传统经典教育活动的类型与内容。合作形式方面，在43所受访学校图书馆中，27所图书馆以"经费资金支持"（10所）或"合作举办活动"（22所）的形式与社会机构合作开展了相关教育活动。

在与其他类型图书馆合作方面，与区域内公共图书馆合作的有13所，与其他学校图书馆联合举办活动的有9所；家校合作方面，学校图书馆倾向于以"家长监督学生阅读效果"的形式（15所），将家长纳入中华传统经典教育的范围内，以此增强中华传统经典教育的实施效果。但也有半数的受访学校图书馆从未开展过相关类型的活动。

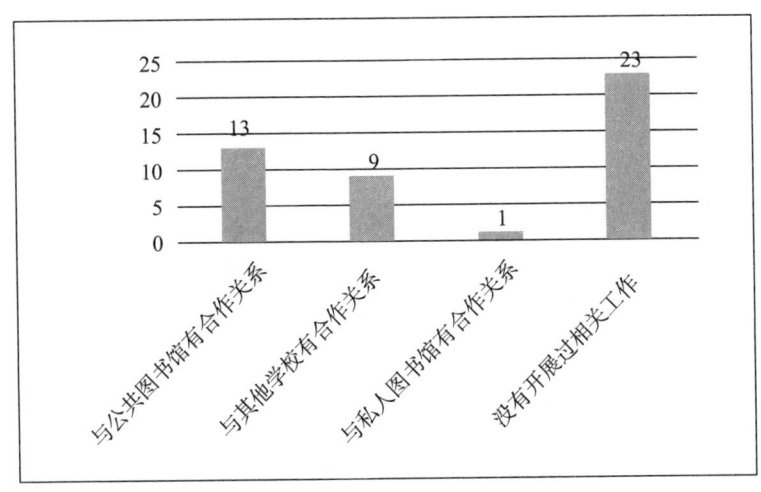

图 5-24　受访图书馆开展社会合作情况

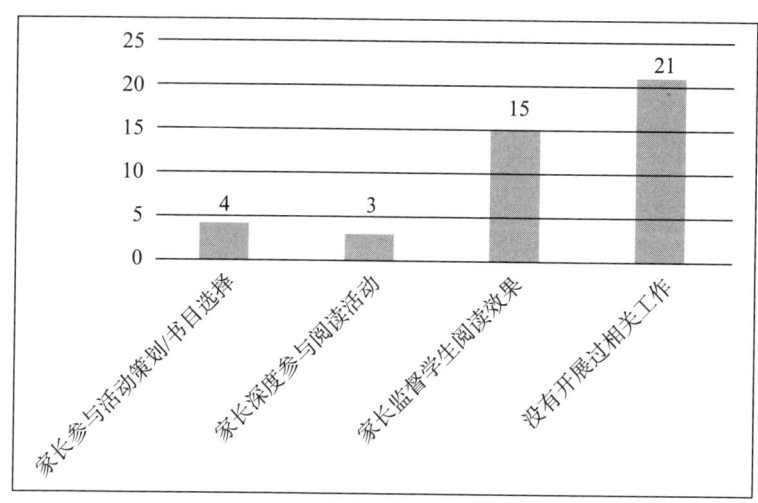

图 5-25 家长参与受访图书馆中华传统经典教育活动情况

## （七）校园活动

校园文化氛围建设是中小学图书馆开展中华传统经典教育重要的内容之一，可以对学生产生潜移默化的影响。在受访的 43 所图书馆中，有 38 所通过校园橱窗、电子屏、校园横幅标语、校园媒体宣传、班级阅读角等多种形式积极营造校园内"爱经典、读经典、学经典"的氛围。

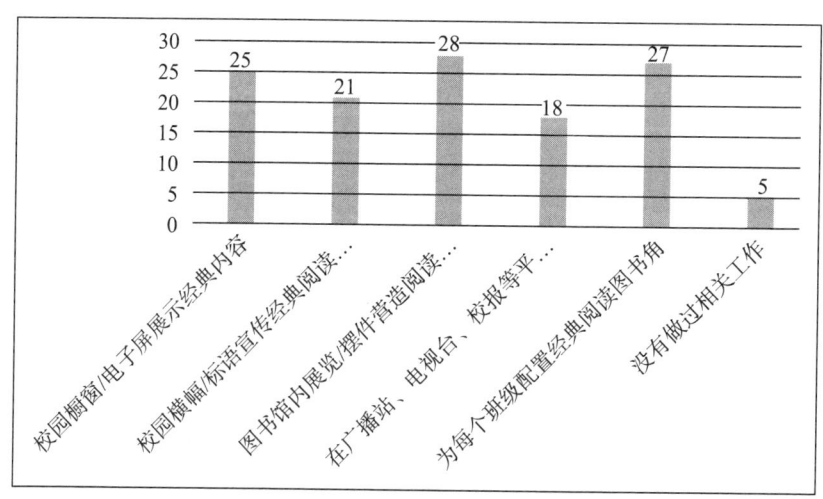

图 5-26 受访图书馆营造校园经典文化氛围方式

各所学校图书馆组织的中华传统经典教育活动，主要可以分为主题活动、资源导读、课堂教育、网络新媒体等类型。在活动频率上，过半（63%）受访图书馆每学期举办 1~2 次活动，但也有部分（28%）受访图书馆不能做到每学期一次的活动频率。

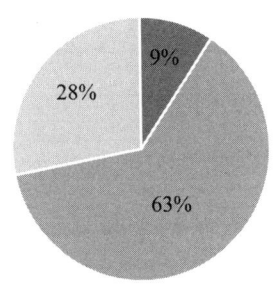

图 5-27　受访图书馆开展中华传统经典教育活动频次

在主题活动方面，有中华传统经典讲座、书展/摄影展/美术展、演讲比赛、中华传统经典阅读/知识竞答比赛、文学创作比赛、夏令营、冬令营/校外参观、戏剧节等形式。在中华传统经典导读方面，书目推荐是各个中小学图书馆最普遍的活动方式，此外，阅读技巧的培训、设立新书专栏和电子书单，也是一些学校的选择。与此同时，还有 7 所学校未开展过相关活动。

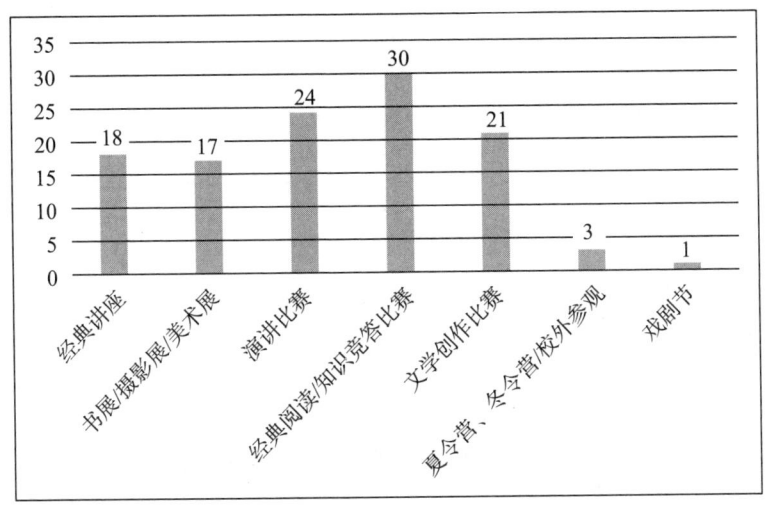

图 5-28　受访图书馆开展中华传统经典教育活动类型

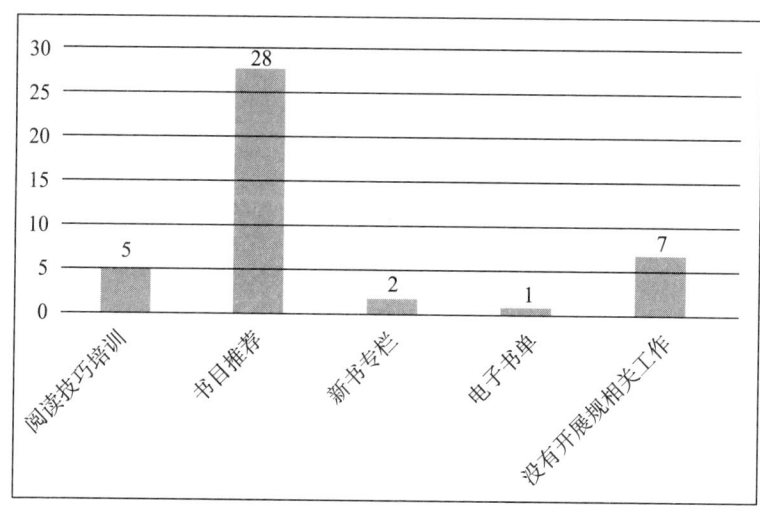

图 5-29　受访图书馆开展中华传统经典导读活动类型

在中华传统经典教育进课堂方面，有 30 所学校开设了专门的相关教育课程，占 67.8%。这些学校的图书馆，通常以课程顾问的身份参与到课程建设中（20 所），此外，也有少部分图书馆参与到了教材编撰和教师培训的过程中。有 2 所学校的课程完全由教学机构负责，图书馆未参与其中。

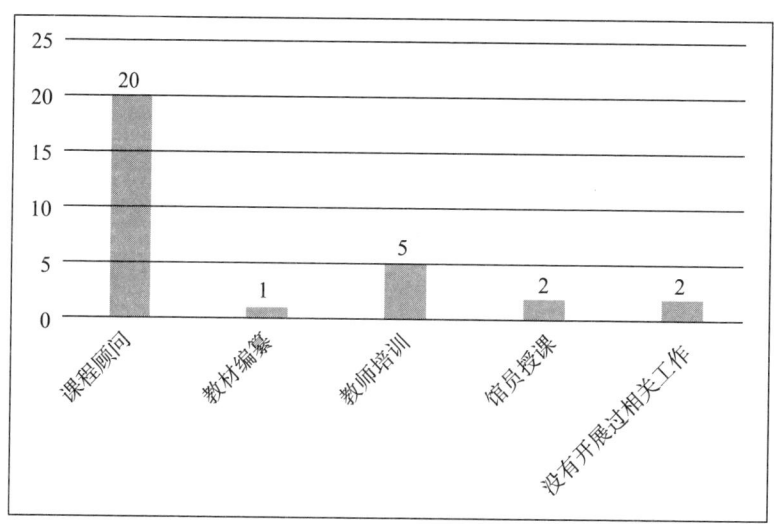

图 5-30　受访图书馆参与中华传统经典教育课程建设情况

在校园媒体宣传方面，有 23 所学校的图书馆通过该渠道开展了中华传统经典阅读推广活动。按照媒体平台进行划分，校园广播（21 所）、校园报纸（14所）、微信（12所）是各所图书馆较多采用的渠道,而网站、微博、QQ和移动图书馆app则鲜有采用。在宣传工作中,有15所图书馆利用自身优势对平台的负责团队/老师进行了培训,大部分图书馆并不直接建设和运营媒体平台。

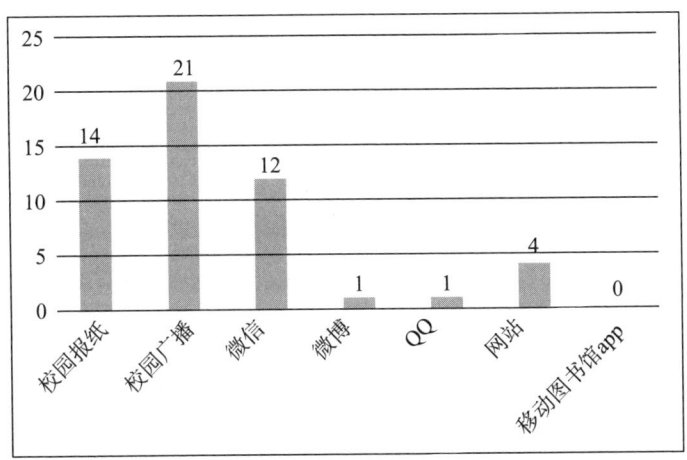

图5-31　受访图书馆利用校园媒体开展中华传统经典教育媒介

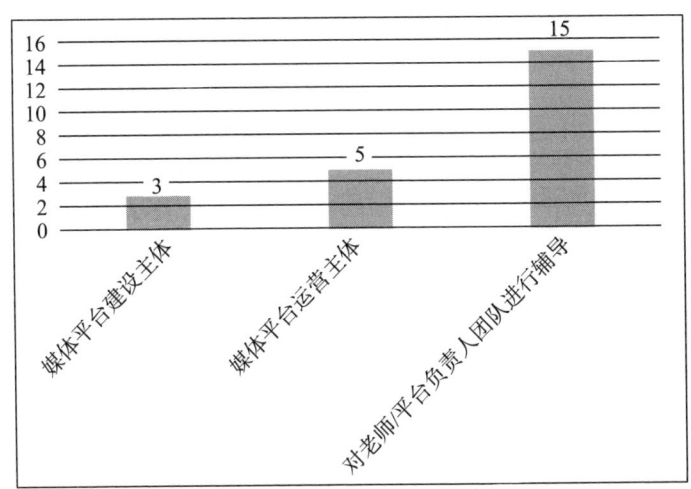

图5-32　受访图书馆利用校园媒体开展中华传统经典教育的形式

### （八）认知评价

在开展中华传统经典教育对提升学生能力的评价问题中,有97.7%的受访者认为能够提升学生对传统文化的认同感、学生的文学素养、道德修养，以及促进学生的全面发展，95.3%的受访者认为能够促进学生传承中华民族优秀的传统文化，90.7%的受访者认为能够提升学生的学习成绩，只有81.4%的受访者认为中华传统经典教育能够提升学生的智力水平，比例最低。用1到5表示受访者对于中华传统经典教育提升学生能力的认可度，由完全没有帮助到非常有帮助，最终的认可度得分为4.532，受访者整体上较为认可开展中华传统经典教育对学生成长发展的促进意义。

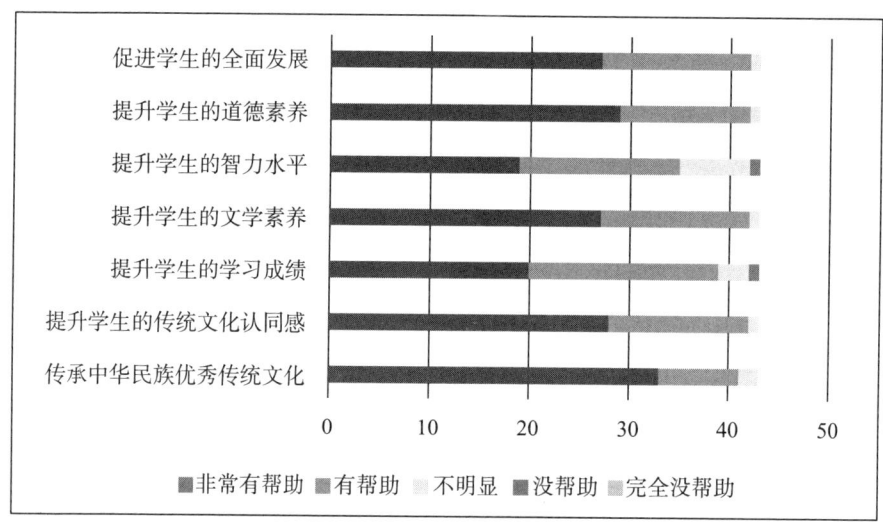

图5-33 受访图书馆员对于中华传统经典教育认知评价

在对所在学校图书馆开展中华传统经典教育情况的评价问题中，认为在经费、馆藏、管理制度、学生覆盖率、馆员素养、新媒体使用、数字化等方面的工作现状一般或者仍有提升空间的比例分别为：41.9%、41.9%、51.2%、44.2%、46.5%、57.1%和62.8%，结合前述分析，可以发现，现阶段中小学图书馆在借助新媒体宣传以及传统经典资源数字化两方面的工作，还有较大的提升空间。用1到5表示受访者对于本校图书馆中华传统经典教育工作的认可度，非常不满意到非常满意，43位受访者对于本校图书馆在中华传统经典教育工作发挥作用的充分性最终评分为3.512，对总体工作的满意度评分为3.651，二者均有较大的提升空间。

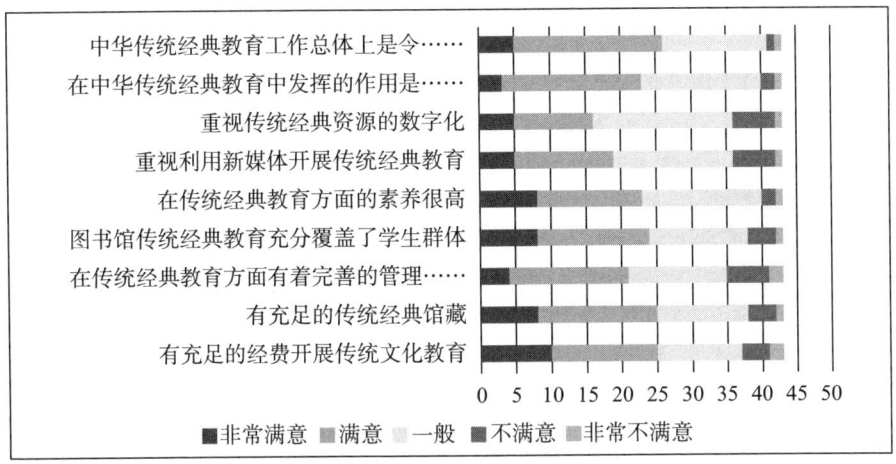

图 5-34　受访馆员对于本校图书馆中华传统经典教育认知评价

## 四、中小学图书馆开展中华传统经典教育存在的问题

### （一）馆员素养及培训工作有待提高

馆员作为中小学图书馆开展相关活动的最主要力量，其基本素养与工作能力直接影响到活动的策划质量与实施效果。因此，选拔培养一支具有相关专业知识背景、较强的工作能力和职业素养的馆员队伍就显得十分重要。但是受调查的 43 所中小学图书馆中，存在着各种各样的问题。一些学校在制订人事工作计划时未能给予图书馆足够的重视，仅有一人的编制，而且还存在着学校教师兼职担任图书馆馆员的情况。没有固定的编制也就意味着缺少较为稳定的工作保障，这会在一定程度上影响相关人员的工作积极性与工作效率。此外，图书馆馆员专业背景与中华传统经典教育无关、缺少定期的工作技能培训的问题也较为普遍，这就使得馆员队伍无论是在自身已有专业知识还是后期进修提升方面，都无法得到很好的保障。为了进一步提升中小学图书馆中华传统经典教育工作的质量，馆员的专业素养和培训工作亟须加强。

### （二）缺乏对中华传统经典教育工作的完善管理考核机制

调研数据显示，60% 以上的中小学图书馆尚未形成完善的管理考核制度，近三成中小学图书馆并未对中华传统经典教育展开考核。我国大多数中小学图书馆缺乏专业队伍和核心团队，加上相关经验的缺乏，导致对图书馆中华传统经典教育工作制定规章和考核规则的能力有限。与此同时，专职教师较少、与升学无直接挂钩、家庭重视不足等因素也使得制度化管理的难度较大。

在管理考核的指标方面，活动的次数、参与的人数等直观数据仍是最为常用的指标。针对学生文化素养、综合能力的提升，以及社会影响和家庭促进等更深层次的指标，该如何细化评定标准，是当前我国中小学图书馆亟须解决的问题。

### （三）传统经典资源质量和数量有待提升

丰富的传统经典资源是中小学图书馆开展相关教育活动的基础和支撑，如果缺少了最根本的资源，举办种类再多、内容再丰富的活动，也无法最终切实实现在中小学生中传播经典的目的，只是纸上谈兵。在本次调查中，43所中小学图书馆在馆藏数量上有较大的差异，部分图书馆的馆藏资源不足万册，还有一部分图书馆的馆藏资源里，传统经典图书的占比不足20%，这反映出当前中小学图书馆在传统经典馆藏资源建设方面还有一定的提升空间。而在数字资源建设方面，情况则更为糟糕。超过一半的学校目前还没有传统经典相关的电子资源，已有的资源也较为集中在传统经典电子书和诵读音视频等类型，内容相对单一，缺少特色数据库，这与当下互联网信息技术的快速发展、数字图书馆建设的如火如荼形成了鲜明的对比，建立内容丰富、形式多样的电子资源，才能够更好地拓展中小学图书馆的服务空间，推出更多有吸引力的教育活动。

### （四）主题教育活动数量与质量不高

受访中小学图书馆举办中华传统经典教育活动的次数集中在每学期1~2次，90%以上的图书馆次数都达不到3次及以上。活动的次数是中华传统经典阅读推广的基础数据，在活动数量不足的情况下，我国中小学图书馆的中华传统经典教育的覆盖面、影响力和持续效果都难以得到有效保障。

在活动形式方面，主题活动集中在阅读比赛、演讲比赛、文学创作比赛、中华传统经典讲座等，中华传统经典导读的形式则是更集中为书目推荐，较少有学校能对多种活动形式进行全面涵盖或形成具有品牌特色的新颖活动。在新媒体的利用方面，各校图书馆还有待进一步发展，微信、微博、网站的运营工作都还较为薄弱。

**（五）参与中华传统经典教育课程建设不够深入**

开设中华传统经典相关的课程，是中小学图书馆"主动出击"开展中华传统经典教育的有效方式。通过课堂教授，能够有计划、全面系统地将传统经典相关的知识内容传达给中小学生，也能够结合课程考核的方式，获得教育效果的反馈，为后续其他活动的开展做参考。从调查结果来看，现阶段中小学图书馆参与相关课程建设的程度还不够深入。部分学校至今仍未开设相关课程，在已经开设的学校里，图书馆大多以课程顾问的身份参与其中，很少直接参与课程教学内容的设计、教材的编撰和教师的培训，其在开展中华传统经典教育方面的优势并没有得到充分发挥，也将课堂教学与其他第二课堂开展的此类教育活动割裂开，无法实现课上课下联动、全过程育人的效果。

**（六）中华传统经典教育活动参与力量单一**

中小学图书馆因为自身所处环境、社会影响力、拥有资金人力等各方面的因素，在开展中华传统经典教育活动时会受到一定的制约，要想打通壁垒，取得更好的效果，就要与其他社会力量合作，丰富主体力量。本次参与调查的43所中小学图书馆中，仅有少部分学校与本地区的公共图书馆或中小学图书馆开展过中华传统经典教育相关的合作，且在合作方式上，主要是合作举办活动与经费资金支持两类，合作方式也较为单一。如果这些图书馆不能够勇敢地打开校门，以更加开放的态度迎接社会力量加入校园中华传统经典教育的活动中，就相当于错失了更加丰富的人才资源、更加专业的组织方式、更加新颖的运营方式；而且也不能通过多校联动，开展更大范围的教育活动。家校互动方面，现阶段家长更多地只是以通过监督学生阅读效果的方式参与，在事前设计策划、事中组织参与等方面参与程度不够。未来，各中小学图书馆可以在开放合作、丰富活动参与力量方面多下功夫。

中小学图书馆处于校园之中，可以直接参与到一线的校园学生活动和课程设计之中，具有在校园开展中华传统经典教育的独特优势。本章首先从理论与实践两方面阐述了中小学图书馆开展中华传统经典教育的意义，然后探讨其开展中华传统经典教育的优势、定位、方式，并以阅读推广为例，详细剖析中小学图书馆在中华传统经典教育中的作用。此外，本章还使用问卷调查的研究方法，针对中小学图书馆中华传统经典馆藏资源建设情况、开展教育活动的形式与频率、考核评价情况，以及馆员对相关活动的认可度评价等方面进行调研。从调研结果上看，本章总结出馆员素养、管理考核、主题教育活动、主题教育课程等方面的问题。在前几章的基础上，本章的理论与实证研究有助于更深层次理解我国中小学中华传统经典教育的现状。

# 第六章 中小学中华传统经典教育的问题与完善路径

基于文献及理论、历史和实证角度的探讨与分析，笔者对中国中小学中华传统经典教育进行了研究。基于这些研究，可以发现中华传统经典教育与社会发展各因素之间有着深刻的联系，中华传统经典教育作为一种社会活动和精神活动，其模式和范围受到政治、经济、社会、文化等多方面因素的影响和制约，同样中华传统经典教育也会影响和促进上述各种社会因素的发展，并产生重要的意义，对这些联系的阐述，有利于为中华传统经典教育未来的发展找准方向。在中华传统经典教育与社会因素相互关系的探讨分析之上，笔者形成了针对教材及语文高考试卷、中小学开展中华传统经典教育、中小学图书馆开展中华传统经典教育等多方面的完善路径、对策、方法与建议。

## 第一节 中华传统经典教育与社会因素相互关系的阐述

### 一、中华传统经典教育与政治环境

从政治环境和国家政策而言，我国稳定开放的良性政治发展为中华传统经典教育及经典阅读的发展提供良好的环境，政府主导的公共文化服务体系和基础教育改革为中华传统经典教育和阅读提供了直接动力。

"全民阅读"多次被写入政府工作报告,《中华人民共和国国民经济和社会发展第十三个五年规划纲要》要求"推动全民阅读",并将全民阅读工程列为"十三五"时期文化重大工程之一,2016年12月,中华人民共和国发布的《公共文化服务保障法》也对促进全民阅读起到了重要的作用。对中华传统经典教育影响最为直接的政策是2017年1月中共中央办公厅、国务院办公厅联合印发的《关于实施中华优秀传统文化传承发展工程的意见》以及2018年9月25日教育部、国家语委印发的《中华经典诵读工程实施方案》,无论是国家阅读推广的政策,还是中华传统文化传承方案的实施,都对中华传统经典教育的大力推行起到了积极的促进作用,提供了国家政策上的保障。在稳定的政治环境中推进中华传统经典教育,是为了创造文化精英的社会而施加的政治强制手段,这种手段"能够提高人们的文化素养,增进人们对语言、经济地位和社会身份控制的渴望"[1],从而进一步促进社会的发展。

从传统经典及中华传统经典教育作为工具的角度而言,书籍、阅读、教育曾长期被作为一个人的社会地位和政治权力的标志。书籍被看作是政治斗争的软利器,"它们是匠人的产品、经济交换的物、观念之舟以及政治和宗教冲突的要素"[2]。传统经典作为物质本身,能够在历朝历代政治的腥风血雨中留存下来,就已经被打上了政治意识形态的烙印,更何况有学者认为"所有文献都是政治性的,并且都会影响读者的政治意识"[3],又如同克罗齐所说"一切历史都是当代史"。语文教材中传统经典内容的选编本身就是国家对传统经典内容控制和影响的结果,是国家意志的表达,合适的政治观、价值观、世界观、人生观通过传统经典传递

---

[1] Harris T L, Hodges R E. The Literacy: The Vocabulary of Reading and Writing [M]. Newark: International Reading Association, 1995: 190.
[2] [美] 罗伯特·达恩顿. 启蒙运动的生意——《百科全书》出版史(1775–1800)[M]. 叶桐, 顾航, 译. 北京: 生活·新知·读书三联书店, 2005: 1.
[3] 李仁渊. 阅读的课题与观点: 实践、过程、效应 [C] // 复旦大学历史系. 新文化史与中国近代史研究. 上海: 上海古籍出版社, 2009: 254.

## 第六章 中小学中华传统经典教育的问题与完善路径

给中小学生,以此来培养中小学生的现代政治素养,中小学生成为政治人后,会以此为政治判断参与到政治活动中,塑造现代政治文明。

中华传统经典教育影响着国家治理和政治发展。只要有社会的存在,中华传统经典教育的政治属性就不可能消亡,因为单从教育的属性而言,教育其中的一面就是政治和意识形态的教育,是政治理想信念的教育。在中华传统经典教育中可以最大限度地保证审美的纯粹性,但不可能完全脱离政治属性。中华传统经典教育将正确的政治意识传递给人们,培训人们政治参与方面的技能,经典教育对政治的影响的论述古已有之,正如司马光在《进资治通鉴表》中说可以通过研读《资治通鉴》"监(鉴)前世之兴衰,考当今之得失,嘉善矜恶,取是舍非,足以懋稽古之盛德,跻无前之至治"[1],这就是中国文化中自古以来"以史为鉴可以知兴替"的思想。又如美国学者加布里埃尔·A.阿尔蒙德(Gabriel A. Almond)和西德尼·维巴(Sidney Verba)在对英国、美国、德国、意大利和墨西哥五个国家五千名居民的基本政治态度进行大规模抽样调查和分析比较的基础上写成的《公民文化》指出"人们有可能通过教育来传播民主参与和民主责任的明确规范",并得出"教育水平对政治态度拥有最重要的人口统计上的影响,教育水平不同的人有着不同的政治行为"[2]的结论。个人政治能力的提升为实现政治现代化而贡献力量,政治的发展又为经典教育的发展提供更为稳定的政治环境和政策保障。

## 二、中华传统经典教育与经济发展

中华传统经典教育作为一种社会活动,它与经济相互作用产生的关

---

[1] 司马光.进资治通鉴表[EB/OL].(2013-08-21)[2020-03-19].https://www.douban.com/group/topic/42800075.
[2] [美]加布里埃尔·A.阿尔蒙德,西德尼·维巴.公民文化——五个国家的政治态度和民主制[M].徐湘林,等,译.北京:东方出版社,2008:338-345.

系就是教育经济学特征，即经济作为物质基础和条件保障满足中华传统经典教育的开展，个人和社会受中华传统经典教育后而产生的个人收益（经济收益、个人提升）与社会收益（社会稳定、经济发展）呈正相关关系。史蒂文·罗杰·费希尔（Steven Roger Fischer）曾对这种相互关系做过描述："哪里有财富，哪里就有教育，哪里有教育，哪里就有更高的识字水平，哪里有更高的识字水平，哪里就有人类各项事业的发展进步。"[1] 在中国，历来就有"耕读传家""书香世家"的说法，"耕读传家"是经济收入较为稳定的富裕农民家庭的一种生活方式，"书香世家"往往通过家庭藏书、自设家塾教育子弟来保持家学门第之传统。在欧洲阅读史上，阅读长期作为贵族特权而存在。古今中外，我们能够掌握到的一个规律就是优厚的经济条件支撑了个人的学习环境，也只有优厚的经济条件才能支撑地方公共文化事业的发展，经济发达的地区不仅能够完成中华传统经典教育的基本内容，而且无论从个人、家庭、学校、社会等多个层面都为中小学生扩展中华传统经典教育的范围、完善教育的效果提供了更多的可能。

在经济学领域，作为消费的教育被看作是人力资本投资。早在亚当·斯密（Adam Smith）时期，他就已经把一个国家全体民众后天所获得的有用的能力看作资本的组成部分。当今社会，一个人是否拥有资本在于其是否掌握了具有经济价值的知识和技能，这种知识和技能在很大程度上是教育在人力资本投资中起到的作用，它们与其他人力投资结合在一起是一个国家的经济动态增长和科技进步的重要原因。[2] 基于人力资本投资的理论，我们可以从国家经济发展与阅读之间的关系中得到更多的印证。一个国家拥有良好的经济状态和较强的综合国力，这个国家通常具有较高的社会阅读率，国民具有较强的读书能力。由世界知识产

---

[1] [新西兰]史蒂文·罗杰·费希尔.阅读的历史[M].李瑞林,译.北京:商务印书馆,2009:234.

[2] [美]西奥多·W.舒尔茨.人力资本投资－教育和研究的作用[M].蒋斌,张蘅,译.王璐,校.北京:商务印书馆,1990:22-39.

## 第六章 中小学中华传统经典教育的问题与完善路径

权组织、康奈尔大学和欧洲工商管理学院共同发布的 2016 年全球创新指数中，排名前十的依次是瑞士、瑞典、英国、美国、芬兰、新加坡、爱尔兰、丹麦、荷兰、德国。前十强的排名基本稳定，瑞士连续六年名列第一，并且除了美国和新加坡，其余均为欧洲国家，北欧更是占了三席。王京生曾指出，国家创新能力和阅读息息相关，欧洲国家年人均读书量约为 16 本，北欧国家达到 24 本，国民阅读力决定了国家创新力。[①]读书能力被视为一个国家的软实力资本，国民读书能力强证明了高质量的教育水平，具体显示在培养的国民具有较强的信息处理能力和求知欲及上进心。20 世纪 80 年代，日本教育在学生精神方面的长期松懈，导致了通过读书完成自我塑造和成就已不再被青年认可，这直接表现为泡沫经济时期整个社会的浮躁。日本人力资本的减弱也直接导致了日本综合实力的下降。[②]

社会经济的可持续发展需要生产力的创造创新，创造创新来源于对精髓文化的传承、吸收、融合和再造，传统经典是精髓文化的载体，中华传统经典教育就是经济可持续发展的原动力。综上所述，中华传统经典教育与经济的相互作用关系体现在经济政策和经济状况是中华传统经典教育发展的前提条件，中华传统经典教育的发展反过来会影响经济发展的氛围和动力。

### 三、中华传统经典教育与社会环境

选择中国传统经典作为中小学生教育的重要内容，对于文化和社会的发展能够起到极为基础的作用。对于教育的文化选择，当代教育家鲁洁认为"它不仅涉及文化自身的发展和进步，更重要的是它将极大影响到社会的发展和进步，正确的、合理的文化选择必将大大加速社会的发

---

① 周燕妮，聂凌睿，马德静. 书香社会·全民阅读导论 [M]. 深圳：海天出版社，2017：2.
② [日] 斋藤孝. 阅读的力量 [M]. 武继平，译. 厦门：鹭江出版社，2016：8-9.

展，否则社会的发展必将受阻"①。传统经典作为中华精髓传统文化的载体，理应成为文化教育的首选，更应通过开展中华传统经典教育以推动社会的发展。正如张岱年先生所说："中国文化精神具有超越时空的普遍价值和时代意义"，"并对现代社会和现代生活继续产生着积极而深刻的影响"，"应视之为新文化建设的某种前提和基础，加以珍惜和弘扬"。②

中华传统经典教育是传承传统文化最有效的途径。中华传统文化所蕴含的哲理和民族精神通过中华传统经典教育为广大青少年所践行和传承，是传承传统文化、构建当下核心价值体系和精神家园的重要思想源泉。魏书生认为守护传统文化的教育就是为了个人和社会的发展。"个人的学习水平决定个人的能力水平、发展水平；不同人的学习，以及在学习内容上的不同，拉开了高尚的人与低级的人的距离。全体社会成员的学习水平，决定着社会发展的水平；全体社会成员学习内容的文明程度，决定着社会的文明程度"③。

中华传统经典教育可以有效提升国民素质，打造精神生产力，增强国家软实力。中华传统经典教育是提高国民素质的重要手段，正如王余光教授提倡经典阅读所说："阅读是人们接受教育、发展智力、获得知识信息的最根本途径，是关系到整个社会的文化品质和可持续发展的潜力问题。"④中国目前主要社会矛盾为"人民日益增长的美好生活需要和不平衡不充分的发展之间的矛盾"，这也集中体现在人们物质生活水平的提高，而精神生活方面无法满足人们的需求。中华传统经典教育可以促进社会生产，打造青少年群体的精神生产力，青少年群体是一个国家和社会发展进步的生力军，中华传统经典教育为青少年进入社会做了铺垫和准备，促使他们在政治、经济、社会全方面进行发展，促进这个社会

---

① 鲁洁.教育社会学[M].北京：人民教育出版社，1990：159.
② 张岱年.传统文化与现代化[J].北京大学学报（哲学社会科学版），1989（03）：5—6.
③ 魏书生，华一欣.守护传统常识[M].北京：中华书局，2013：41.
④ 王余光.阅读与经典同行[M].深圳：海天出版社，2013：9.

## 第六章 中小学中华传统经典教育的问题与完善路径

的物质文明与精神文明的高度协调发展。发展教育事业，造就和培养更多具有阅读能力的人是提高读书人口的数量和质量的有效途径，社会读书人口的数量和质量决定着文化生产力和文化消费水平[①]，通过中华传统经典教育达成精神与物质的协调，满足人们的发展需求，有利于解决中国目前阶段的主要社会矛盾，最终提高社会的总体文化水平和打造可持续发展能力。

中华传统经典教育有利于社会的稳定与和谐。伏尔泰曾经在评价中国儒家经典时表示，中国无须靠宗教即能治国。文化是群体的意志，文化具有社会性，所以文化的稳定发展与否必然会影响社会的稳定。梁漱溟先生在《中国文化要义》一书中也强调了儒家思想的教化功能，他认为中国人是以道德代替宗教。通过中华传统经典教育，让文化价值观念内化于心，外化于行，打造社会之大同，营造社会之和谐，中华传统经典教育之社会效益功莫大焉。阅读日益成为一种普遍的文化事实，制约着精神理念、价值信仰的代代相传和文明史的薪火相传，与政治体制、经济体系及社会结构一样，左右着一个社会整体的流行风尚和异类人群的行为方式。[②]《论语·雍也》中孔子说："君子博学于文，约之以礼，亦可以弗畔矣夫！"君子广博地学习历史文献，又以礼来约束自己，这样就可以不离经叛道了。1934年，《教育杂志》主编何炳松向全国教育界征询"读经"的意见。次年5月，《教育杂志》将收回的70余篇文章以专辑的形式推出。其中收录时任无锡国专校长唐文治的意见，唐文治说："窃维读经当提倡久矣！往者英人朱尔典与吾华博士严幼陵相友善，严尝以中国危亡为虑，朱曰：中国决不至亡。严询其故，朱曰：中国经书皆宝典也，发而读之，深入人心。基隆扁固，岂有灭亡之理？余谓朱说良然。吾国经书，不独可以固结民心，且可以涵养民性，和平民气，启

---

① 王余光，汪琴.关于阅读文化研究的几个问题[J].图书情报知识，2004（05）：3-7.
② 丁云亮.从媒介史看阅读文化的流变[J].廊坊师范学院学报（社会科学版），2011（3）：58.

发民智。故居今之世而欲救国，非读经不可。"[1]在唐文治看来，经书为国家的根基，可以团结人民、提高素质开发智慧，创造和谐社会。

我们当今的社会缺乏一个成体系的、人们可以和平共处的社会秩序，中华传统经典的教育意义就是让人们在现有的丰富的物质经济基础上建立起大家的共同认知，建立更良好的社会秩序，追求美好的精神世界。中华儿女生活在我们当下的社会环境中，是无法跳出中华传统文化圈的，所以我们要积极学习传统经典，通过中华传统经典教育，让中华儿女深刻认识自己的文化，弄清楚中华民族从哪里来、到哪里去的问题，进而能够做到改造中华文化。青少年可以从传统经典中来，到当下社会中去，将中华传统经典教育积累的涵养和知识技能用来进一步服务社会的进步和发展。普及科学知识，提高国民素质和社会文明程度，建设书香社会。

### 四、中华传统经典教育与个人发展

个体自出生就开始接触社会，通过实践活动获得后天的经验知识，并形成相应的技能和发展趋向性，达到一种新的发展状况。因此，个体发展水平既是个体发展的结果，也是个体进一步发展的资源和条件。发展是一个累积的、连续的过程，前面发展所积累的恰是后面进一步发展的基础，尤其是随着年龄的增长，个体发展的先天因素将逐渐失去作用，后天的发展则主要依靠个体积累的知识、经验、个体的能力水平。

中华传统经典的真善美对青少年个人的全面发展和个性化发展有着诸多益处。中华传统经典教育让青少年汲取了"真"的经验和知识，建构了"善"的价值观念，培养了"美"的视野和情操，进而对自身进行认知和态度的改进，探寻生命的意义和目标，明晰身份的定位，充分发挥自己在社会生活中的价值。

中华传统经典教育是个人获得知识的重要来源。毛泽东在《实践

---

[1] 龚鹏程. 读经有什么用：现代七十二位名家论学生读经之是与非[M]. 上海：上海人民出版社，2008：14.

# 中小学中华传统经典教育的问题与完善路径

论》中提到:"一切真知都是从直接经验发源的。但人不能事事直接经验,事实上多数的知识都是间接经验的东西,这就是一切古代的和外域的知识。"①传统经典是中华民族智慧的结晶,五千年华夏知识文明载于册,我们对经典的学习就是将历史的经验、他人的经验内化为个人的经验,升华个人的经验。

中华传统经典教育有利于个人智力进行有效的开发。中华传统经典教育需要开展朗诵、背诵,可以起到提高注意力的作用。中华传统经典教育可以培养人的阅读理解能力,正如施特劳斯在谈及自由教育时讲道:"只有经常地理解一些重要的事物,我们才能发挥自己的理解能力。"②

中华传统经典教育有利于完善个人的人格。卡尔维诺在《为什么读经典》中说:"阅读的目的不是为了记住它的内容,而是为了塑造我们的性格,以及赋予我们某种处理事情的经验,提供一种模式和手段,让我们知晓价值的衡量标准、美的范式。……我们就会重新发现那些现已构成我们内部机制的一部分恒定事物,尽管我们已回忆不起它们从哪里来。"③中华传统经典教育有利于人们树立正确的人生观和世界观,塑造个人完善的性格。《论语·为政》中孔子说:"《诗》三百,一言以蔽之,曰:'思无邪'。"

中华传统经典教育有利于个人气质的提升。相由心生,传统经典看多了,人会变得更加豁达、善良、厚道。将几千年的风风雨雨内化为自己的精神世界,人的心境会更加的平和、淡然,这种心境会由内而外地散发出来。经典对于个人气质的提升是潜移默化的,"大量的经典阅读,是一份补充精神能量的高利息存款,……这笔存款不仅无形

---

① 毛泽东.实践论:论认识和实践的关系——知和行的关系[M]//毛泽东.毛泽东选集(第1卷).北京:人民出版社,2006:288.
② [德]列奥·施特劳斯.一行,译.魏朝勇,校.什么是自由教育[C]//刘小枫,陈少明.古典传统与自由教育.北京:华夏出版社,2005:2-8.
③ [意]伊塔洛·卡尔维诺.为什么读经典[M].黄灿然,李桂蜜,译.南京:译林出版社,2006:1-9.

地存到头脑的银行里,也有意识地存到我们的心灵和精神世界里了。文化一旦在心灵和精神世界里安顿之后,就成为了一生幸福的升值性储蓄"①。

通过中华传统经典教育青少年获得的知识和技能,以及人格的完善,是对个人人力资本的投资,直接或间接带来个人将来收益的增长。此正相关关系在世界范围内,得到了很多实证研究的支持。②这一点与上文所提到的中华传统经典教育与经济发展的正相关关系是一致的。人力资本理论普遍认为,通过接受教育,一个人可以获得更多的知识和技能,当受教育者进入劳动力市场成为劳动者后,通过教育获得的知识和技能就可以提高劳动者在工作中的劳动生产率,而较高的劳动生产率就会带来较高的经济收入。

王余光先生将中华传统经典教育对于个人的作用归纳为三点:第一点,学习传统经典,是对中国传统文化继承的努力;第二点,有助于提升个人的语言和表达能力,对个人的时间观念、价值观念的形成有帮助;第三点,他借用了一个美国学者的观点,经典学习是一个人成为这个民族精英的工具,经典学习是成为精英必要条件。③中华传统一直注重对个人全面的培养,《礼记·大学》中古人所说的"格致诚正修齐治平"不仅是对个人培养的目标,也是中国传统的道德理想,这其中道出了中华传统经典教育对于个人意义之真谛。

**五、中华传统经典教育有利于唤醒青少年群体的文化自觉和身份认同**

中华传统经典教育就是以文教化,有利于民族传统文化的传承,思维方式的培养,是一种文化选择的教育,有利于促进文化的融合和

---

① 陶继新,王崧舟.语文的文化品格[M].北京:中华书局,2014:3.
② 闵维方,等.教育投入,资源配置与人力资本收益——中国教育与人力资源问题研究[M].北京:经济科学出版社,2009:393-501.
③ 钱文忠,马瑞芳,等.中国的经典,经典的中国[M].武汉:武汉出版社,2009:109.

创造。①

梁启超在为中国学人编制《最低限度之必读书目》时就提出了中国学生不读经典不能称之为中国学人的看法，并指出："好文学是涵养情趣的工具，做一个民族的分子，总须对于本民族的好文学十分领略，能熟读成诵，才在我们的'下意识'里头，得着根柢，不知不觉会'发酵'。有益身心的圣哲格言，一部分久已在我们全社会上形成共同意识，我们既做这社会的分子，总要彻底了解他，才不至和共同意识生隔阂；一方面我们应事接物时候，常常仗他给我们的光明。"梁启超认为人们应该将经典熟读成诵，让经典在人们的意识中生根发芽，才不会脱离人们共同生活的社会意识，这也就是让人们从经典中寻找民族的"根"，有了根，才能有中华之精神。这段话中所蕴含的深意，值得当今社会和教育界深刻反思。

为解决文化危机所带来的困境，费孝通先生在1997年提出了"文化自觉"这一概念，所谓"文化自觉"是指生活在一定文化中的人对其文化的"自知之明"，明白它的来历，形成过程，在生活各方面所起的作用，也就是它的意义和所受其他文化的影响及发展的方向，不带有任何"文化回归"的意思，不是要"复旧"，但同时也不主张"西化"或"全面他化"。自知之明是为了加强对文化转型发展的自主能力，取得决定适应新环境、新时代文化选择的自主地位。费孝通先生认为文化自觉是一个艰巨的过程：首先要认识自己的文化，根据其对新环境的适应力决定取舍；其次是理解所接触的文化，取其精华，去其糟粕，加以吸收。②

费孝通先生在回想自己教育经历时，说自己受父亲的影响，自幼接受的是新学的教育，缺少了国学教育，造成自己国学底子不深，从而不容易体会到深处的真正的东西。费孝通先生通过自己的经历，劝诫年轻

---

① 全国十二所重点师范大学联合编写. 教育学基础［M］. 第三版. 教育科学出版社, 2017：30-64.
② 费孝通. 文化与文化自觉［M］. 北京：群言出版社, 2016：182.

## 基础教育中的经典教育

人要加强补充中华传统文化经典的教育与学习，因为其深刻地意识到中华传统文化对人的身份归属性的重要意义，有利于年轻人接住上一代的好东西，发扬下一代的新精神，从而找准自己的位置。[①] 中华民族的共同体之所以能够作为共同体而存在，是因为有着主观的文化认同，这种认同意识比语言、风俗、社会组织制度要更为稳固，中华传统经典教育的目的就是为了通过人们对传统文化重新进行社会性和历史性的认识，进而加强人们的主观认同，是价值观、世界观、人生观的认同，这种认同是一个民族的文化核心。通过中华传统经典教育让中小学生知道自己从哪里来，到哪里去，在多元的文化世界中产生文化自觉，加强身份认同。费孝通认为，文化自觉是要在全球化文化融合的大背景下，做到"知己知彼"，从了解他人的过程中更加清晰自己的优势和缺陷，通过博采众长进一步加强自身文化的自主能力和自主地位。

甘阳在论述大学开展通识教育的重要性时就提出，作为中国精英的大学生，首先要通过阅读中国传统经典实现文化自觉，要以中国文明和中国经典作为核心课，让本科生从大一开始就进入经典文本阅读。[②]

在中小学教育中通过中华传统经典教育来强调身份认同的意义，是因为中国在近百年现代化变革中，我们对传统的批判虽然为现代性的发生创造了很好的社会环境，但也让人们和传统文化之间产生了距离甚至是裂痕。在当今青少年群体中流露出的政治无意识是身份的迷茫，不知道自己的"根"在哪里，处于一种漂浮不定的身份游离状态，当他们吃着汉堡，手持一杯可乐或者咖啡，口中再操着几句洋文的时候，似乎就完成了自己的现代性想象。当他们对自己国家的传统节日、传统饮食嗤之以鼻的时候，似乎成就了他们的时尚和先进。中国人的身份和中国文化的滋养对他们来说无足轻重，民族和国家的概念在青少年群体中被淡化，这是我们传统文化教育长期缺位所造成的青少年群体的身份迷失。

---

① 费孝通. 文化与文化自觉 [M]. 北京：群言出版社，2016：233–237.
② 甘阳. 通三统 [M]. 北京：生活·读书·新知三联书店，2007：83.

## 第六章 中小学中华传统经典教育的问题与完善路径

在全球化的影响下，中华传统文化的缺位，加之外来文化的巨大影响以致可以"窒息单个国家的民族文化"[1]，使得青少年群体生活在一个选择混乱和支离破碎的文化环境之中，他们对自己的文化传统缺乏传承、认可、信任和赞美，而陷入了受"大众文化"所影响的审美意识形态和价值观中，导致他们很难在全球文化的融合中准确地找到自己的归属位置，身份认同无论是对文化的认同、社会的认同、自我的认同，最终都强调的是一种归属感。[2]青少年群体归宿感的丧失，会使其难以发挥自己的特色价值，使得文化身份认同变得模糊而不可靠。

关于身份认同缺失的问题，西方马克思主义学派有着深入全面的论述，他们认为这是受到了资本主义"美国化"文化的影响，是多元个体的泯灭。西方马克思主义关注文化和意识形态的研究，注重探讨文化在社会进程中的作用，以及文化和政治之间的内在关系，他们认为寻求人类的解放，离不开政治斗争，更离不开文化斗争。随着工业化和城市化的进程，以"美国化"为代表的消费娱乐文化影响着我们每一个人。在阿多诺（Theoder Wiesengrund Adormo）看来，"文化工业"流水线式生产的低俗文化商品，就是那些远离城市住在乡村的农民和受过高等教育的人也无法逃脱。[3]这种作为现代娱乐消遣体系的"文化工业"为大众提供了一种无脑的快乐。[4]"现代性"正是通过极为温和的方式对人们进行意识形态控制，让娱乐和消费成为人的理想而导致人们的个性化和政治想象力消失。米歇尔·福柯（Michel Foucault）通过"知识考古学"进一步揭示了"现代性"中知识和权力的关系，在福柯看来，"现代性"

---

[1] ［英］安东尼·吉登斯，［英］菲利普·萨顿. 社会学［M］. 赵旭东，等，译. 北京：北京大学出版社，2003：79.

[2] Lustig & Koster. Intercultural Competence：Interpersonal Communication Across Cultures［M］. University of Wisconsin：John Benjamins Publishing Company.2003.

[3] Cf. T. W. Adorno. The Cultural Industry：Selected Essays on Mass Culture［M］. London：Routledge.1991：160.

[4] M. Horkheimer and T. W. Adorno. Dialectic of Enlightenment［M］. Stanford：Stanford University Press. 2002：116.

代表着一整套的控制形式。通过知识和权力的合谋进行"人"的塑造和"主体"的构建。现代的权力技术将人进行改造，并对身体进行控制和干预，生产出符合生产要求的驯顺化身体。① 为了抵抗资本主义"现代性"所带来的影响，福柯在古希腊人"关切自身"的观念上提出了"生存美学"，即个体通过自己的力量，或者他人的帮助，进行身体实践以达到自我改变、实现升华的状态，塑造自己多样化和风格化的生命形态，创造一种崭新的文化生命。福柯在新政治观方面的理论探索，无疑为当下中国开展中华传统经典教育找到一种理论依据，经历百年现代性变革的中国社会，亟须打破模式化的发展形态，通过中华传统经典教育促进青少年群体文化自觉，实现人的生命的多样化呈现。

青少年的身份认同不仅是来自横向相对空间地域上的认同，更是来自纵向时间历史文化上的认同，国家在物理边界上为青少年创造的政治意识形态想象，不足以确立其身份概念，"一个国家若仅靠政治意识形态立国，那会是脆弱的"②。中国有着悠久的历史，并形成了独特的中华文明，中华传统经典教育所包含的中华优秀传统文化是促成青少年身份认同的关键因素和必要条件。"身份认同建立在共同的起源或共享的特点的认知基础之上，这些起源和特点是与另一个人或团体，或和一个理念，和建立在这个基础上的自然的圈子共同具有或共享的。"③ 中华传统文化就是中国青少年完成身份认同的共同起源和认知基础。

身份认同也是后殖民主义理论学派进行文化研究时经常使用的一个理论范畴，后殖民主义反对西方的文化霸权，提倡动态的文化身份观。后殖民主义学派能够给予我们的危机警示与西方马克思主义学派是相似的，随着全球化进程的加快和深入，西方文化给我国传统文化带来了巨

---

① M. Foucault. Discipline and Punish: The Birth of the Prison [M]. New York: Vintage.1979: 26.
② [美]塞缪尔·亨廷顿.我们是谁？美国国家特性面临的挑战[M].程克雄，译.北京：新华出版社，2005：281.
③ [英]斯图亚特·霍尔，保罗·杜盖伊.文化身份问题研究[M].庞璃，译.开封：河南大学出版社，2010：3.

## 第六章 中小学中华传统经典教育的问题与完善路径

大的冲击，西方发达国家企图通过对落后国家进行文化渗透，使他国接受其价值观和意识形态，以达到其政治目的。后殖民主义学派提倡的动态文化身份，给了我们更多启示，文化身份认同是逐渐形成的，处于不断流动的建构与调整过程中，我们要注意将以传统文化为核心的民族精神与现代化为核心的时代精神相结合来完成文化身份认同。

工业文明的发展和"大众文化"的渗透不仅给中国带来了巨大的影响，西方的社会发展和文化形态同样遭受着冲击。《伟大的书》的作者大卫·丹比作为媒体人发现了自身的知识危机而重回哥伦比亚大学选修"文学人文"与"当代文明"两门课，重拾西方经典。他由于自己在信息瞬息万变的时代却得不到充分的信息而感到焦虑，他急于找回自我，他感慨道："我拥有信息，但没有知识"，"严肃的阅读或许是一种结束媒体生活对我的同化的办法，一种找回我的世界的办法"，大卫·丹比选修的上述两门课程，哥伦比亚大学早在20世纪初就已开设并规定为本科生必修课程，他在谈及母校为何开设这样的课程时说："学校很清楚地知道，消费主义和平庸趣味的污染从来没有远离过这些经典著作名单。学校试图通过组织和教授这两门课的方式去除这种污染。首先，阅读常常是艰涩的，对当代的学生来说尤其如此。这是对西方传统的极度尊崇，而且校方坚持认为它是必要的。……它们应该成为每个人的教养的一部分"[①]，经典的意义就在于帮助青少年去除污染，重拾教养，找回自我。

纵观文化自觉和身份认同的内涵，其目的是为了在全球化的进程中，各种文化发生交流和碰撞时，"加强对文化转型、文化取舍、文化选择和文化改造的自主能力"[②]。在新的环境和时代，我们要坚守中华优秀传统文化，汲取其中价值精神来消除现代化带来的不良影响，同时也要融入西方科学精神来促进我们良性社会的发展。

---

① [美] 大卫·丹比. 伟大的书：我与西方世界不朽作家的历险记 [M]. 曹雅学, 译. 南京：江苏人民出版社，1998.
② 刘曙光. 全球化与文化自觉 [J]. 山西大学学报（哲学社会科学版），2002（05）：41-45.

综上所述，从宏观视角而言，中华传统经典教育是国家实现文化强国与中华民族伟大复兴中国梦的战略需要；是社会文化发展与精神文明塑造的需要；是推动图书馆事业与出版业发展的源泉。从微观视角而言，中华传统经典教育能够促进读者精准有效地获取知识精华；能够帮助读者完善人格和提升自我修养。① 对中华传统经典教育的研究，以及对未来发展的探索，不仅是对国家层面上层建筑的建言献策，更是为了中华儿女的全面发展而深耕细作。

## 第二节 中华传统经典教育中教材及语文高考试卷的完善路径

教材是老师教育学生的大纲和根本，是学生学习的基础和方向，一套好的学习教材会为文化的传承和中华传统经典的练习起到至关重要的作用。基于对教材及语文高考试卷中华传统经典内容的调查分析，提三点思考与认识：

中华传统经典教育教材编辑队伍要专业权威。负责教材编辑的编者团队，一定要全面、权威，无论是男女比例，还是知识结构、年龄结构，都要考虑周详，这样的团队更容易碰撞出创新的火花，更会对经典进行坚守。

语文教材中中华传统经典内容的选择占比应加大。加大经典教育内容占用语文教材内容的比例，这是最直接有效开展经典教育的方式，事实证明，统编版语文教材已经开始响应国家政策并在中小学语文课本中大幅增加了经典内容，得到了教育界的广泛赞许。

语文考试中应加大中华传统经典内容分值以起到学习引导作用。加

---

① 李西宁，张岩. 图书馆经典阅读推广 [M]. 北京：朝华出版社，2015：15–17.

## 第六章 中小学中华传统经典教育的问题与完善路径

强应试对经典教育的指挥和引导作用,在中高考题目中更多设计经典内容,这将是经典教育更加有力的支撑点和动力源。无论是中考的改革还是高考的改革都将直接引起中小学教学的全面改革,有的学校先知先觉,有的学校则改革相对迟缓,通过改革将试卷上的阅读量逐渐增大,这就需要学生短时间内进行大量的信息提取,如果学生没有一个海量阅读的基础的话,他们的阅读理解能力很难进行提升。现在的语文试题多是阅读式的、情景式的,需要综合性、实践性的学习。例如,古诗词的默写不再像以前一样,出题上一句,让学生填写下一句,现在则更多给一个模拟场景,让学生根据场景来写诗句,这样答案就未必是固定答案,只要是符合场景的古诗词便可。

通过对现有语文教材和高考所含中华传统经典教育内容进行分析,对学生在当下中华传统经典的学习可加强三方面关注:

阅读能力的培养是将来学习的关键。从近年来教材和高考试卷的实证分析结果看,中小学教育的各个阶段对于学生阅读能力的要求越来越高。而这种阅读能力的培养,可以从小学开始,培养学生的认读、理解、感受和记诵能力,这些都是阅读能力形成的重要组成要素,缺一不可。例如,缺乏理解和感受能力,阅读将只流于字面;缺乏记诵能力,则会使得阅读缺乏积累,事倍功半。

通过加强传统经典训练促进个人全面发展。重视传统经典阅读的原因,不仅在于经典可以帮助我们扩展思考模式,丰富自身见识,而且还在于阅读经典时需要结合经典所在的历史背景来理解,这有助于更好地了解历史,从前人的经历中寻找我们当下解决问题、理解社会的方法论。

进行传统经典训练时要求稳求精。这一点可以从当下高考中对于传统经典的考察有所体现。现代人的生活节奏快,追求效率,很多中小学生学习经典的方式往往是先翻译成白话文,然后再在翻译的基础上来进行理解。然而,白话文所表达的含义和原文的含义往往存在一定的误差,特别是在感情的传递上,这使得这些学生在阅读经典时丧失了经典著作内在的某些精髓。中小学生应在权威教师和专家的指导下慎重选择经典训练书目，在精读中稳步进行传统训练。

## 第三节　中小学开展中华传统经典教育的对策

### 一、中华传统经典教育统一认识的形成需要长效机制保障

从国家层面而言，发布的相关政策性文件是对中华传统经典教育实施的有力保障。《关于实施中华优秀传统文化传承发展工程的意见》从重要意义、指导思想、基本原则、总体目标、主要内容、重点任务、组织实施和保障几方面进行阐述。《中华经典诵读工程实施方案》从总体要求、基本原则、重点任务、组织实施四大方面对诵读工程进行了具体规定。但是通过对中小学老师的访谈可以发现，56%的学校受访老师认真学习了相关政策文件，这些学校主要为东部地区学校和中部地区大部分学校及个别西部地区学校；17%的学校受访老师知道相关政策文件但不了解具体内容，27%的学校受访老师不知道有相关政策文件，不了解政策的学校主要为西部地区学校和个别中部地区学校。为了让教师能够全面了解国家政策，有的学校会把相关政策文件发到各个教研组，让老师进行详细的学习，并写出相应的心得和体会。但也有的地方存在文件传达延时的情况，有的学校表示，在国家文件出台半年以后，相关部门才将相关政策文件转至中小学。

不同地区中小学开展中华传统经典教育的情况和力度不同，虽全国呈现向善向好的发展趋势，但发展极不均衡，整体呈现自东向西教育水平和力度逐渐减弱的情况，东部地区和中部地区有的学校已经有了完整的中华传统经典教育体系，西部地区有的学校则还未正式起步。无论是

# 中小学中华传统经典教育的问题与完善路径

从问卷的调查数据结果，还是从访谈的情况来看，学校和老师都想把中华传统经典教育的工作做好，家长都想让孩子把中华传统经典学好、用好，学生也觉得学习经典是非常有长远意义的。但是他们全部面临一个实际的问题，这个问题就是上级和社会对中华传统经典教育认识和认可的问题，都担心把时间用在传统经典的学习上，不仅没有给自己的考核带来加分项，还可能会面临社会和家长的质疑，会影响实际的升学。面对这种现实情况，统一社会各界认识，形成有效推动中华传统经典教育的机制和制度就显得尤为重要。通过统一认识，让社会各界、各个阶层都能够充分认识到中华传统经典教育的重大意义，通过机制建设，指导中华传统经典教育工作的开展，通过制度进行教育保障。中华传统经典教育的有序有效开展离不开上级的有力指导，家长的理解配合，学生的内在需求。

地方政府部门应切实负起推动中华传统经典教育的责任。地方教育（语言文字）部门应根据国家要求，将中华传统经典教育工作摆上重要日程，列入重点教育工作事项，加强统筹规划，结合本地区实际情况制定具体措施，以确保此类教育顺利有效开展。据现实情况而言，有些学校教师开展中华传统经典教育"孤军奋战"的现象比较严重，这些热爱传统经典的老师无一不表示期望学校和教育部门重视此项工作，急盼学校和教育部门能对经典教育有政策支持和明确导向，愿意让老师花一些时间投入经典教育中去，并搭建相应的平台组织相应的活动让老师和学生进行展示和表现。通过访谈可以发现，不少老师表达了希望通过本研究能够引起相关部门重视的愿望，进而有助于学校做好中华传统经典教育。

地方政府和社会力量应加大政策宣传力度。通过各方宣传，加强学校、老师对于现行政策的深入了解，增强家长对于将来的教育改革方向的认识，树立学生学习传统经典、传承中华优秀传统文化的意识，在全社会营造"亲近经典、承续传统"的良好氛围，让中华传统经典教育和中华优秀传统文化的宣传四处可见，潜移默化地影响大众。特别是要加大对边远地区的政策宣传力度，加强方案落地，边远地区和发达地区的实际情况差异较大，面临的情况也更为复杂，他们缺乏家长的重视和更好的中华传统经典的学习环境和氛围。

　　结合本地区实际情况制定具体指导方案和标准。中华优秀传统文化源远流长，丰富浩瀚，相关部门应加强对相应课程设置、课程目标、课程范围、课程教材、考核标准的统一指导，形成配套的制度规范，让中华传统经典教育实施者可以找准方向，做到有纲可依、有本可教、有书可读地开展教育活动，进而让教学规范化，统一教师和家庭的认识，中华传统经典教育才会收到更好的效果，这对于教育薄弱地区尤为重要。

　　学校要加强制度保障确保中华传统经典教育有序开展。学校应出台相应的中华传统经典教育课程管理规定对课程、教材、评价考核方面进行支持。学校对中华传统经典教育有具体的政策支持，大家才会群策群力，才会有内容和形式的创新和发展。如果有制度的保障，就不容易出现因学校领导的更换而停止中华传统经典教育的进程。怀柔三小出台了《怀柔三小国学课程管理办法》，并在学期末进行"国学"纸笔测试，由语文学科主任根据学段特点和国学内容分年级统一拟卷，集中反馈国学学习效果，并将教师的教学效果纳入绩效考核。如果缺乏系统的评价机制，让古诗文的诵读仍停留在为考试而备，就会缺乏对传统经典的自发自觉的学习。河南省新乡市育才小学每个学期末由测评员进行抽测考试，测评员都是学校从高年级各班挑出的诵读精英进行赛前培训后上岗。这种方式不仅加深了经典学习，充分发挥学生身边的榜样力量，而且可以更加有效地激发学生经典学习的兴趣。贵州遵义航天高级中学的老师会通过写作模仿古诗词，并将有些作品发至校报进行鼓励表扬，开展经典阅读课程，通过期中和期末读书报告会等形式对学生进行经典学习考评。有些人认为中华传统经典教育的结果是没有办法进行量化考评的，因为他们认为中华传统经典教育更多的是对一个人品德修养的形成，个人能

# 第六章
## 中小学中华传统经典教育的问题与完善路径

力的提升。有的老师认为中华传统经典教育不宜进行量化考评，不能像应试教育一样功利化，这样才更能让学生和家长及老师接受，进而开展浸润式的中华传统经典教育。

为中华传统经典教育提供长期稳定的经费保障。《中华经典诵读工程实施方案》中有明确要求，"中华经典诵读工程作为中华优秀传统文化传承发展工程的重点项目、国家级工程，要加大中央财政经费支持力度，各地政府和相关部门应保障本地经典诵读工程实施的必要经费，同时积极引导和鼓励社会各方力量参与工程建设实施，献智献力，共同推动各项任务落到实处"[1]。根据访谈的情况可知，有的学校基本处于不支持的状态，为了开展中华传统经典教育，有的老师甚至自掏腰包；有的学校虽然不会设立专门经费进行列支，但遇到中华传统经典教育需要经费支出时会全力支持；情况最好的学校会划拨专门的中华传统经典教育经费列支相关费用，支出费用在全年经费支出占比从1%到10%不等，多数稳定在5%左右，最多的学校可以达到10%。没有经费支持，老师的参与度都非常低；有的学校没有专门经费，但会通过申请地方级"诗词校园"来获得经费支持。有了长期稳定的经费保障，才会打消教师们的后顾之忧，为中华传统经典教育的开展提供有力的基础。

加强家长对中华传统经典教育的重视程度。家长重视程度的不够或者对中华传统经典教育的模式不认同是阻碍教育开展的重要因素之一。广西某县小学老师在接受访谈时表示，大部分农村家庭教育中并不会将此类教育看得很重。贵州某高级中学虽然只有一个班级在班主任老师的大力倡导下在开展中华传统经典教育，但是得到了大多数家长和学生的支持，家长支持学生进行传统经典学习离不开语文老师对家长介绍中华传统经典教育的目的和长远意义，学生的积极参与离不开语文老师为学

---

[1] 教育部.教育部 国家语委关于印发《中华经典诵读工程实施方案》的通知[EB/OL].(2018–09–26)[2019–11–17]. http://www.moe.gov.cn/srcsite/A18/s3129/201809/t20180929_350445.html.

生进行全方位的讲解而激发出学生的阅读兴趣。家庭教育是一个孩子能够全面健康成长的非常关键的因素，一个学生的优秀，实际上也是家庭优秀的一个凸显点，父母是孩子的第一任老师，父母的引导和素质都会直接影响孩子。当然更重要的还是内因，还是在学生的本身，在于学生对传统经典及中华传统文化的认识和认可。

综合来说，中华传统经典教育要想形成统一认识，建立长效机制离不开政府和相关部门的引领和指导，离不开社会环境的影响，离不开学校的大力支持，也离不开家庭教育和学生的个人能力，这些都是能否有效开展中华传统经典教育的因素。只有形成统一认识，建立长效机制才会为中华传统经典教育的开展提供保障，才能达到预期的效果。

## 二、中华传统经典教育的形式应丰富多样

通过传统经典文本开展中华传统经典教育，被普遍认为是传承中华优秀传统文化有效直接、稳定方便、符合中小学生发展特征的方式，文化与文明的熏陶也理应通过正式正规的教育教学模式进行，对传统经典的学习是中华传统经典教育中最重要的板块。同时也可以通过更多的新技术手段和创新的活动方式来激发学生对传统经典学习的兴趣，如音频、视频、广播、电视等，多种方式结合会收到更好的效果，更有利于学生对传统经典的理解和记忆。另外，以传统节日为主的敬老、孝亲、爱国等优良习俗的传承也是优秀传统文化传承的方式。学生面对中华传统经典教育时，难免会出现两种情况：一种是相对功利化的学习，认为把更多的时间放在经典学习上会影响自己的整体成绩；另一种是因为接触少，从小没有经历经典训练，对于经典的学习会有畏难情绪，难以对经典产生兴趣。

中华传统经典教育在实施的过程中会受到教育基础、教育背景、教育环境、兴趣爱好、教育者的传统文化素养、认识态度等方面的制约。在这样的情况下，第一，根据不同的学段，设计开展的不同的教育形式，

## 第六章
### 中小学中华传统经典教育的问题与完善路径

要符合学生的认知能力；第二，要加强教师引导，进行传统经典导读，对传统经典进行解释，带领学生去理解经典。不同地区、不同学校会用不同的活动和形式进行中华传统经典教育，普遍使用的形式有"经典手抄报比赛""经典朗诵比赛""写汉字大赛""课本剧大赛""名句名篇默写大赛"等方式以赛促学；有的学校通过学生社团的力量开展社团活动促进中华传统经典教育的发展。

河南省新乡市一中初中部在开展中华传统经典教育活动时一个重要举措是一改其他学校单一的朗诵比赛的形式，开展了丰富多样的实践活动。如开展了以吟咏、讲解古典诗文为主要内容的项目课程——"采薇"，以中国汉字的源流演变为题材的项目作业——"探寻文字源"，以名著人物为载体的项目类群——"水浒英雄帖"，等等。每个活动都精心设计，有序展开，得到了师生的一致好评。[①]项目课程是指以项目为中心，选择、组织课程内容，并以完成项目为主要学习方式的课堂模式。为鼓励学生自主学习，激发学生学习的内动力，培养学生探究的兴趣，提升学生的创新意识，初中部自开展项目课程以来，已在探索中形成了符合各学科特点的项目课程，深受师生喜爱，颇得社会好评。项目课程围绕"采薇"展开。"采薇"最初的定义是指导学生搜集、整理、展示古诗词，引导学生亲近中华经典，诵读精美诗篇，感受诗歌魅力，培养人文情怀。后来在实践中，不断丰富着它的内涵，扩展着它的外延。由原来的诗歌范畴推广到字词展示、传统艺术展示、小剧场表演、手抄报评比等不同的形式和内容。学生能够使用的素材越来越广，呈现的艺术效果也越来越出彩。通过诗文的诵读、讲解、背景介绍、作者简介，还有现场互动，达到了寓教于乐的目的。

新乡市一中初中部还通过"项目类群"的方式将学生学习任务分成一个个模块，由教师组织，学生实施，实现高效参与的学习方式。新乡市一中初中部最先把项目类群用到了名著的阅读与欣赏上，这和教学大

---

① 2019年1月18日，对河南省新乡市一中初中部L老师的访谈。

纲中的名著阅读完美衔接。例如,他们选取了名著中人物众多的《西游记》和《水浒传》为蓝本,展开对人物的分析和推广。《水浒传》最突出的艺术成就表现在对文中英雄人物的塑造上,这些水浒英雄有血有肉,栩栩如生,形象分明,跃然纸上。他们的"水浒英雄帖"活动就是给学生设定具体适当的目标,让学生在整部小说乃至整个时代背景下去全方位地把握人物形象,探寻英雄的本质和要义,积极开展"水浒英雄帖"活动,目的就是要让学生们带着轻松愉悦的心情去翻阅经典,享受经典。

新乡市一中初中部还根据学生不同的特点,分年级开展中华传统经典教育活动,在初一年级举办以"乐读经典,悦享人生"为主题的中华经典传唱活动,旨在拉近学生与经典文学篇目的距离,提升学生的审美素养,同时培养学生的创造力和团结协作能力。在相对成熟的初二年级学生中开展"剧说经典,戏悟人生"的课本剧展演活动,同学们利用课余时间精心编排了精彩纷呈的课本剧表演。

长垣县第一初级中学开展中华传统经典教育时有"果实采摘诗词背诵比赛"这样一个特殊的活动,果实采摘诗词背诵比赛是该校学生最感兴趣的一个中华传统经典教育活动。每年秋天都有石榴采摘仪式、山楂采摘仪式,最为隆重的是初三年级的采杏仪式,杏于6月份成熟,伴随着初三学生毕业,学生群情激奋,在诗词背诵比赛中夺得优先采摘权的同学会把杏送给最敬爱的老师以表谢意,现场感、激励性较强,可以起到良好的教育效果。

贵州省遵义航天小学将上下课的铃声改成了小学生必背75首古诗词,每一星期更新播放两首,配上音乐通过吟唱的形式来表现这些古诗词,一首古诗词放上四五遍,有的学生就会唱了;集体编跳书香礼仪操,将《笠翁对韵》《诫子书》《千字文》进行节选汇编在一起,通过武术老师和舞蹈老师的编排,编成一套武术操让学生来做;还有在低年级将传统经典做成各种造型书签的活动,在高年级中将传统经典做成绘本漫画的活动。

## 三、中华传统经典教育应加强师资队伍建设

从整体从事中华传统经典教育的师资队伍情况而言，出现了专职化和兼职化两个方向，有的学校会聘请专业的老师负责中华传统经典教育课程，但是大多数的学校还是坚持兼职化的方向，让有意愿的老师齐上阵，有的学校有语文老师参与，同时也有历史老师、政治老师，还有地理老师讲解古代地理。不同的学校适合不同的模式，要根据自身的特点筹建中华传统经典教育教师队伍，但系统化培训是必不可少的。

缺乏统一系统的指导，这是学校和教师面临的统一困境，即使中华传统经典教育开展得很好的地区同样面临这样的问题，师资团队力量较强的学校也会觉得完全靠自己的力量会不成系统。通过统一系统性的理论和方法指导，让老师知道教什么、怎么教，让学生知道读什么、怎么读。目前中小学老师接触到大多数的培训更加侧重于教学方法，对于中华传统经典教育和中华传统文化方面的培训极少，缺乏对教师个人素养方面提升的培训。培训可以提升教师对传统经典的理解，培养自觉传承弘扬中华优秀传统文化的意识，培训还可以丰富教师关于中华传统经典教育的知识底蕴，丰富教学方法，提升教学效果，增进教师对传统经典的热爱，让老师对传统经典的理解更加深入，更加准确。

培训的开展一定要符合学校现有的师资力量和学生学情的实际，对教师的指导、教学方法的运用要有可操作性，才能起到提高教师中华传统经典教育能力的效果。有的学校主要开展教研组内部研讨培训，利用每周开展的教研活动进行交流；有的学校有意识地派送部分老师或者个别老师参加中华传统文化经典诵读的培训；有的地方是施行学区内龙头学校组织学区内部学校培训的方式。

北京市首师大附属红螺寺中学教师2019年全员参加了京师国学堂的培训。郑州四中每年暑期都会组织全体老师到名校教育学院接受培训，提升传统经典文化的水平、学习实施中华传统经典教育的先进理念和方

法，此外还安排语文组部分老师参加北京大学中华优秀传统文化在线研修班的学习。通过培训，这些教师不仅成为郑州四中中华传统经典教育队伍的主力，还带动了更多老师加入学习和宣讲的队伍中，形成了浓郁的学经典、讲经典的热潮。

## 四、中华传统经典教育应设立校本课程

校本课程的开发，往往会遇到时间不足、影响正常教学、无法融入正常教学体系的问题。每个学校都会存在教学任务重、时间紧的情况，但与此同时，几乎所有的受访人都认为中华传统经典教育的开展对提高学生的考试成绩是有益的。如何在校园内合适地开展中华传统经典教育校本课程，需要学校开展校本课题，进行教研教学和中华传统经典教育开展的融合及临界点研究，研究教学中指导学生有效阅读传统经典的策略及方法。

北京市北大附中每周利用例会的时间，让老师探讨传统经典课程，探索经典阅读的学习方法、反馈总结、评价方案，等等，并形成相应的研究课题。北京市怀柔五中开展"中国优秀传统文化在语文课上的教育实践研究"，研究目前初中语文课堂教学实践中已经渗透的传统文化知识点，以及还有哪些中华优秀传统文化相关点可以在哪个学段加进语文课堂，从而构建初中语文课堂上中华优秀传统文化传承体系，进而确定中华优秀传统文化教育培养目标，最后探讨与学生年龄特征和心理特征相适应的优秀传统文化教育方式和方法。湖南省湘潭小学组织老师开展"经典古诗词的层级教学"课题研究，以期能够找到针对不同年级的学生针对性的教学方法。湖南省浏阳市田家炳中学开展叫作"心力"的课题，研究学生成长环境、过程中的影响因素、心理等。这些研究都是在寻找中华传统经典教育的策略和方法，为校本课程的开展提供有效可操作的经验。

## 第六章
### 中小学中华传统经典教育的问题与完善路径

北京市北大附中实行走班选课的模式，博雅学院开设有《论语》《庄子》《史记》这样的传统经典书目专门阅读课程，也有唐诗宋词类的文学课程和专门的写作课程，并会开展诗歌节活动。高中的课程以学段为单元，每门课程2学分。学生在每个学段都需要有语文或专书类课程的选择。北京市怀柔五中依托《中华优秀传统文化》教材，学校安排利用每周的周二、周四第八节课的时间，七、八两个年级各学科老师通过刻录室的易捷直播系统上传统文化精品课。

河南省长垣县直实验小学以校本教材——《经典还需读中悟》为依托，实现了课程化和常态化。每周一上午的第一节为诵读课，语文老师领着学生学习本周的经典诵读内容。每周一、三、五的早读时间，学生也会复习经典诵读的内容，温故而知新。放学离校时，孩子们一边排着整齐的队伍，一边背诵着《弟子规》。学校为六年级每周增加了一节文学常识课，每周五的下午第一节，语文老师要为学生讲解文学常识或者国学经典，增加学生的知识积累。

贵州遵义很多学校没有统一的经典教育校本课程。贵州遵义航天高级中学，某一班级会设立专门的《诗经》专题课，对课本中没有的篇目进行拓展，分爱情专题、战争专题、生活劳作专题等进行专门的讲解，每个专题1~2个课时，通过这种方式让学生对《诗经》有更深入和全面的了解。开展专题选修课的还有广西南宁四中，为学生开设经典阅读类型的研究性学习选修课程，如"中国的隐逸文化探究""庄子选读"等。

有些学校是利用早上上课前的早读时间以及下午上课前的午读时间进行经典背诵，时间一般为10~15分钟。也有封闭式学校让学生利用三次排队打饭的时间进行传统经典的背诵，这种形式把学生零碎时间都给利用起来了，但这种形式更像是为了冲刺试卷的功利化突击背诵，不像真正的课堂，老师会带领学生进行详细的分析讲解，让学生能够深入传统经典，走进传统经典。

综合来看，大部分小学会在每周开展 1~2 节中华传统经典教育课程，初高中则主要在初一、高一每周开展一节中华传统经典教育课程，少部分会开展两节。也有河南某学校将每天晚自习的第三节课定为"名著大阅读"的情况。根据与多位中小学校长的讨论结果，校本课程最为理想的状态是每周两节课，一节课太少无法完成学习与巩固，多于两节课会打乱整体的教学计划。

## 五、中华传统经典教育应编写校本教材

以校本教材开展中华传统经典教育的中小学属于较少的一部分，基本拥有校本教材的学校都已经有了较为完善和成熟的中华传统经典教育模式和体系，没有校本教材的学校主要是因为精力和经费两方面的问题。教材的统一有利于解决不同老师对中华传统经典教育内容的选择和理解不同的问题。

有些学校直接选用市场上现有的教材。例如，有的小学使用育灵童教育研究院编著的《国学》，该套教材会配有视频、动图，涵盖的内容比较齐全，一、二年级主要学习传统蒙学的内容，从《弟子规》《三字经》《千字文》《笠翁对韵》中节选，三、四年级主要从《论语》《大学》《中庸》《孟子》中进行节选，五、六年级主要从《老子》《庄子》《史记》《资治通鉴》中节选并选择数篇文言文成册，适合不同年龄段学习，实用性较强。

有的学校使用散装教材。这种散装教材是为了节约成本，每过几个星期给学生发几页关于传统经典内容的小册子，但这种形式不利于学生保存，同样也不够系统。

校本教材的编写不是一朝一夕就能完成的，不仅会花费大量的人力财力，而且在编写的过程中，这些校本教材要符合学校自身特点和地域文化特征。

新乡市育才小学校本教材一年级诵读《三字经》，二年级背诵 70 首

## 第六章 中小学中华传统经典教育的问题与完善路径

古诗，三年级诵读《中华成语千字文》，四年级诵读历代优秀词40首，五年级背诵90首古诗词，六年级诵读60首优秀诗词古文，根据学生的年龄特点以及新乡地区的历史文化背景，学校又从《诗经·卫风》中选择了10首，要求四、五、六年级进行诵读。为了提高学生的诵读兴趣，还让音乐老师为每个年级每学期精选3~5首古诗词吟唱的内容，利用音乐课教给学生。让孩子们感受古诗词的音乐美，让孩子们感受古人吟诵诗词的魅力，并尝试着让孩子们掌握"平长仄短"的特点试着吟诵。

河南省长垣县直实验小学为了让中华传统经典教育更加规范，更便于操作，2014年10月，专门成立了以业务副校长、教导主任、教研组长为核心的课程开发小组，进行中华传统经典教育校本教材的研发工作。2015年3月，完成教材初稿，为了便于修改，学校把各年级的传统经典篇目以活页的形式印发给学生。为了丰富学生的知识积累，学校把传统经典诵读的内容从每周一篇增加为每周两篇，经过修订，校本教材于2017年3月完成，定名为《经典还需读中悟》。该教材按照由易到难的原则为学生编选出了适宜不同学段的传统经典内容，一、二年级低学段主要学习内容为《三字经》《弟子规》节选和经典古诗、童谣儿歌；三、四年级中学段主要学习内容为《千字文》《笠翁对韵》节选和唐诗宋词；五、六年级高学段主要内容为《论语》《诗经》《增广贤文》《道德经》节选和散文名篇。

贵州省贞丰二小成立了专门的课题组，《中华经典古诗文》三册，分低、中、高三个年级学段，参考考试大纲，其中涵盖考纲75篇。但是不完全依据考试大纲，还增加了一些当地特色内容。该校成立的编委会，收集了一些贞丰古城文化的元素，把它纳入校本教材，特别是纳入了古城文化里面的一些诗词，每个学段的校本教材都引进了5~6篇农耕文化的文章。在此教材的基础上，贞丰二小于2019年春季学期开始每周开设一节中华传统经典诵读课程。

## 六、中华传统经典教育应加强文化环境建设

环境对人的影响是潜移默化的，传统经典及中华优秀传统文化在校园环境中合理呈现，可以有效地影响学生对传统经典的认识。有些学校刻意将传统文化融入学校建设和环境布置中去，有的学校没有专门的设计，但是在文化墙、黑板报、楼宇布置古诗文名言警句，而有的学校对传统文化的内容完全没有呈现。

河南省长垣县第一初级中学在这方面的工作较为突出，一进学校大门即为"圣贤广场"。"蘧孔之交"（蘧伯玉与孔子）汉白玉雕塑矗立在广场中心，葱茏高大的迎客松映衬着，寓意学校全体师生每天都能沐浴着圣贤思想的光辉，修身立德，继往开来；雕塑的人物背景为古竹简造型，刻大篆字体，记录《论语》等典籍中有关蘧公与孔子的事迹、名言，古代书简与现代书卷造型的报告厅相映成趣，彰显历史文化的传承。东边有"源园"，"象形湖"位于园中心，其形似一只正在饮水的大象，在中国传统文化里，大象是瑞兽，"象"与"祥"谐音，古人说"太平有象"，寓意"吉祥如意""出将入相"，是和平、美好、幸福的象征；大象又是德兽，其力大无穷却性情温和，憨态可掬又诚实忠厚，且能负重远行，被视作吉祥、力量的象征；象形又使人想起河南的简称"豫"，即为人牵象之地；提到"象形"二字会让人想起象形文字，这是华夏民族智慧的结晶。沿湖雕栏刻古诗100首，大家在观赏"鱼戏莲叶间"的美景时，还可以受到古典诗歌的滋养；象形湖南岸有"不倦亭"，取义儒家经典《论语》中"学而不厌，诲人不倦"的光辉思想；再往南隔路有"爱莲池"，内植荷花，我们既可以赏荷花、闻荷香，领略古人"小荷才露尖尖角，早有蜻蜓立上头"和"映日荷花别样红"的诗歌意境，还可以想学习、思做人，学习古人"出淤泥而不染，濯清涟而不妖"的高洁品格，"爱莲池"形似"如意"，寓意吉祥如意，事事顺利；教学区、办公区、生活区交界处有"岁寒三友园"，内植松、竹、梅，松竹经冬不凋，梅则迎寒开放，是中国传统文化中高尚人格的象征，也借以比喻忠贞的友谊；七年级教学

院门口有《弟子规》展板，借以促成其习惯养成；八年级教学院门口有《劝学》篇，借以引导其磨炼意志；九年级教学院门口有《少年中国说》，借以激励其为理想而奋斗。寝室楼分别命名为松苑、柏苑、竹苑、梅苑、兰苑、菊苑，学生宿舍文化建设，学生自命名分别以"舍""苑""居""轩""坊"等富有古雅韵味的名字，等等，可见校园设计之用心。

校园的环境布置是硬件的环境建设，学校还可以通过校报、校刊、宣传栏、广播、新媒体平台等形式进行软环境建设，从而达到中华传统经典教育的全环节、全流程、全方位参与。

### 七、中华传统经典教育应加强社会资源整合

中小学可以充分整合身边的社会资源，加大合作力度，充分发挥各方力量，获得一加一大于二的效果，在理论与理念层面上，应加大与高校及研究院所的合作，在中华传统经典教育落地与实际操作层面应加大和企业的合作。中小学可以让政府官员、各学科骨干教师、学生家长参与到传统经典的领读和导读的过程中来，让就近高校的名人名家、资深学者、文化名家、诵读名人、书法名家到学校来开办讲座和实践课程，联合当地图书馆，加强社区的合作，引入当地媒体资源的宣传等方式。例如，北京大学青年研究中心与云舒写公司就共同成立了"经典诵读"志愿者联盟，天津图书馆开展的有经典诵读志愿者服务项目，等等，这些都是中小学可以寻找合作的资源。

中小学可以通过把社会上的资源都调动、吸收、利用起来，使之更好地为中小学的中华传统经典教育服务。北大附中通过与北京师范大学为代表的高校合作，进行"诗词吟唱"和"青春国学"方面的探索；与以中华书局为代表的出版企业进行传统经典阅读和推广普及方面的工作。北京田村街道某小学通过与社区联合开展课后 4：30 活动，让学生在社区活动中心进行传统经典的学习和传统文化的学习，并由社区提供专门的经费支持保障此类活动的开展。

河南省新乡市一中经常请高校知名专家到学校进行"经典教育"的专题报告，河南省新乡市第十中学则加强与当地教育电视台、读书协会、新华书店等部门的合作，特别是将新华书店引入校内，打造专门阅读分享空间，为名人专家到校开展读书交流提供韵味十足的场地。

河南省长垣县直实验小学则是与第三方合作企业联合开发中华传统经典教育资源来达到共赢的目的。该校与深圳市某公司一家为 K12 阶段学习提供音频内容、工具以及数据服务的教育科技公司合作，联合创作中华传统经典教育音视频资源，以该小学开发的校本教材为基础为公司提供内容支持，第三方公司提供朗诵读者和电子平台，合作完成的 app 数据资源免费供该小学师生使用。

# 第四节　中小学图书馆开展中华传统经典教育的方法与建议

## 一、中华传统经典教育要从需求出发制订实施计划

理论研究和制度设计是我国中小学图书馆开展中华传统经典阅读推广工作的基础。相关研究指出[1]，我国学者对中小学图书馆的研究在图书馆系列中的比重不到 0.5%，理论研究的缺失制约着中小学图书馆的实践发展。2008 年之后，我国中小学图书馆事业进入相对稳定的发展阶段，缺乏有关法律保障和建设标准成为阻碍事业进一步发展的主要原因。借鉴美国《不让一个孩子掉队法案》（No Child Left Behind Act，NCLB）、日本《少年儿童读书活动推进法》等经验，中小学图书馆阅读推广要从制度设计下手，在政策法规、方针策略、指导机构、组织协作等顶层设

---

[1] 李新晖. 中小学数字图书馆发展趋势与构建［J］. 中国现代教育装备，2015（10）：58-61.

计方面建立完善的推广体系。

  首先，顶层设计的出发点是中小学生的需求。中华传统经典阅读推广的目的是传承中华民族优秀传统文化、提升中小学生的德育情操，因此顶层设计要基于读者需求，从前期调研到中期设计再到政策实施，各个环节都要贴近中小学生。在框定经典阅读的阶段，要遵循"以人为本"的原则，既要充分考虑优秀传统文化的正确性要求，同时也要发挥中小学读者的主观能动性，推荐出既富有文化教育意义又能吸引读者阅读兴趣的传统经典书籍。在阅读推广阶段，要考虑不同读者、不同学校的实际条件，给予各中小学一定的自主权，以满足不同人员数量和经济条件图书馆的多样化发展。

  其次，要以时代背景为依托，结合传统文化复兴和媒体科技发展的时代潮流。近年来，传统文化越发受到关注，这是中小学图书馆中华传统经典阅读推广的良好背景，也是顶层制度设计的过程中需要考虑的机会。提倡传统文化、规范经典阅读，在当前时代下已然具备良好的社会认知基础。大数据条件下，对读者需求的把握可以更精准；数字媒体阅读不断发展，传统文本具备数字化的技术实现可能性；发力移动端成为核心趋势，移动阅读、线上阅读指导都能成为新的阅读推广发力点；智能化进程不断加速，对经典文本的筛选、推荐都可以向自动化和个性化发展。

  最后，顶层设计所包括的内容范围较为广泛，需要形成各层次紧密契合的制度体系。理论研究方面，要鼓励更多的学者关注中小学图书馆的发展趋势，通过科研项目、专题会议、主题论坛等形式号召更多的研究力量投入到经典阅读推广领域当中。政策制度方面，2015年5月教育部等颁布的《关于加强新时期中小学图书馆建设与应用工作的意见》，提出了新时期中小学图书馆建设的具体任务，并明确了工作目标，在"推进基础条件建设""确保馆藏资源质量""规范馆藏采购机制""不断提高信息化水平""充分发挥育人作用""带动书香社会建设"等六个方面提出了重点建设任务。2018年，教育部颁布的《中小学图书馆规程》第15条规定，图书馆要配合学科教师组织形式多样的读书活动，要开设阅读指导课，将阅读指导纳入学生的学习范围之内。政策的贯彻执行还需要建立完善的组织机构，中小学可以建立经典阅读指导委员会、学生阅读协会、学生读书小组等一系列的组织机构，围绕家校一体进行中华传统经典阅读推广。

## 二、树立中小学图书馆中华传统经典阅读品牌

丰富的馆藏是中小学图书馆开展中华传统经典阅读推广的必备条件，也是中小学图书馆的立馆之本。中华民族有着源远流长的历史，创造了无数的传统经典文本，中小学图书馆需要从各方面对传统经典阅读进行挖掘，不断丰富馆藏资源。在此过程中，要结合特色馆藏和典型阅读推广活动，形成中小学图书馆的特色阅读品牌，彰显地域特色、学校特色，最大限度地增强传统经典阅读推广活动的吸引力和影响力。

首先，要重视传统经典馆藏资源建设，因地制宜打造馆藏体系。中小学要加大对图书馆的经费支持，推动中小学图书馆形成有特色的经典馆藏。中小学图书馆的馆藏建设目标可以因地制宜，以科学体系为基础，以经典文本为重点，以本地特色为抓手，以历史文化资源为切入点，在高质量的文本环境中营造阅读氛围。中小学图书馆应确立目标定位，面向社会征集地方文献，辅以二次文献和三次文献的编辑加工，通过信息共享平台进行资源整合，建设地方文献数据库，在传统文化精髓中注入时代气息。[1]馆藏资源的定期优化有助于中小学图书馆长期吸引读者，流动的馆藏体系能够赋予传统文化更多的时代意义，也能不断贴合中小学生的阅读需求。

其次，要通过阅读推广联盟、对外多方合作等拓展馆藏资源。阅读推广联盟指将不同的阅读推广主体组织形成联盟关系，在人员、资金、资源等方面开展多方面的协同合作，从而充分利用各个主体的优势并弥

---

[1] 柳丹. 少儿图书馆在弘扬中华传统文化中的作用［J］. 图书馆学刊，2014，36（12）：10–11.

补其劣势，以更好地开展阅读推广活动。[①]通过与学生家庭的合作，中小学图书馆可以建立图书漂流角或开展图书互换活动，将学生各自拥有的传统经典进行共享阅读；通过与其他中小学图书馆合作，各馆可以开展馆际互借，完成经典资源的共享，实现规模化的影响力；通过与出版社等图书部门合作，可以降低双方成本，减少经典文本的流通环节；通过与新闻媒体合作，可以提升社会影响力，形成阅读品牌。

最后，要注重品牌效应，提升传统经典阅读推广活动的影响力。当前中小学图书馆的阅读推广活动往往缺乏主动性和持续性，就无法形成品牌效应。强调长期效应是中小学图书馆经典阅读推广的题中应有之意，传承优秀传统文化、促进青少年的全面发展是一个潜移默化的过程。中小学图书馆需要明确阅读推广是一项持续性工作，而非节日型、应景型的短期活动，应根据学校和学生的特点建设独具特色的文化活动，探索具有本校特色的阅读推广活动，打造阅读推广活动品牌。国内一些高校的阅读推广活动能够为中小学图书馆提供借鉴，如同济大学的"立体阅读"、上海财经大学的"悦读·在路上"等，都形成了自己的品牌。中小学图书馆在规划过程中就应具备活动的品牌意识，通过举办长期活动使其具备连续性、增加活动之间的关联性形成规模效应、联系媒体并利用新媒体平台等扩大活动影响力、增加线上线下互动以拓展活动场景等一系列的举措，提升中小学图书馆经典阅读推广活动在中小学生心中和社会上的地位，提升图书馆的知名度、美誉度，打造具备本校特色的传统经典阅读推广品牌活动。

## 三、推动中小学图书馆中华传统经典数字资源制作

中小学图书馆按照《联合国教科文组织公共图书馆宣言》的原则，

---

[①] 沈吟涛. 公共图书馆联盟开展阅读推广初探——以西南地区四城市"风·雅·颂——国学经典诵读"活动为例[J]. 河南图书馆学刊，2018，38（10）：34-36.

同广大的图书馆和信息网络相联系。[1]中小学图书馆对信息技术的联系可以贯穿传统经典阅读推广的全过程，尤其是传统经典资源的数字化和推广活动的新媒体化。

传统经典资源的数字化为丰富馆藏资源提供了全新的空间，从纸本到数字化能够为中小学读者提供更多的选择。中小学图书馆可以借鉴《公共图书馆法》第四十条、第四十一条的相关阐述，明确资源数字化的重要意义，为了继承和弘扬中华优秀传统文化，需要大力进行相关经典内容的数字化建设，建立线上线下相结合的经典资源共享平台，借助网络渠道为中小学生提供优质的数字文化服务。

推广活动的新媒体化能够提升活动的吸引力和影响力，也使得活动的覆盖面更广。首先，中小学图书馆可以利用微博、微信公众平台等向学生和家长推荐经典书目和阅读方法，利用新媒体平台完成传统经典资源的触达和阅读推广活动的实施。其次，新媒体平台易于读者表达需求和进行互动反馈，从而促进阅读推荐的个性化，线上交流阅读心得、完成阅读打卡等也能够形成经典的二次传播。最后，在线阅读能够在一定程度上提升学生阅读的时空效率，弥补中小学图书馆馆藏书籍不足、开馆时长有限、专业师资缺乏的问题，为中小学图书馆经典阅读推广活动形式的多样性创造了条件。

### 四、建立中小学图书馆中华传统经典教育评估反馈机制

评价是价值判断的过程，具有鉴定、导向、激励、反馈、监督等功能，[2]对中小学图书馆中华传统经典阅读推广的评价和反馈能够有效指导活动的开展，在评估反馈中分析阅读现状、解读中小学生阅读习惯和需求，总结得失，更有针对性地进行中华传统经典阅读推广。通过中小学

---

[1] 邢素丽.全民教育中的中小学图书馆——国际图联/联合国教科文组织中小学图书馆宣言(联合国教科文组织一般委员会1999年11月批准)[J].中小学图书情报世界，2001（01）：7–8.
[2] 倪文锦，郑桂华，叶丽新.阅读评价的国际借鉴[J].课程教材教法，2014（12）：103–108.

## 中小学中华传统经典教育的问题与完善路径

中华传统经典阅读推广的评价反馈机制，能够敦促教师提高阅读指导能力、营造经典阅读的校园氛围、促进中小学生经典阅读兴趣的不断升温、推动家长积极参与阅读推广，为中小学构建良性的阅读生态圈。中华传统经典阅读推广评估反馈的客体有两个方面，一方面是中小学图书馆的馆员质量、活动质量等；另一方面是学生的阅读习惯和阅读效果等。

对馆员教师、活动质量的评价是中小学图书馆中华传统经典阅读推广评价的核心，是评估活动效果、提升活动质量的直接手段。参考《公共图书馆法》第四十二条的相关规定，公共图书馆可以做到定期公告服务开展情况，听取读者意见，建立投诉渠道，完善反馈机制，接受社会监督，中小学图书馆同样需要将用户满意度作为阅读推广服务的核心评价标准。对馆员和活动质量的评价要从评价体系入手，一是不断完善评价指标，二是拓展评价渠道和载体，三是提高反馈信息的处理质量。

对学生阅读习惯和阅读效果的评价，要寻找适宜的评价方法，避免对学生产生负面影响。在中小学中华传统经典阅读评价中，包括自我评价、同学评价、老师评价等，自我评价的方法包括阅读日记、自我评价表、阅读打卡等，同学评价的方法包括课堂阅读分享、阅读小队等，而老师评价包括口试笔试、作业评价等，一般要避免直接打分和比较性批评。这种评价一方面是能够对学生的阅读效果进行评估，从而对活动设计和经典文本选择等提供指导意义；另一方面也能够促进学生之间的示范效应、竞争心态，促进阅读氛围的构建。

在评价主体方面，中小学图书馆中华传统经典阅读推广要改变评价主体单一、评价指标不规范的状况。在当前以老师和学校为主要评价主体的基础上，可以增加学生评价、家长评价和社会评价，通过倾听更多的声音提高中华传统经典阅读活动的质量。而在评价指标方面，要克服表面工程，更深入地对活动的绩效开展评价。

### 五、加强中小学图书馆专业人才队伍建设

中小学图书馆的馆员师资力量往往与其中华传统经典教育水平呈正比，优秀的人才团队是营造阅读氛围、开展高质量活动的基础。时代的发展、读者的需求，对新时期中小学图书馆提出了更高的要求，中小学的阅读推广团队需要转变传统观念，提升信息素养，不断优化人才结构和知识结构，推动中小学图书馆中华传统经典教育水平的提升。

在中华传统经典教育团队的人员组成和培训方面，中小学应挑选或聘请有相关专业背景的老师，同时利用课堂教学、学生代表等力量，全方位拓展图书馆中华传统经典教育团队。有条件的学校可以经常邀请地区高校馆员、公共馆员和相关专家来指导相关工作，并对教育团队进行定期的培训和考核。除了专门配备的图书馆馆员外，需要增加馆员和教师的沟通交流，利用课堂教学、阅读推广课程的师资资源开展中华传统经典教育。与此同时，选择能力较强且热爱经典阅读的学生作为图书馆的志愿者，能够在增强图书馆管理的同时形成良好的模范带头作用，促进良好阅读风气的形成。

在馆员的专业技能和知识结构方面，中小学图书馆馆员不仅需要具备传统意义上的借阅服务能力，还需要具有一定的知识整合和经典教育能力，能够应对学生的个性化的经典教育需求，引导学生对中华传统文化产生更浓厚的兴趣。在阅读技巧、阅读方法、书目推荐、数字化阅读、新媒体平台利用等方面，中小学图书馆馆员同样要在实践中积累经验，在长期的经典教育工作中提高专业技能、扩充知识结构。

在馆员的文化素养和奉献精神方面，中小学图书馆馆员对传统文化和经典文本的热爱能够有效传递给中小学生，要全面提高馆员的人文素养和思想境界，使每一位馆员都成为传统经典的研读者、思考者、鉴赏者、推广者。馆员不能仅仅将中华传统经典教育看成一项工作，还应把它当成一种事业，通过自己对传统文化的热爱来感染学生，同时要具备一定的奉献精神，不断思考如何将中华传统经典阅读推广活动做得更好。

# 参考文献

## 一、期刊文献

[1] Astin A W. Student involvement: A developmental theory for higher education [J]. Journal of college student personnel, 1984, 25 (4): 297–308.

[2] Cole J Y. One Book Projects grow in popularity [C] //Library of Congress Information Bulletin. 2006, 65 (1): 30–31.

[3] Criscuolo N P. Strategies for developing a dynamic reading program [J]. Peabody Journal of Education, 1975, 52 (2): 155–159.

[4] Cucerzan S. Large–scale named entity disambiguation based on Wikipedia data [C] //Proceedings of the 2007 Joint Conference on Empirical Methods in Natural Language Processing and Computational Natural Language Learning (EMNLP–CoNLL), 2007: 708–716.

[5] Gastwirth J L. The estimation of the Lorenz curve and Gini index [J]. The review of economics and statistics, 1972: 306–316.

[6] Gini C. Variabilità e mutabilità [J]. Reprinted in Memorie di metodologica statistica (Ed. Pizetti E, Salvemini, T). Rome: Libreria Eredi Virgilio Veschi, 1912.

[7] Hedemark Å. A study of Swedish children's attitudes to reading and public library activities [J]. New Review of Children's Literature and Librarianship, 2012, 18 (2): 116–127.

[8] Lipson M, Wixson K, Bloch C, et al. Evaluation of the BTL and

ASTEP Programs in the Northern, Eastern, and Volta Regions of Ghana[J]. Report prepared by the International Reading Association for The Education Office, USAID/Ghana, 2004.

[9] Martins A B, Marques A. Promoting a Reading Culture in School Community: How to Engage Reading Activities Cross Curricula, Directors, Teachers, Students, Parents, Administrative Services, Local Authorities, Public Libraries and Other Partners—Relating a Project[J]. International Association of School Librarianship, 2010.

[10] Raileanu L E, Stoffel K. Theoretical comparison between the gini index and information gain criteria[J]. Annals of Mathematics and Artificial Intelligence, 2004, 41(1): 77–93.

[11] 蔡若莲. 课程组织与香港初中语文教学效率初探[J]. 河北师范大学学报(教育科学版), 2001(3): 33.

[12] 曹磊. 日本阅读推广体制研究[J]. 国家图书馆学刊, 2013, 22(2): 85–90.

[13] 曾茹华. 台湾语文测验试题[J]. 黄金时代(男仔女仔), 2002,(05): 47.

[14] 曾淑贤. 推动古今经典导读 提升民众文化素养——台湾汉学研究中心阅读推广经验分享[J]. 新世纪图书馆, 2015,(10): 45–54.

[15] 曾毅.20世纪前期语文课程变革的文化透析[J]. 教育评论, 2001(06): 24.

[16] 陈壁生. "国学"定义的重新检讨[J]. 当代儒学, 2011(01): 283–294.

[17] 陈红云. 概念图: 让课堂简约而不简单——香港阅读教学方法例谈[J]. 小学教学设计, 2012,(31): 42–44.

[18] 陈焕章,严复等. 孔教会请愿书[J]. 孔教会杂志, 1913: 1(6).

[19] 陈菊先. 中国大陆、台湾、香港语文教育目标比较[J]. 华中

师范大学学报（人文社会科学版），1999，（03）：154–158.

［20］陈美妃.山穷水尽疑无路——谈台湾语文教育的困境与转机［J］.中文自修，2006，（11）：8.

［21］陈少明.经典教育的现代意义［J］.城市国学讲坛，2015（00）：17–45+16.

［22］陈素华.浅谈经典阅读品德教育［J］.万能学报，2010（7）：47–58.

［23］陈宪仁.台湾语文教育的忧与喜［J］.中文自修，2006，（11）：6.

［24］陈颖仪.美国阅读推广活动的实践经验分析及启示［J］.图书馆理论与实践，2009（5）：97–99.

［25］程瑞.未成年人阅读推广政策实施状况、问题及对策研究［J］.中国青年研究，2015，（08）：26–30+25.

［26］程祥徽.澳门语文的前景展望［J］.广东教育学院学报，2001，（03）：77–79+85.

［27］程祥徽.基本法与澳门语文规划［J］.比较法研究，1999，（01）：136–139.

［28］戴红亮.2010年台湾语文热点及特点分析［J］.云南师范大学学报（哲学社会科学版），2011，43（04）：56–59.

［29］但昭彬.香港语文教育的历史与未来［J］.教育研究与实验，1996，（03）：69–72.

［30］但昭彬.殖民色彩的浸染与褪洗——香港语文教育"重英轻中"格局之形成［J］.孝感师专学报，1997，（02）：22–27.

［31］丁云亮.从媒介史看阅读文化的流变［J］.廊坊师范学院学报（社会科学版），2011（3）：58.

［32］董金裕.台湾中小学语文课程中的传统文化教育［J］.中国教师，2016（03）：18–22.

［33］董丽娟，韩静娴.中英美三国图书馆全民阅读推广活动之比较

[J].图书馆研究,2012,42(5):62–66.

[34]杜少凡.古诗词教学设计的新路径——以香港朗文版教材为例[J].现代中小学教育,2010,(10):38–41.

[35]杜霞.国学经典教育的尺度与分寸[J].教育学报,2012,8(01):13–18.

[36]杜增敏.语文校本课程改革点滴谈[J].华夏教师,2012,(06):92.

[37]范并思,王巧丽.阅读推广的管理自觉[J].图书馆论坛,2015(10):8–14.

[38]范如霞.中国民间读书会的运作模式及困境[J].图书情报研究,2015,8(03):22–26.

[39]符昌忠.简论"九七"后香港语文的发展路向[J].广东民族学院学报(社会科学版),1997,(02):97–100.

[40]付金花,王明建.台湾普通高中最新语文课程纲要的特点及其启示[J].时代文学(双月版),2006,(01):148–149.

[41]傅建明,徐敏娟.香港语文教科书编排研究[J].全球教育展望,2007,(04):30–35.

[42]傅建明.内地、香港语文教科书的性别意识形态比较[J].湖南师范大学教育科学学报,2015,14(02):43–49.

[43]傅伟.国外公共图书馆未成年人服务实践与启示[J].图书馆工作与研究,2016,(10):105–109.

[44]高灵溪,王翠萍.社会化媒体在图书馆阅读推广中的应用现状及策略研究[J].图书馆学研究,2014(05):77–82.

[45]高敏.开展经典阅读,提升社会教育职能——以山西省图书馆为例[J].晋图学刊,2014(04):38–40.

[46]葛茜.美国国民阅读推广活动及对我国的启示[J].情报杂志,2015(6):196–199.

[47]宫丽颖,浅野迪.韩国的阅读推广法律政策[J].出版参考,2014(16).

[48]宫丽颖.英国小学校的学生阅读推广[J].出版参考,2014(28).

[49]古远清.2016年的台湾文学事件[J].粤海风,2017,(02):41-52.

[50]顾之川.高中语文教学大纲(试验修订版)述要[J].课程·教材·教法,2000(06):22-26.

[51]郭春娥.大陆与台湾语文课程的比较[J].语文教学与研究,2007,(32):118.

[52]郭国英.大陆、台湾、香港语文教学目标比较谈[J].语文学习,1990,(01):18-21.

[53]郭国英.台湾国文教学述评[J].语文学习,1988,(11):18-21.

[54]郭国英.香港语文标准化测试例说[J].中学语文,1986,(05):36-37.

[55]郭利萍.香港语文教育改革的实践与研究——香港小学中国语文教育改革与实验访谈[J].中小学教材教学,2004,(13):19-22.

[56]郭文玲.高校图书馆阅读推广策略分析与研究[J].图书馆论坛,2012,32(06):53-56.

[57]郭艳雯.浅谈中华优秀传统文化传承背景下的少年儿童图书馆工作[J].内蒙古科技与经济,2018(03):122-124.

[58]国家中长期教育改革和发展规划纲要(2010-2020年)[J].中国民族教育,2010(Z1):7-21.

[59]韩艳梅.大陆《语文课程标准》与台湾《语文课程纲要》之比较研究[J].教育科学,2003,19(3):22-25.

[60]韩艳梅.管窥当前台湾语文课程发展[J].辽宁师范大学学报,2002,(05):44-46.

［61］何彩平.早期阅读推广的公共福利政策探讨［J］.图书馆建设，2012（1）：1-5.

［62］何文胜.香港语文教学现状与落实课改理念策略［J］.语文建设，2014，（28）：71-75.

［63］何韵，何兰满.从传统阅读与数字阅读的二元关系论全民阅读推广策略——以日本为例［J］.图书馆，2015（7）：34-38.

［64］洪鸿，赵国明，江艳，郝恬.蔡英文当局修改课纲新动向引爆两岸舆论讨伐［J］.台声，2017，（17）：40-41.

［65］侯明艳.创新视域下高校图书馆阅读推广优秀案例分析与启示［J］.现代情报，2018，38（11）：90-94.

［66］胡觉先.台湾中学语文教材刍议［J］.湖北师范学院学报（哲学社会科学版），1995，（04）：100-104.

［67］胡敏燕.发挥高校图书馆优势，传承中华优秀传统文化［J］.黑河学刊，2018（02）：172-174.

［68］胡耀东，姚红莉，王守恒.大学生文化自信培育中图书馆活动新探索——河海大学文天学院图书馆倡导传统经典品读的案例研究［J］.理论建设，2018（02）：91-95.

［69］胡愈之.中央人民政府出版总署关于第一届全国出版会议综合报告——胡愈之署长在十月十三日中央人民政府政务院第五十四次政务会议上的报告［J］.山西政报，1950（11）：114-117.

［70］黄谷甘."九七"回归与香港语文刍议［J］.广东民族学院学报（社会科学版），1997，（02）：88-91.

［71］黄伟杰.基于经典阅读的教师职后教育模式［J］.中国教育学刊，2012（03）：75-78.

［72］贾凤飞.课堂教学中"导"之探究——大陆、台湾语文公开课比较例谈［J］.山东教育，2013，（27）：18-19.

［73］建立全国性书香社会指标体系［J］.终身教育，2016（2）：

35–36.

[74] 江苏省全民阅读办. 努力打造书香社会建设的"江苏样本"[J]. 传媒, 2016（11）: 20–23.

[75] 蒋小波. "国粹"与"种姓": 章太炎与连雅堂"语文"思想之比较[J]. 台湾研究集刊, 2005,（03）: 74–81.

[76] 靳健. 我国小学、初中语文课程标准的百年变迁[J]. 甘肃联合大学学报（社会科学版）, 2008,（01）: 106–111.

[77] 景汇. 台湾中考语文试题精选精评[J]. 考试（中考版）, 2003,（Z1）: 52–54.

[78] 赖瑞云. 台湾语文教学"深耕细作"刍议[J]. 语文建设, 2014,（25）: 71–76.

[79] 赖苑玲. 国小六年级学童之家庭、班级及学校图书馆阅读环境与其阅读态度之研究[J]. 社会科教育研究, 2006（12）: 47–86.

[80] 李保东. 英美全民阅读推广实践研究及启示[J]. 图书馆理论与实践, 2015（11）: 24–29.

[81] 李代宽. 微观台湾课堂 传承传统文化——台湾中小学传统文化教育参访交流的思考[J]. 课程教育研究, 2018（10）: 23.

[82] 李国英, 李珂. 基于地方特色传统的中小学校园文化创新——以矿冶文化名城黄石为例[J]. 湖北师范学院学报（哲学社会科学版）, 2015, 35（06）: 144–146.

[83] 李虹飞. 论语感的培育[J]. 天津市教科院学报, 2007（05）: 89–90.

[84] 李家树. 香港语文面面观[J]. 北京化工大学学报（社会科学版）, 2010,（03）: 1–5.

[85] 李锦霞. 基于英国阅读推广实践经验之分析与比较研究[J]. 山东图书馆学刊, 2017（3）: 68–72.

[86] 李景成. 信息素养教育视角下的经典阅读推广模式研究[J].

图书情报导刊, 2014 (14): 75-77.

[87] 李敏, 赵广忠. 扎根文化沃土, 汲取道德养分——访山东省济宁市教育局副局长郝民 [J]. 中国德育, 2017 (08): 54-57.

[88] 李蕊, 赵俊玲. 韩国社会阅读推广的主要政策和模式 [J]. 襄阳职业技术学院学报, 2014, 13 (4): 129-133.

[89] 李伟明. 经典教育的现代建构研究 [J]. 常州大学学报 (社会科学版), 2011, 12 (03): 64-67.

[90] 李伟明. 中华传统经典教育的现代建构研究 [J]. 常州大学学报 (社会科学版), 2011, 12 (03): 64-67.

[91] 李卫红. 文化自信指引下高校图书馆开展经典阅读的若干思考 [J]. 图书馆工作与研究, 2018 (07): 102-106.

[92] 李晓红. 日本中小学的传统·文化理解教育 [J]. 亚太教育, 2015 (05): 73-74.

[93] 李新晖. 中小学数字图书馆发展趋势与构建 [J]. 中国现代教育装备, 2015 (10): 58-61.

[94] 李雪萍. 图书馆开展全民阅读推广活动的办法与建议分析 [J]. 中文信息, 2016 (12).

[95] 李雅. 论经典阅读在大学通识教育中的作用 [J]. 高校图书馆工作, 2017, 37 (02): 14-18.

[96] 李焱. 21世纪台湾地区九年一贯课程纲要体系架构下的语文教材分析 [J]. 国际汉语学报, 2011, 2 (02): 25-34.

[97] 梁燕冰. 香港语文教科书文学篇章整合和文学教学取向分析 [J]. 陕西师范大学学报 (哲学社会科学版), 2008, 37 (S1): 163-168.

[98] 梁振威. 香港小学语文教学概述 [J]. 小学语文教学, 2004, (11): 6-7.

[99] 廖苑妃. 中国大陆和台湾语文教材的学本化趋向比较——以人教版七年级下册第一单元和翰林版 (国文1下) 第一单元为例 [J]. 西

部皮革，2016，38（24）：206–207+210.

［100］林晖.21世纪澳门语文教育发展述评［J］.开封教育学院学报，2017，37（04）：172–174.

［101］林莘.台湾语文教学为我们打开一扇窗［J］.政协天地，2010，（01）：37–38.

［102］林于弘.台湾语文教科书的发展与评鉴［J］.小学语文教学，2015，（13）：57–59.

［103］林运来.香港语文课的读文教学［J］.语文教学与研究，1983，（01）：45–46.

［104］林运来.香港中学语文科的课外阅读指导［J］.中学语文，1982，（12）：35–36.

［105］林长山.大陆、台湾语文教材呈现方式比较——以《愚公移山》为研究对象［J］.中学语文教学，2013，（07）：77–79.

［106］刘恩樵.综合性·生活化·能力型——香港小学中国语文怎么考［J］.语文建设，2015，（31）：44–46.

［107］刘仁增.从台湾语文教科书看语言知识的有效选用［J］.中小学教材教学，2017，（01）：76–80.

［108］刘曙光.全球化与文化自觉［J］.山西大学学报（哲学社会科学版），2002（05）：41–45.

［109］刘旭相，孔涛，杜开君，何啸虎.传承国学经典 助推素质教育——区域性推进"经典诵读进校园"的实施现状与对策［J］.泸州职业技术学院学报，2012（04）：46–49.

［110］刘学军.香港语文课堂教学给我们的启示［J］.中小学教学研究，2010，（03）：44–45.

［111］刘真福.建国以来中学文学教育述评［J］.课程·教材·教法，2001（06）：35–39.

［112］柳丹.少儿图书馆在弘扬中华传统文化中的作用［J］.图书

馆学刊，2014，36（12）：10–11.

［113］陆莉莉.从少儿阅读看全民阅读的推进［J］.出版广角，2015，（09）：11–13.

［114］陆士清."去中国化"的表演——评"文化台独"对赖和的歪曲［J］.世界华文文学论坛，2004，（04）：20–24.

［115］论说.孔教救亡论［J］.孔教会杂志，1913：1（6）.

［116］罗金秀.台湾语文教科书练习系统设置的启示［J］.福建基础教育研究，2016，（03）：10–13.

［117］马祥涛，张收棉."互联网+"背景下图书馆继承和弘扬中华优秀传统文化的思考［J］.河北科技图苑，2018，31（01）：4–9.

［118］闵海霖.香港语文教育发展趋向［J］.安庆师范学院学报（社会科学版），2008，（03）：48–51+58.

［119］缪水琴.高中语文之大陆与台湾浅析［J］.语数外学习（语文教育），2013，（11）：47.

［120］莫艳红.基于绘本的公共图书馆儿童阅读推广实践研究［J］.河南图书馆学刊，2017，37（08）：35–37.

［121］倪文锦，郑桂华，叶丽新.阅读评价的国际借鉴［J］.课程教材教法，2014（12）：103–108.

［122］倪文锦.港台语文界对教学目标的探讨［J］.语文学习，1992，（04）：11–12.

［123］倪文锦.台湾中学国文教学简述［J］.语文学习，1991，（02）：26–29.

［124］聂震宁.国民阅读的状况与全民阅读的意义［J］.现代出版，2015（1）：5–10.

［125］潘立勇.何谓经典［J］.艺术广角，2015，（03）：55–58.

［126］裴永刚.英国"阅读起跑线"对婴幼儿阅读推广的启示［J］.出版发行研究，2017（5）：13–17.

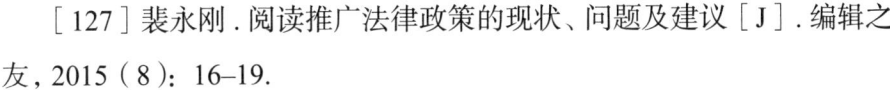

参考文献

［127］裴永刚.阅读推广法律政策的现状、问题及建议［J］.编辑之友,2015（8）:16–19.

［128］彭艳,屈南,李建秀.试论大学图书馆的经典阅读推广——以首都师范大学图书馆为例［J］.大学图书馆学报,2012,30（02）:91–94.

［129］秦鸿.英国的阅读推广活动考察［J］.图书与情报,2011（5）:46–50.

［130］邱晓莉.关于小学语文教育实施经典阅读的探索与实践［J］.教育现代化,2016,3（27）:313–314+317.

［131］任学良.有趣的台湾语文考试题［J］.高中生,2010,（13）:25.

［132］沈庆九."认识朱自清"是第一教学目标——台湾国中《背影》教学目标解读［J］.语文教学通讯,2015,（26）:14–16.

［133］沈庆九.汲取传统精华,考查国学功底——2014年台湾初中教育会考语文试卷题组试题(文言文)评析［J］.语文教学通讯,2014,（26）:13–14.

［134］沈吟涛.公共图书馆联盟开展阅读推广初探——以西南地区四城市"风·雅·颂——国学经典诵读"活动为例［J］.河南图书馆学刊,2018,38（10）:34–36.

［135］宋生贵.论当代文化背景下倡导经典阅读的意义［J］.思想战线,2004（01）:55–59.

［136］师丽娟.港澳地区阅读推广活动介绍及启示［J］.图书馆杂志,2007（05）:61–63+41.

［137］施仲谋,许序修.97回归后的香港语文教育［J］.中学语文教学,1996,（07）:1–4.

［138］施仲谋.21世纪香港语文教育的展望［J］.中学语文教学,1997,（07）:35–38+46.

［139］施仲谋．面向21世纪的香港中文教学［J］．小学语文教学，1997，（09）：5-7.

［140］舒炜．文化自觉：大学本科教育理念与经典阅读课程［J］．读书，2006（04）：26-31.

［141］苏廷弼，Trevor Leutscher，黄玫芳，区洁心，关定辉．脑神经科学与教育：香港语文教学研究计划回顾与分析（英文）［J］．教育生物学杂志，2013，1（03）：188-194.

［142］苏仔果．也谈台湾语文的若干问题［J］．读书，2004，（09）：27.

［143］孙军．把少年儿童经典阅读搬上舞台——阜宁县图书馆开展少儿古诗词诵读的做法与启迪［J］．图书馆工作与研究，2015，1（11）：101-103.

［144］孙杨，张鹏，彭立．基于综合评价指标体系的书香社会建设探讨——以西安市书香城市建设为例［J］．农业图书情报学刊，2018，30（06）：113-118.

［145］孙毓棠．经典［J］．清华周刊，1932，37（8）：44.

［146］谭梅，张瑾．民国时期小学语文教材的演变及其各阶段的特点［J］．教育与教学研究，2014，28（12）：14 18.

［147］唐慶增．经济学中之经典学派［J］．学艺，1933（学艺百号纪念增刊）：227-231.

［148］田小琳．试论香港回归中国后的语文教育政策［J］．语言文字应用，2001，（01）：73-81.

［149］完善中华优秀传统文化教育指导纲要［J］．中小学德育，2014（04）：4-7+41.

［150］王爱娣．从一堂听说训练课看香港语文教学特色［J］．师道，2011，（03）：31-33.

［151］王爱娣．海峡对面的初中语文课［J］．师道，2014，（Z1）：

73-75.

[152] 王爱娣. 台湾小学语文教学特点例谈 [J]. 语文教学通讯, 2013, (27): 11-13.

[153] 王爱娣. 香港台湾语文教学给我们的启示——第六届两岸四地暨新加坡语文教学研讨会纪要 [J]. 师道, 2013, (Z1): 10-11.

[154] 王国维. 论教育之宗旨 [J]. 基础教育, 2008 (09): 64.

[155] 王锦贵. 论经典文献 [J]. 新世纪图书馆, 2004 (6): 47-50.

[156] 王军, 张艳, 屈长谊, 赵菊花. 新时期中小学图书馆阅读推广缺失与对策——以西安市中小学图书馆为例 [J]. 图书馆学刊, 2017, 39 (12): 71-76.

[157] 王丽丽. 经典教育研究与经典阅读推广 [J]. 大学图书情报学刊, 2014, 32 (6): 24-27.

[158] 王清玲, 易蓉. 美国学生发展理论和实践对我国学生工作的启示 [J]. 中国电力教育, 2009 (8): 12-15.

[159] 王秋玲. 内地香港语文教学之比较 [J]. 衡阳师范学院学报, 2011, 32 (01): 157-159.

[160] 王秋玲. 香港中学语文教学的成功元素探析 [J]. 教育与教学研究, 2012, 26 (01): 118-120+128.

[161] 王伟. 冲击与博弈: 文化研究视野下的经典教育 [J]. 山东科技大学学报 (社会科学版), 2013, 15 (Z1): 72-78+88.

[162] 王晓燕. 香港公共图书馆读书会运营策略及启示 [J]. 图书馆界, 2017, (02): 24-26+33.

[163] 王秀军. 导读思维创新对少儿阅读习惯的影响 [J]. 图书馆学刊, 2012, 34 (10): 68-69.

[164] 王颖. 浅议各国传统文化对中小学道德教育的影响 [J]. 外国中小学教育, 2004 (04): 38-41.

[165] 王余光, 汪琴. 关于阅读文化研究的几个问题 [J]. 图书情

报知识，2004（05）：3-7.

［166］王余光，王媛.高校图书馆设立经典阅览室与经典教育［J］.大学图书情报学刊，2014，32（06）：5-10.

［167］王余光，郑丽芬.图书馆社会教育职能的回归：以经典阅读推广为途径［J］.图书情报研究，2014，7（02）：1-6.

［168］王余光.图书馆与儿童阅读推广［J］.图书馆理论与实践，2010（8）：1-3.

［169］王玉波.我国的阅读推广研究进展［J］.大学图书情报学刊，2012，30（3）：75-78.

［170］王战雪.微阅读时代高校图书馆经典阅读推广策略研究［J］.中外企业家，2015（24）：183-185.

［171］王正.高中语文课纲浩劫，台湾下一代未来堪忧［J］.台声，2017，（17）：54.

［172］隗静秋，王云峰.基于全民阅读的学习型社会指标体系［J］.中国出版，2016（6）：3-11.

［173］魏本亚.台湾语文课程改革给我们的启示［J］.徐州师范大学学报（教育科学版），2010，1（01）：37-40.

［174］我们怎样学好语文？——应用脑神经及认知科研提高香港语文教育的成效研究计划（纲要）［J］.比较教育研究，2001，（08）：63-64.

［175］吴梦.我国中小学图书馆研究综述［J］.图书馆工作与研究，2018（06）：34-38.

［176］吴敏琪.中学图书馆阅读推广实践与思考——以中央音乐学院附中图书馆为例［J］.科技视界，2018（06）：159-160.

［177］伍衡.马谢尔底经济体系：新经典学派经济之批判的研究［J］.世界文化讲座，1933（创刊号）：1-22.

［178］肖铭.台湾语文课堂教学的启示［J］.福建基础教育研究，2009，（09）：11-12.

[179] 谢锡金.现在时香港学生能"文"不善"语"——香港语文改革取向[J].课外语文,2002,(01):22.

[180] 谢锡金.香港语文课程改革剖析[J].网络科技时代,2007,(17):89–92.

[181] 辛宁宁,马磊.大陆与台湾高中语文"选修课"课程文件之比较[J].语文学刊,2010,(02):111–112.

[182] 邢素丽.全民教育中的中小学图书馆——国际图联/联合国教科文组织中小学图书馆宣言(联合国教科文组织一般委员会1999年11月批准)[J].中小学图书情报世界,2001(01):7–8.

[183] 熊贤君.民国时期的国学教育及价值解读[J].民国档案,2006(01):101.

[184] 徐斌.国际图联《中小学图书馆宣言(1999)》解析[J].中国图书馆学报,2001(05):91–93.

[185] 徐福来,许家星.经典教育亟需"补课"[J].江西科技师范学院学报,2011(04):93–96.

[186] 徐红昌,张静茹.高校图书馆"文化主导型"服务探究——开展经典教育与推广[J].内蒙古科技与经济,2016(17):105–107.

[187] 徐岚.基于经典阅读的通识教育——以东西方两所推行核心文本课程的高校为例[J].复旦教育论坛,2016,14(01):31–37.

[188] 徐雁."开编喜自得,一读疗沉疴"——基于全民阅读推广活动的"文学疗愈"理念[J].图书馆杂志,2010,29(10):16–24.

[189] 许开凤.高校图书馆应在弘扬优秀传统文化,注重人文精神教育中发挥作用[J].图书馆论坛,2002(05):172–173.

[190] 宣力.回归后的香港语文问题及其对策[J].语文建设,1999,(04):58–59.

[191] 闫伟东.国外政府及图书馆的多元化推动阅读策略及模式[J].图书与情报,2013,(01):58–64.

[192] 杨道麟. "经典文学"和"经典文学教育"的界定[J]. 周口师范学院学报, 2011, 28 (04): 40-42.

[193] 杨帅. 加拿大"国家阅读运动"调查及启示[J]. 图书馆建设, 2015, (07): 55-59.

[194] 叶翠, 文庭孝, 刘灿姣. 中美全民阅读比较研究[J]. 高校图书馆工作, 2013, 33 (03): 35-41.

[195] 叶燕红. 有关台湾试卷的一些思考[J]. 语文月刊, 2013 (01): 18-22.

[196] 一张妙趣横生的台湾语文试卷[J]. 读写月报, 2016, (11): 2-3.

[197] 一张台湾语文试卷[J]. 读写月报, 2016, (10): 3-4.

[198] 用意识形态绑架教育台当局在"豪赌"未来[J]. 台声, 2017, (18): 43.

[199] 于廷礼. 国内中小学图书馆阅读指导服务模式的比较研究[J]. 河南图书馆学刊, 2018, 38 (04): 118-119.

[200] 袁舒婕. 日本从国家层面建立阅读促进机制[J]. 石油政工研究, 2017 (2).

[201] 张冰, 张素华. 高校图书馆渗透教育的内涵及实现路径——以中华传统文化的传承为例[J]. 农业网络信息, 2013 (07): 77-79.

[202] 张存拙. 中学国文教材的改进和社会本位文化[J]. 国文月刊, 1948 (74): 1.

[203] 张岱年. 传统文化与现代化[J]. 北京大学学报（哲学社会科学版）, 1989 (03): 5-6.

[204] 张建华. 澳门语文小品文的文化蕴涵[J]. 学术探索, 2006, (04): 138-144.

[205] 张蕾薛. 日本阅读推广分析[J]. 图书情报通讯, 2013 (4): 26-30.

[206] 张蔚, 汪尧翀. 经典阅读与语文教育[J]. 语文建设, 2013

(03): 23–24.

[207] 张文彦, 徐升国. 从全民阅读活动到全民阅读国家战略——全民阅读十年回顾 [J]. 出版发行研究, 2016, (04): 5–10.

[208] 张怡璟. 中学图书馆阅读推广活动的设计与实践——以江苏省海门市能仁中学图书馆阅读推广活动为例 [J]. 河南图书馆学刊, 2018, 38 (06): 9–11.

[209] 赵颖霞. 近代中小学经典教育嬗变的审视 [J]. 保定学院学报, 2017, 30 (01): 112–117.

[210] 郑金晶. 2014年台湾与安徽语文高考试题对比研究 [J]. 文学教育 (下), 2015, (03): 121.

[211] 郑丽芬. 百年推荐书目中的外国经典与高校图书馆经典阅读推广 [J]. 高校图书馆工作, 2015, 35 (02): 19–23.

[212] 郑丽君. 近年来我国图书馆阅读推广研究评述 [J]. 图书与情报, 2012 (6): 49–51.

[213] 郑师恩. 从明道中学看台湾语文教学 [J]. 福建基础教育研究, 2011, (01): 128.

[214] 志平, 世梅. 海峡两岸教研互动——长春版教材编写组同台湾语文教育专家开展交流活动 [J]. 吉林省教育学院学报, 2010, 26 (09): 157+155.

[215] 中共中央国务院关于深化教育改革全面推进素质教育的决定 [J]. 江西教育, 1999 (Z1): 4–8.

[216] 中国图书馆学会发布书香城市 (县级)、书香社区标准指标体系 [J]. 图书情报工作, 2015 (10): 145–145.

[217] 中国语文教育百年暨新世纪语文课程改革国际研讨会会务组. 北京师范大学百年校庆中国语文教育百年暨新世纪语文课程改革国际研讨会启事 [J]. 中学语文教学, 2002, (06): 20.

[218] 朱峻薇. 公共图书馆与少儿阅读 [J]. 图书与情报, 2010 (02):

11–13.

［219］庄小虎.吾辈当以扶助教育为己任——纪念中国近代出版家、教育家庄俞先生逝世70周年［J］.资治文摘（管理版），2009（08）：194–196+190.

［220］中国新闻出版研究院全国国民阅读调查课题组，魏玉山，徐升国.第十五次全国国民阅读调查主要发现［J］.出版发行研究，2018（05）：5–8.

［221］中国新闻出版研究院全国国民阅读调查课题组.第十六次全国国民阅读调查报告［J］.新阅读，2019（05）：45–47.

## 二、著作

［1］［韩］崔根德.韩国儒学思想研究［M］.北京：学苑出版社，1998.

［2］［美］爱德华·萨义德.人文主义与民主批评［M］.朱生坚，译.北京：新星出版社，2006.

［3］［美］大卫·丹比.伟大的书：我与西方世界不朽作家的历险记［M］.曹雅学，译.南京：江苏人民出版社，1998.

［4］［美］黛安娜·帕帕拉，等.发展心理学：第10版［M］.李西营，等，译.申继亮，校.北京：人民邮电出版社，2018.

［5］［美］费正清.剑桥中国晚清史·下卷［M］.北京：中国社会科学出版社，1993.

［6］［美］哈罗德·布鲁姆.西方正典：伟大作家和不朽作品［M］.江宁康，译.南京：译林出版社，2005.

［7］［美］哈罗德·布鲁姆.西方正典［M］.江宁康，译.南京：译林出版社，2005.

［8］［美］哈罗德·布鲁姆.影响的焦虑：一种诗歌理论［M］.徐文博，译.南京：江苏教育出版社，2006.

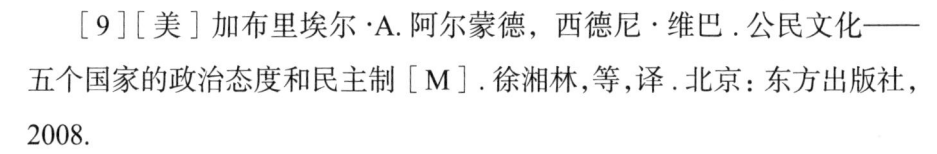

［9］［美］加布里埃尔·A.阿尔蒙德，西德尼·维巴.公民文化——五个国家的政治态度和民主制［M］.徐湘林，等，译.北京：东方出版社，2008.

［10］［美］罗伯特·M.赫钦斯.美国高等教育［M］.江利兵，译.杭州：浙江教育出版社，2001.

［11］［美］罗伯特·达恩顿.启蒙运动的生意——〈百科全书〉出版史（1775–1800）［M］.叶桐，顾航，译.北京：生活·新知·读书三联书店.2005.

［12］［美］莫提默·J.艾德勒，查尔斯·范多伦.如何阅读一本书［M］.郝明义，朱衣，译.北京：商务印书馆，2004.

［13］［美］塞谬尔·亨廷顿.我们是谁？——美国国家特性面临的挑战［M］.程克雄，译.北京：新华出版社，2005.

［14］［美］威廉·A.科萨罗.童年社会学［M］.程福财，等，译.上海：上海社会科学院出版社，2014.

［15］［美］西奥多·W.舒尔茨.人力资本投资——教育和研究的作用［M］.蒋斌，张蘅，译.王璐，校.北京：商务印书馆，1990.

［16］［美］西奥多·W.舒尔茨.吴珠华，等，译.论人力资本投资［M］.北京：北京经济学院出版社，1990.

［17］［美］约翰·桑特洛克.青少年心理学：第11版［M］.寇彧，等，译.北京：人民邮电出版社，2017.

［18］［日］斋藤孝.阅读的力量［M］.武继平，译.厦门：鹭江出版社，2016.

［19］［新西兰］史蒂文·罗杰·费希尔.阅读的历史［M］.李瑞林，译.北京：商务印书馆，2009.

［20］［意］伊塔洛·卡尔维诺.为什么读经典［M］.黄灿然，李桂蜜，译.南京：译林出版社，2006.

［21］［英］安东尼·吉登斯，［英］菲利普·萨顿.社会学［M］.赵

旭东，等，译.北京：北京大学出版社，2003.

[22]［英］斯图亚特·霍尔,保罗·杜盖伊.文化身份问题研究［M］.庞璃，译.开封：河南大学出版社，2010.

[23]［英］约翰·贝克，玛丽·厄尔.王璐，王向旭译.中学教师应关注的热点问题［M］.北京：北京师范大学出版社，2007.

[24] Becker CH,等.中国教育之改进［M］.国立编译馆，译.南京：文心印刷社，1932.

[25] CAVENAGH F A. James & Johns Stuarts Mill on Education［M］. New York City：Harper，1931.

[26] Cf. T. W. Adorno. The Cultural Industry：Selected Essays on Mass Culture［M］. London：Routledge，1991.

[27] David Penchansky. The Politics of Biblical Theology：A Postmodern Reading［M］.Macon GA：Mercer University Press，1995.

[28] Gerald L. Bruns. Hermeneutics Ancient and Modern［M］.New Haven：Yale University Press，1992.

[29] Hans-George Gadamer. Truth and Method，2nd revised ed［M］. New York：Crossroad，1989.

[30] Harris T L，Hodges R E. The Literacy：The Vocabulary of Reading and Writing［M］. Newark：International Reading Association，1995.

[31] Lesley Mandel Morrow. Promoting voluntary reading in school and home［M］.Bloomington：Phi Delta Kappa Educational Foundation，1985.

[32] Lustig & Koster. Intercultural Competence：Interpersonal Communic- ation Across Cultures［M］.University of Wisconsin：John Benjamins Publishing Company，2003.

[33] M. Foucault. Discipline and Punish：The Birth of the Prison［M］.

New York: Vintage, 1979.

[34] M. Horkheimer and T. W. Adorno. Dialectic of Enlightenment [M]. Stanford: Stanford University Press, 2002.

[35] Marcus G E, Fischer M M J. Anthropology as Cultural Critique [M]. Chicago: The University of Chicago Press, 1986.

[36] Pascarella, E. T., Terenzini, et al. How College Affects Students, Volume 2: A Third Decade of Research [M]. San Francisco: Jossey-Bass Publishers, 2005.

[37] Perna, L, W.&Thomas, et al.A Framework for Reducing the College Success Gap and Promoting Success for All[M].Washington D.C.: National Postsecondary Education Cooperative, 2006.

[38] Robin Works Davis.Promoting reading with reading programs : a how-to-do-it manual [M].New York : Neal-Schuman, 1992.

[39] VON MISES L. Human action [M]. Morrisville: Lulu Press, Inc, 2016.

[40] W. 菲利普斯·夏夫利.政治科学研究方法[M].郭继光,等,译.上海：上海世界出版集团,2012.

[41][战国]子思·中庸[M].南昌：江西美术出版社,2018.

[42][东汉]许慎,撰.[清]段玉裁,注.说文解字注[M].郑州：中州古籍出版社,2006.

[43][东汉]许慎.[清]段玉裁,注.说文解字注·十三篇上糸部[M].上海：上海古籍出版社,1988.

[44][东汉]许慎.说文解字[M].北京：中华书局,1963.

[45][唐]陆德明.经典释文[M].张一弓,点校.上海：上海古籍出版社,2012.

[46]白祖诗.中国教育的沉思：传统文化与现代教育[M].昆明：云南教育出版社,1995.

［47］北京图书馆．民国时期总书目［M］．北京：书目文献出版社，1986.

［48］蔡元培，陶行知．中国教育大师谈［M］．合肥：安徽人民出版社，2012.

［49］蔡元培．美学文选［M］．北京：北京大学出版社，1983.

［50］陈恭禄．中国近代史［M］．北京：中国工人出版社，2012.

［51］陈平原．老北大的故事［M］．南京：江苏文艺出版社，1998.

［52］陈琴，华一欣．经典即人生：文字是修正灵魂的良药［M］．北京：中华书局，2011.

［53］陈青之．中国教育史［M］．上海：东方出版社，2008.

［54］陈漱渝．教材中的鲁迅［M］．福州：福建教育出版社，2013.

［55］陈铁键，黄道炫．蒋介石与中国文化［M］．香港：中华书局（香港）有限公司，1992.

［56］陈旭麓．近代中国社会的新陈代谢［M］．上海：上海人民出版社，1992.

［57］陈旭麓．近代中国社会的新陈代谢［M］．上海：上海社会科学院出版社，2006.

［58］陈学飞，林小英，荼世俊．教育政策研究基础［M］．北京：人民教育出版社，2011.

［59］陈学恂．中国近代教育大事记［M］．上海：上海教育出版社，1981.

［60］陈雪虎．传统文学教育的现代启示［M］．广东：广东教育出版社，2006.

［61］陈振江，江沛之．中国历史·晚清民国卷［M］．北京：高等教育出版社，2001.

［62］程达．语文学科论［M］．长沙：湖南教育出版社，1998.

［63］褚宏启，教育部人事司．教育法制基础［M］．北京：北京师

范大学出版社，2002.

［64］崔荣杓.中、韩两国中央教育行政制度的比较研究［M］.台北：国立编译馆，1998.

［65］戴大明.读经与文化自觉［M］.昆明：云南大学出版社，2011.

［66］董纯才，等.中国大百科全书·教育卷［M］.北京：中国大百科全书出版社，1985.

［67］费孝通.论人类学与文化自觉［M］.北京：华夏出版社，2004.

［68］费孝通.文化与文化自觉［M］.北京：群言出版社，2016.

［69］冯国超，译注.华夏国学经典全本全注全译丛书：论语［M］.北京：华夏出版社，2017.

［70］冯天瑜.中华元典精神［M］.上海：上海人民出版社，1994.

［71］傅宏星，编校.国文教学丛编［M］.武汉：华中师范大学出版社，2013.

［72］甘阳.通三统［M］.北京：生活·读书·新知三联书店，2007.

［73］高明士.东亚传统教育与学礼学规［M］.上海：华东师范大学出版社，2008.

［74］高明士.东亚文化圈的形成与发展：政治法制篇［M］.上海：华东师范大学出版社，2008.

［75］高宁.教育的嬗变和文化传承［M］.长沙：湖南大学出版社，2008.

［76］高平叔.蔡元培教育论著选［M］.北京：人民教育出版社，1991.

［77］高平叔.蔡元培全集：第2卷［M］.北京：中华书局，1984.

［78］高时良，译注.中国教育名著丛书：学记［M］.北京：人民教育出版社，2018.

［79］龚鹏程.读经有什么用：现代七十二位名家论学生读经之是与非［M］.上海：上海人民出版社，2008.

［80］龚鹏程.向古人借智慧——如何阅读中国文化经典［M］.天津：百花文艺出版社，2005.

［81］顾明远.民族文化传统与教育现代化［M］.北京：北京师范大学出版社，1998.

［82］顾明远.世界教育大事典［M］.南京：江苏教育出版社，2000.

［83］顾树森.中国历代教育制度［M］.南京：江苏教育出版社，1981.

［84］顾之川.语文论稿［M］.长沙：湖南教育出版社，2000.

［85］国务院法制办公室.中华人民共和国义务教育法注解与配套［M］.北京：中国法制出版社，2017.

［86］何成刚.民国时期中小学历史教育发展研究［M］.长沙：岳麓书社，2008.

［87］何勤华，等.清末民国法律史料丛刊辑要［M］.上海：上海人民出版社，2015.

［88］胡伯威.儿时"民国"［M］.桂林：广西师范大学出版社，2006.

［89］胡晓明.读经：启蒙还是蒙昧？来自民间的声音［M］.上海：华东师范大学出版社，2006.

［90］胡绪阳.语文德性论［M］.长沙：湖南师范大学出版社，2010.

［91］黄济，王策三.现代教育论［M］.北京：人民教育出版社，1996.

［92］黄俊杰.东亚儒学视域中的徐复观及其思想出版信息［M］.上海：华东师范大学出版社，2012.

［93］黄显华，霍秉坤.寻找课程论和教科书设计的理论基础［M］.北京：人民教育出版社，2002.

［94］江弱水.古典诗的现代性［M］.北京：生活·读书·新知三联书店，2010.

［95］教育部人文及社会学科教育指导委员会.选文研究：中小学国语文选文之评价与定位问题［M］.台北：三民书局，1993.

［96］课程教材研究所.20世纪中国中小学课程标准·教学大纲汇编·语文卷［M］.北京：人民教育出版社，2001.

［97］空海，陶继新.让幸福与经典同行：儒释道与中国人的心灵智慧［M］.北京：中华书局，2011.

［98］孔凡哲，张恰，等.教科书研究方法与质量保障研究［M］.长春：东北师范大学出版社，2007.

［99］雷雳，马晓慧.中学生心理学［M］.杭州：浙江教育出版社，2015.

［100］李桂林，戚名琇，钱曼倩.普通教育［M］.上海：上海教育出版社，1995.

［101］李海林.言语教学论［M］.上海：上海教育出版社，2000.

［102］李景文，马小泉.民国教育史料丛刊·中国教育事业中国教育史［M］.郑州：大象出版社，2015.

［103］李坤崇.教学评估：多种评价工具的设计及应用［M］.上海：华东师范大学出版社，2011.

［104］李树.中学语文教材百年史话［M］.济南：山东人民出版社，2007.

［105］李维鼎.语文言意论［M］.上海：上海教育出版社，2000.

［106］李文海.民国时期社会调查丛编二编·文教事业卷［M］.福州：福建教育出版社，2014.

［107］李西宁，张岩.图书馆经典阅读推广［M］.北京：朝华出

版社，2015.

[108] 李杏保，顾黄初. 中国现代语文教育史［M］. 成都：四川教育出版社，2000.

[109] 林庆彰，蒋秋华. 经典的形成，流传与诠释［M］. 台北：台湾学生书局，2007.

[110] 刘东，翟奎凤. 梁启超文存［M］. 南京：江苏人民出版社，2012.

[111] 刘广安. 中国法律思想简史［M］. 北京：高等教育出版社，2011.

[112] 刘国正. 我和我的语文教学［M］. 北京：人民教育出版社，1984.

[113] 刘良华. 教育研究方法：第2版［M］. 上海：华东师范大学出版社，2014.

[114] 刘小枫，陈少明. 古典传统与自由教育［M］. 北京：华夏出版社，2005.

[115] 刘新平，刘存侠. 教育统计与测评导论［M］. 北京：科学出版社，2003.

[116] 刘占泉. 汉语文教材概论［M］. 北京：北京大学出版社，2004.

[117] 柳诒徵，吕思勉. 文化十六讲［M］. 北京：中国友谊出版公司，2009.

[118] 鲁洁. 教育社会学［M］. 北京：人民教育出版社，1990.

[119] 吕思勉. 吕著中小学教科书五种［M］. 上海：上海古籍出版社，2011.

[120] 马金科，洪京陵. 中国近代史学发展叙论1840-1949［M］. 北京：中国人民大学出版社，1994.

[121] 毛泽东. 实践论：论认识和实践的关系——知和行的关系［M］//

毛泽东.毛泽东选集：第1卷.北京：人民出版社，2006：288.

［122］马青，朱轼.大清圣祖仁皇帝实录：卷三四［M］.北京：中华书局，1985.

［123］马晓燕.教师教育论［M］.济南：济南出版社，2005.

［124］民国丛书［M］.上海：上海书店，1992.

［125］闵维方，等.教育投入，资源配置与人力资本收益——中国教育与人力资源问题研究［M］.北京：经济科学出版社，2009.

［126］南京图书馆.南京图书馆藏稀见方志丛［M］.北京：国家图书馆出版社，2012.

［127］潘德荣.文字·诠释·传统：中国诠释传统的现代转化［M］.上海：上海译文出版社，2003.

［128］彭斐章，等.目录学资料汇编［M］.武汉：武汉大学出版社，1986.

［129］彭小虎，王国峰，朱丹.儿童发展与教育心理学［M］.上海：华东师范大学出版社，2013.

［130］平月.中国人民政治协商会议共同纲领［M］.上海：中华书局，1952.

［131］钱基博，等.傅宏星，点校.戊午暑期国文讲义汇刊［M］.桂林：广西师范大学出版社，2010.

［132］钱穆.国学概论［M］.北京：商务印书馆，2001.

［133］钱文忠，马瑞芳，等.中国的经典，经典的中国［M］.武汉：武汉出版社，2009.

［134］璩鑫圭，童富勇.中国近代教育史资料汇编·教育思想［M］.上海：上海教育出版社，2007.

［135］全国十二所重点师范大学联合编写.教育学基础：第3版［M］.北京：教育科学出版社，2017.

［136］人民教育出版社.高级中学语文课本：第1册［M］.北京：

人民教育出版社，1952.

［137］人民教育出版社中学语文编辑室.中学语文教材和教学［M］.北京：人民教育出版社，1981.

［138］容中逵.传统文化传承论：全球化时代中国教育的文化责任出版信息［M］.桂林：广西师范大学出版社，2011.

［139］沈云龙.近代中国史料丛刊·第73辑［M］.台北：台湾文海出版社，1966.

［140］石鸥.中国基础教育60年 1949—2009［M］.长沙：湖南师范大学出版社，2009.

［141］史朝.中日民族传统文化与教育现代化的比较研究［M］.保定：河北大学出版社，2004.

［142］首都师范大学"傅任敢教育思想与实践之研究"课题组编.傅任敢教育文集［M］.北京：教育科学出版社，2011.

［143］舒新城.中国近代教育史料：上册［M］.北京：人民教育出版社，1981.

［144］舒新城.中国近代教育史资料：中册［M］.北京：人民教育出版社，1985.

［145］宋恩荣，章咸.中华民国教育法规选编［M］.南京：江苏教育出版社，2005.

［146］孙培青.中国教育史［M］.上海：华东师范大学出版社，2009.

［147］檀传宝.德育原理［M］.北京：北京师范大学出版社，2006.

［148］唐文治.茹经堂文集：卷二［M］.南京：江苏人民出版社，1983.

［149］陶飞亚，吴梓明.基督教大学与国学研究［M］.福州：福建教育出版社，1998.

［150］陶继新，王崧舟.语文的文化品格［M］.北京：中华书局，

2014.

［151］汪家熔.民族魂——教科书变迁［M］.北京：商务印书馆，2008.

［152］王财贵.读经二十年［M］.北京：中华书局，2014.

［153］王登峰,陶继新.经典教育让生命有根［M］.北京：中华书局，2010.

［154］王锦贵,王京山,等.经典文献与大学生素质教育研究［M］.北京：北京大学出版社，2009.

［155］王京生,徐雁.书香中国［M］.深圳：海天出版社，2017.

［156］王龙.阅读史导论［M］.北京：国家图书馆出版社，2017.

［157］王荣生.语文科课程论基础［M］.上海：上海教育出版社，2003.

［158］王尚文.语感论［M］.上海：上海教育出版社，2006.

［159］王铁军,教育部人事司.中小学教育科学研究与应用［M］.南京：南京师范大学出版社，2002.

［160］王伟宜,王晞,等.考试与评价［M］.福州：福建教育出版社，2008.

［161］王宪明,蔡乐苏.中国近现代史述要［M］.北京：清华大学出版社，2008.

［162］王燕来.民国教育统计资料汇编［M］.北京：国家图书馆出版社，2010.

［163］王友胜,等.民国间古代文学研究名著导读［M］.长沙：岳麓书社，2010.

［164］王余光,徐雁.中国读书大辞典［M］.南京：南京大学出版社，1999.

［165］王余光.阅读与经典同行［M］.深圳：海天出版社，2013.

［166］魏宏运.中国现代史［M］.北京：高等教育出版社，2002.

［167］魏青.教育学［M］.成都：西南交通大学出版社，2006.

［168］魏书生，华一欣.守护传统常识［M］.北京：中华书局，2013：41.

［169］温儒敏.温儒敏论语文教育［M］.北京：北京大学出版社，2010.

［170］吴科达.臣民还是公民：教科书审定制度和思想道德教科书1902—1949［M］.北京：中国社会科学出版社，2013.

［171］吴宓.文学与人生［M］.王岷源，译.北京：清华大学出版社，1993.

［172］西北军政委员会教育部.语文教学的方向问题：修订本［M］.西安：西北人民出版社，1950.

［173］徐雁.阅读的人文与人文的阅读［M］.北京：科学出版社，2014.

［174］徐梓.中华蒙学读物通论［M］.北京：中华书局，2014.

［175］许欢.中国阅读通史·民国卷［M］.合肥：安徽教育出版社，2017.

［176］闫苹.民国经典国语课［M］.北京：中华书局，2011.

［177］杨伯峻.孟子译注［M］.北京：中华书局，2005.

［178］杨贤江.杨贤江教育文集［M］.北京：教育科学出版社，1980.

［179］杨连福，陈谦.民间私藏近代汉文初学、中小学教材资料汇编［M］.台北：博扬文化事业有限公司，2012.

［180］姚中秋，闫恒.现代中国通识教育经典文集［M］.杭州：浙江大学出版社，2013.

［181］姚祖义，金为.最新中国历史教科书：第一册［M］.北京：商务印书馆，1904.

［182］叶澜.教育概论［M］.北京：人民教育出版社，1991.

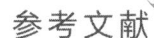

[183] 叶朗. 中国优秀传统文化读本 [M]. 北京：人民教育出版社，2018.

[184] 叶圣陶，编. 丰子恺，绘. 开明国语课本 [M]. 上海：上海科学技术文献出版社，2005.

[185] 叶圣陶. 中学语文教材与教学 [M]. 北京：人民教育出版社，1981.

[186] 于源溟. 预成性语文课程基点批判 [M]. 北京：社会科学文献出版社，2007.

[187] 袁振国. 当代教育学 [M]. 北京：教育科学出版社，1998.

[188] 詹福瑞. 论经典 [M]. 北京：人民文学出版社，2016.

[189] 张冠生. 纸年轮——民国以来百年中国私人读本 [M]. 桂林：广西师范大学出版社，2011.

[190] 张良田. 教学手段论 [M]. 长沙：湖南教育出版社，1999.

[191] 张隆溪. 中西文化研究十论 [M]. 上海：复旦大学出版社，2005.

[192] 张生. 中国法律近代化论集 [M]. 北京：中国政法大学出版，2002.

[193] 张树年，柳和成，张人凤，等. 张元济年谱 [M]. 北京：商务印书馆，1991.

[194] 张新彦，李华生. 中华诵·国学经典诵读 [M]. 长沙：中南大学出版社，2015.

[195] 张亦辉. 穿越经典 [M]. 北京：中国书籍出版社，2014.

[196] 张勇. 中国思想史参考资料集：晚清至民国卷 [M]. 北京：清华大学出版社，2005.

[197] 张志公. 传统语文教育教材论：暨蒙学书目和书影 [M]. 北京：中华书局，2013.

[198] 长孙无忌，等. 隋书经籍志 [M]. 北京：商务印书馆，1955.

［199］赵俊玲，郭腊梅，杨绍志.阅读推广理念方法案例［M］.北京：国家图书馆出版社，2013.

［200］郑国民.从文言文教学到白话文教学：我国近现代语文教育的变革历程［M］.北京：北京师范大学出版社，2000.

［201］中国第二历史档案馆.中华民国史档案资料汇编：第五辑第二编教育：一［M］.南京：江苏古籍出版社，1997.

［202］中国第二历史档案馆.中华民国史档案资料汇编［M］.南京：江苏古籍出版社，1997.

［203］中国第二历史档案馆.中华民国史档案资料汇编：第三辑：文化［M］.南京：江苏古籍出版社，1991.

［204］中国法制出版社.中华人民共和国教育法律法规全书［M］.北京：中国法制出版社，2017.

［205］中国人民政治协商会议江苏省暨南京委员会文史资料研究委员会.江苏文史资料选辑：第11辑［M］.南京：江苏人民出版社，1983.

［206］中国图书馆学会青少年阅读推广委员会.播撒阅读种子守望少儿幸福 青少年阅读推广理论与实践［M］.北京：国家图书馆出版社，2012.

［207］中华书局经典教育推广中心，广州市天河区教师进修学校编撰.中华经典教育九讲［M］.北京：中华书局，2013.

［208］中央教育科学研究所.中国现代教育大事记［M］.北京：教育科学出版社，1988.

［209］周庆元.语文教育研究概论［M］.长沙：湖南人民出版社，2005.

［210］周庆元.中学语文教材概论［M］.长沙：湖南人民出版社，1994.

［211］周燕妮，聂凌睿，马德静.书香社会：全民阅读导论［M］.深圳：海天出版社，2017.

[212] 朱绍禹，傅永安，刘淼.语文课程与教学论［M］.北京：中国社会科学出版社，2007.

[213] 朱绍禹.中学语文教材概观［M］.北京：人民教育出版社，1997.

[214] 朱永新.沟通与融合：中国近现代教育思想史［M］.北京：人民教育出版社，2004.

[215] 朱自清.经典常谈［M］.北京：中华书局，2009.

[216] 烛光.南怀瑾谈儿童经典教育［M］.济南：明天出版社，2012.

[217] 庄俞，等.张元济，校订.商务国语教科书［M］.上海：上海科学技术文献出版社，2005.

[218] 邹川雄.通识教育与经典诠释：一个教育社会学的反省［M］.台湾嘉义县：南华大学教育社会学研究所，2006.

## 三、学位论文

[1] 安贤仙.中学德育中的传统道德经典教育研究［D］.新乡：河南师范大学，2013.

[2] 白书藏.哈罗德·布鲁姆的文学经典观研究［D］.石家庄：河北师范大学，2010.

[3] 班媚.大众文化背景下大学生课外阅读取向研究［D］.重庆：西南大学，2010.

[4] 边艳红.小学阶段中华经典诵读教育价值研究［D］.石家庄：河北师范大学，2005.

[5] 卜德伟.初中生国文经典阅读及其语文素养培养的实践研究［D］.长春：东北师范大学，2007.

[6] 曹磊.中国大陆与台湾地区语文高考文言文试题比较研究［D］.兰州：西北师范大学，2015.

［7］曹小华.高中语文经典名著阅读教学问题与对策的研究［D］.长沙：湖南师范大学，2013.

［8］常桂云.高中语文阅读教学课内外结合的策略研究［D］.苏州：苏州大学，2009.

［9］常鑫.信息社会背景下中学生课外阅读的现状及指导策略研究［D］.南京：南京师范大学，2011.

［10］陈凤花.中学生语文课外阅读理论和实践研究［D］.上海：华东师范大学，2005：16.

［11］陈宏资.初中生经典阅读的迷失与回归［D］.长沙：湖南师范大学，2009.

［12］陈华.中国公民教育的诞生—课程史的研究［D］.上海：华东师范大学，2012.

［13］陈华彬.钱理群中学语文教育观研究［D］.海口：海南师范大学，2014.

［14］陈思远.陆、港高中语文教材文言文选文与教学设计比较研究——以人教社课标版、香港启思版为中心［D］.武汉：华中师范大学，2016.

［15］陈秀虹.高中语文书册阅读教学现状与对策研究［D］.福州：福建师范大学，2008.

［16］陈雪.初中语文中国现当代文学经典的教学策略研究［D］.成都：四川师范大学，2013.

［17］陈樱株.小学语文"经典诵读"的研究［D］.苏州：苏州大学，2014.

［18］陈苑.大学传统文化教育的发展现状及学生收益——以北京大学为研究个案［D］.北京：北京大学，2008.

［19］程丽燕.改革开放以来的儒学"复兴"现象研究——曲阜一角透视［D］.曲阜：曲阜师范大学，2011.

［20］褚春红.高中语文国学经典教育研究［D］.济南：山东师范大学，2016.

［21］杨光.从胡适的"国学"研究看其治学方法［D］.武汉：华中师范大学，2006.

［22］戴华.高中名著阅读的研究性教学实践研究［D］.南京：南京师范大学，2015.

［23］戴晓芳.哈佛道德推理课对我国高校价值观教育方法创新的启示［D］.昆明：昆明理工大学，2014.

［24］邓爱丽.现行高中语文教材文言文选文的研究［D］.重庆：西南大学，2008.

［25］丁林兴."营造书香校园"的理论与实践研究［D］.苏州：苏州大学，2008.

［26］丁文祎.中国公共图书馆阅读推广研究［D］.北京：北京大学，2014.

［27］杜开敏.高校图书馆虚拟阅读社区模型构建研究［D］.南京：东南大学，2016.

［28］梁艳春.对人教社新编高中语文教材的分析与评价［D］.桂林：广西师范大学，2003.

［29］张立媛.对语文高考30年语言知识的分析［D］.长春：吉林大学，2011.

［30］范远波.民国小学语文教材研究［D］.上海：华东师范大学，2007.

［31］方琳.沪港初中语文教材比较研究［D］.上海：华东师范大学，2008.

［32］方婷.陆世仪启蒙教育思想探析［D］.上海：华中师范大学，2016.

［33］方予.数字化时代背景下的中学生课外读写研究［D］.重庆：

西南大学，2006.

［34］冯瑜.在全民阅读背景下图书馆化解阅读危机的策略研究［D］.大连：辽宁师范大学，2010.

［35］傅小英.阿特伍德重述经典研究［D］.南京：南京师范大学，2016.

［36］富晓旭.大陆与台湾高中教材中文言诗文比较研究［D］.大连：辽宁师范大学，2016.

［37］高爱民.《背影》阅读史［D］.福州：福建师范大学，2007.

［38］高睿.中学生经典文本阅读教学研究［D］.西安：陕西师范大学，2013.

［39］高艳.高职课程考核综合评价系统的研究与开发［D］.成都：电子科技大学，2013.

［40］戈珺平.延吉市汉族初中课外中华文化经典阅读现状调查与实施建议［D］.延边：延边大学，2015.

［41］顾琦.后现代语境下初中学生核心价值体系构建研究［D］.宁波：宁波大学，2011.

［42］管娜.当今时代文学教育问题探讨［D］.南昌：江西师范大学，2013.

［43］郝如新.朱子读书法及其启示［D］.北京：首都师范大学，2005.

［44］郝文辉.先秦儒家生命观视域下当代大学生生命教育的理论及实践探索［D］.北京：北京化工大学，2014.

［45］何玲玲.红色经典教育［D］.重庆：西南大学，2010.

［46］何玉婷.延安市中学生红色经典阅读的现状及策略研究［D］.延安：延安大学，2016.

［47］洪晓雪.台湾翰林版高中国文教材中的传统文化分析［D］.北京：中央民族大学，2015.

［48］侯文媛.齐齐哈尔市农村高中课外经典名著阅读现状调查及对策［D］.哈尔滨：哈尔滨师范大学，2013.

［49］侯昕燕.《荷塘月色》阅读史［D］.福州：福建师范大学，2008.

［50］胡虹丽.坚守与创新：百年中小学文言诗文教学研究［D］.长沙：湖南师范大学，2010.

［51］胡伟光.民国前期中小学语文教育研究（1912–1927）［D］.济南：山东师范大学，2013.

［52］化月凡.对大学人文教育中经典阅读的理论审视［D］.武汉：华中科技大学，2007.

［53］黄芳.文学经典阅读与提升高中生语文素养的研究［D］.长沙：湖南师范大学，2015.

［54］黄龙芳.国学教育与语文教学改革反思［D］.福州：福建师范大学，2007.

［55］黄耀红.演变与反思：百年中小学文学教育研究［D］.长沙：湖南师范大学，2008.

［56］江辉.网络阅读对高中生语文素养的影响及对策研究［D］.广州：广州大学，2013.

［57］江慧.分级阅读视角下合肥市少年儿童图书馆阅读推广调查与分析［D］.合肥：安徽大学，2017.

［58］姜恕.清末民初蒙学教育向小学教育的嬗变之路［D］.西安：陕西师范大学，2012.

［59］焦宁.吴泓文言文专题教学研究［D］.桂林：广西师范大学，2015.

［60］金黎平.大陆与台湾初中语文教材比较研究［D］.苏州：苏州大学，2017.

［61］雷玉凤.对经典诵读提升初中生语文素养的研究［D］.信阳：

信阳师范学院，2015.

［62］黎英.多元文化对语文课程的影响及对策［D］.石家庄：河北师范大学，2007.

［63］李华.小学阶段经典诵读课程目标及教材编制之构想［D］.石家庄：河北师范大学，2014.

［64］李卉.跨文化语境下香港语文教育政策研究［D］.重庆：西南大学，2010.

［65］李建英.朱自清语文阅读教学观探要［D］.呼和浩特：内蒙古师范大学，2011.

［66］李洁.初中语文"名著导读"教学研究［D］.苏州：苏州大学，2008.

［67］李力.科举考试废止前后的观念变化研究［D］.西安：陕西师范大学，2008.

［68］李梅娜.国学经典融入初中语文教学的实践研究［D］.烟台：鲁东大学，2017.

［69］李萌.傅斯年大学教育思想研究［D］.西安：陕西师范大学，2009.

［70］李鹏程.大陆、台湾语文课程目标的具化与实现比较［D］.长沙：湖南师范大学，2014.

［71］李瑞.初中语文教材中人文教育内容研究［D］.湘潭：湖南科技大学，2012.

［72］李小光.生死超越与人间关怀［D］.成都：四川大学，2002.

［73］李晓敏.中外图书馆阅读推广活动比较研究［D］.洛阳：河南科技大学，2012.

［74］李欣欣.高中语文教学中的经典文学教学研究［D］.延边：延边大学，2011.

［75］李新仓.学科评估指标体系信效度研究［D］.天津：河北工业

大学，2007．

［76］李新祥．数字时代我国国民阅读行为嬗变及对策研究［D］．武汉：武汉大学，2013．

［77］李雪梅．安徽省公共图书馆阅读推广活动调研报告［D］．合肥：安徽大学，2016．

［78］李彦荣．中国中小学课程改革的文化路向［D］．上海：华东师范大学，2004．

［79］李瑶曦．孔荀教育思想比较研究［D］．上海：华中师范大学，2010．

［80］梁小泓．论新课程文学经典的阅读及其教学［D］．哈尔滨：哈尔滨师范大学，2012．

［81］林冰清．《高中经典悦读》校本课程开发［D］．上海：华东师范大学，2014．

［82］林春燕．影视资源对高中学生阅读水平影响初探［D］．上海：华东师范大学，2006．

［83］林宛莹．传统的再生：中国文学经典在马来西亚的伦理接受［D］．武汉：华中师范大学，2014．

［84］刘翠．"新教育实验"之"营造书香校园"维度的现状与调查研究——以海门市为例［D］．贵阳：贵州师范大学，2014．

［85］刘芬．台湾翰林版小学国语写作教材研究［D］．上海：上海师范大学，2016．

［86］刘桂红．新中国人教版初中语文教材古诗文选文探析［D］．武汉：华中师范大学，2016．

［87］刘坤．白城一中分年段经典拓展阅读现状调查与分析［D］．延边：延边大学，2016．

［88］刘倩．国学经典引入到小学音乐教育内容的应用研究［D］．烟台：鲁东大学，2016．

［89］刘秋月.中国共产党对河南教育的接管和改造（1948–1952）［D］.郑州：郑州大学，2014.

［90］刘暑珍.卡尔维诺的文学经典观［D］.上海：华东师范大学，2013.

［91］刘腾飞.院校支持与个体参与对不同群体学生发展的影响［D］.北京：北京大学，2013.

［92］刘幸.锦州市小学经典诵读存在的问题及改进策略研究［D］.锦州：渤海大学，2016.

［93］刘燕.高中语文古代经典文本阅读教学探索［D］.济南：山东师范大学，2008.

［94］刘奕昕.长沙市亲子共读经典研究［D］.南宁：广西师范学院，2013.

［95］卢锋.阅读的价值、危机与出路［D］.苏州：苏州大学，2013.

［96］卢毅.流行文化对高中生语文阅读的影响研究［D］.苏州：苏州大学，2013.

［97］陆乔乔.中学生接受传统文学经典的途径方法探究［D］.上海：华东师范大学，2007.

［98］罗冬梅.台湾"国文"教科书选文研究［D］.福州：福建师范大学，2016.

［99］罗美玲.基于CIPP评价模式的高职院校内部专业评估指标体系构建研究［D］.广州：广东技术师范学院，2016.

［100］罗萍.小学阶段中华传统经典教育的价值研究［D］.重庆：西南大学，2008.

［101］罗云飞.中学生个性化课外阅读初探［D］.长沙：湖南师范大学，2005.

［102］吕瑞芬.在初中开设经典诵读课的价值及建议［D］.呼和浩特：

内蒙古师范大学，2015.

［103］吕杉杉.哈罗德·布鲁姆的文学经典理论研究［D］.济南：山东师范大学，2014.

［104］马卓.中学生语文课外阅读问题与对策研究［D］.济南：山东师范大学，2011.

［105］孟蕊.传统文化进音乐课堂的启示［D］.石家庄：河北师范大学，2016.

［106］莫利桃.西方自然主义教育家的游戏理论及其当代启示［D］.长沙：湖南师范大学，2014.

［107］倪孟达.论经典教学［D］.上海：华东师范大学，2009.

［108］欧红燕.小学教师的德性智慧及其生成［D］.长沙：湖南师范大学，2013.

［109］潘艳.中小学生阅读教学现状的分析及提升对策［D］.大连：辽宁师范大学，2011.

［110］潘正茂.大众文化资源对中学生阅读的影响及其开发研究［D］.武汉：华中师范大学，2007.

［111］庞臻.电子媒介时代的高中语文阅读教学策略初探［D］.南京：南京师范大学，2008.

［112］彭议红.大陆语文教材改进和补充《国学》专门教材的探索［D］.上海：上海师范大学，2011.

［113］权俊良.新时期高中语文教材古代作品选文研究［D］.苏州：苏州大学，2005.

［114］任君.文学经典阅读与中职生和谐人格建构［D］.呼和浩特：内蒙古师范大学，2009.

［115］任莎.句容地区《〈史记〉选读》教学现状调查及改进策略研究［D］.南京：南京师范大学，2014.

［116］尚小军.建国后小学毕业年级语文教科书德育价值取向演变

研究［D］.西安：陕西师范大学，2012.

［117］申海敏.在经典阅读中建构学生的精神家园［D］.济南：山东师范大学，2007.

［118］沈泠.大众文化语境下的经典阅读——中学生课外阅读现状思考及对策［D］.苏州：苏州大学，2007.

［119］沈玲.现代传媒阅读与中学语文经典阅读教学［D］.上海：华东师范大学，2009.

［120］史岩.经典阅读教学研究［D］.济南：山东师范大学，2004.

［121］苏国安.南京国民政府时期学校教育政策研究［D］.保定：河北大学，2010.

［122］苏启平.农村高中课外阅读的现状与前瞻［D］.长沙：湖南师范大学，2005.

［123］孙蔓娜.21世纪初香港初中语文课程改革研究［D］.扬州：扬州大学，2009.

［124］孙铭慧.我国经典名著的出版传播研究［D］.四平：吉林师范大学，2013.

［125］孙心心.语文教学中的古代经典教育研究［D］.济南：山东师范大学，2015.

［126］孙雪梅.让学生走进广阔的精神家园［D］.大连：辽宁师范大学，2005.

［127］孙哲.小学生读经教育现状探析［D］.北京：中央民族大学，2010.

［128］谭红樱.中小学校开展中华优秀传统文化教育存在的问题及对策研究［D］.重庆：重庆师范大学，2016.

［129］谭莎莎.浅谈传统语文教育对中学生语感培养的启示［D］.曲阜：曲阜师范大学，2010.

［130］谭烁.2011年全国语文高考试卷语文知识类试题比较分析

[D]．长春：东北师范大学，2012．

［131］谭小红．论中学语文教学中的经典阅读［D］．长沙：湖南师范大学，2006．

［132］汤丽萍．阅读经典，完善人格［D］．杭州：杭州师范大学，2006．

［133］唐长青．高中经典文学作品研究性学习探索［D］．上海：华东师范大学，2009．

［134］陶应宏．文学经典教学的微课设计研究［D］．重庆：重庆师范大学，2016．

［135］田志艳．通识教育理念下的大学"书香校园"建设［D］．南京：南京邮电大学，2015．

［136］童靓．朱自清阅读教学观对高中阅读教学的启示［D］．武汉：华中师范大学，2016．

［137］王丙先．大众文化：语文课程资源的新视野［D］．长春：东北师范大学，2007．

［138］王波岚．碎片化阅读对中学生文学鉴赏能力形成的影响研究［D］．成都：四川师范大学，2013

［139］王畅．"经典诵读"在提升高中生人文素养中的价值追问与反思［D］．长沙：湖南师范大学，2015．

［140］王海迪．小学语文古代经典诵读教学研究［D］．济南：山东师范大学，2015．

［141］王红岩．大陆语文新课标与港澳台相关课程文件的比较研究［D］．重庆：西南大学，2008．

［142］王建頔．民国时期普通中学课程实施研究［D］．长春：东北师范大学，2008．

［143］王金卫．视觉文化背景下的高中文学教育研究［D］．烟台：鲁东大学，2013．

［144］王君.香港启思版初中《中国语文》传统文化建构研究［D］.淮北：淮北师范大学，2016.

［145］王丽.中学生浅阅读与阅读教育对策浅探［D］.北京：首都师范大学，2014.

［146］王丽娜.民国时期国学经典的教育观念变迁研究［D］.成都：四川师范大学，2012：38.

［147］王玲.小学语文经典古诗文诵读探究［D］.呼和浩特：内蒙古师范大学，2012.

［148］王璞玉.两岸三地中学语文教材中德育教育的比较研究［D］.烟台：鲁东大学，2013.

［149］王为民.经典阅读对农村初中学生教育作用的个案调查研究［D］.淮北：淮北师范大学，2015.

［150］王维维.初中生名著阅读的社会影响源分析及启示［D］.北京：首都师范大学，2014.

［151］王文锋.读经典古文，促言语表现［D］.福州：福建师范大学，2008.

［152］王显才.经典诵读校本课程开发的研究［D］.长春：东北师范大学，2009.

［153］王新娟.世纪之交两岸三地初中语文课程改革比较［D］.上海：华东师范大学，2006.

［154］王璇.促进初中语文课外经典"悦读"的策略研究［D］.烟台：鲁东大学，2013.

［155］王优.香港启思版高中《中国语文》教科书研究［D］.扬州：扬州大学，2009.

［156］王铮.数据挖掘在分层次教学中的应用研究［D］.天津：天津大学，2004.

［157］魏荣.教育测量理论在高校课程考试质量评价中的应用研究

[D].太原：山西财经大学，2012.

[158]魏硕.民国时期图书馆阅读推广活动研究[D].长春：东北师范大学，2014.

[159]吴美美.在经典与时尚之间——高中生课外整合式阅读探讨[D].曲阜：曲阜师范大学，2015.

[160]吴七星.原汁原味读《论语》的重要性及其教育实验[D].福州：福建师范大学，2013.

[161]吴亚男.初中语文经典小说阅读教学研究[D].信阳：信阳师范学院，2016.

[162]席晶晶.论教育隐喻[D].开封：河南大学，2009.

[163]夏蕾.海峡两岸大学入学考试语文试卷比较研究[D].扬州：扬州大学，2008.

[164]冼文辉.校本初中中文课外阅读课程的实施成效[D].香港：香港大学，2007.

[165]肖建红.初中学生文言文学习兴趣问题研究[D].上海：华东师范大学，2009.

[166]肖井泉.论哈罗德·布鲁姆的经典观[D].武汉：华中师范大学，2013.

[167]肖蓁蓁.荆州三国文化在高中语文教学中的开发应用[D].武汉：华中师范大学，2016.

[168]谢圣礼.对正典的捍卫与坚守[D].济南：山东大学，2008.

[169]新娟.世纪之交两岸三地初中语文课程改革比较[D].上海：华东师范大学，2006.

[170]徐德文.在阅读教学中培养学生自主学习能力的实践研究[D].长春：东北师范大学，2007.

[171]徐秀美.中国儒家思想对韩国教育的三种影响[D].南京：南京大学，2012.

［172］徐玉琴.初中文学名著阅读教学初探［D］.上海：上海师范大学，2007.

［173］徐志伟.学生成绩分类诊断系统的设计和研究［D］.上海：华东师范大学，2010.

［174］许红.大陆与香港小学语文教科书道德教育要素比较研究［D］.金华：浙江师范大学，2008.

［175］许金萍.清末存古学堂的办理及历史反思［D］.武汉：华中师范大学，2011.

［176］许琳瑶.从"振兴中华"读书活动到全民阅读推广工作：1982–2012［D］.南京：南京大学，2013.

［177］许小荣.高考语文试题研究［D］.桂林：广西师范大学，2007.

［178］许秀如.大陆台湾两地初中语文教材比较研究［D］.福州：福建师范大学，2007.

［179］薛聚瑾.苏教版高中选修《〈史记〉选读》教学方法研究［D］.苏州：苏州大学，2009.

［180］杨成琰.关于小学语文教育实施经典阅读的探索与实践［D］.济南：山东师范大学，2005.

［181］杨帆.儒家经典阅读与中学生命教育［D］.武汉：华中师范大学，2006.

［182］杨虹.高中语文经典阅读教学研究［D］.长春：东北师范大学，2011.

［183］杨婕.香港启思版《高中语文》与人教版《高中语文》选文之比较研究［D］.广州：广州大学，2016.

［184］杨丽.香港启思版与内地人教版教材之比较研究［D］.成都：四川师范大学，2009.

［185］杨琳.关于语文阅读教学中经典文学作品阅读的思考［D］.上

海：华东师范大学，2010.

[186] 杨璐.经典阅读在中学生写作中的作用[D].大连：辽宁师范大学，2016.

[187] 杨仁敏.小学生国学经典教育存在的问题及对策研究[D].南充：西华师范大学，2016.

[188] 杨薇.寄宿制山区小学国学经典类校本课程研究[D].昆明：云南师范大学，2015.

[189] 杨文兰.中学语文阅读教学改革的理论与实践[D].南昌：江西师范大学，2005.

[190] 姚冬芬.高中阶段文学经典作品阅读教学研究[D].上海：华东师范大学，2007.

[191] 姚健.初中作文教学中学生思维品质的培养与铸炼[D].上海：上海师范大学，2014.

[192] 叶蓉蓉.小学"中华经典诵读"现状调查研究[D].上海：上海师范大学，2012.

[193] 于杨.教育游戏动机激发策略设计原则及应用探究[D].沈阳：沈阳师范大学，2015.

[194] 虞建新.传媒视野下的古诗词阅读教学[D].上海：华东师范大学，2009.

[195] 袁建琼.国学经典在小学语文教学中渗透方式的研究[D].重庆：西南大学，2015.

[196] 袁蕊.中小学教师阅读现状及改进策略研究[D].无锡：江南大学，2014.

[197] 张爱莲.小学语文教学中的经典教育探讨[D].济南：山东师范大学，2006.

[198] 张布和.建设和谐文化视角的少数民族教育质量评价研究[D].北京：中央民族大学，2007.

［199］张谌.布迪厄的文化再生产理论研究［D］.大连：东北财经大学，2012.

［200］张帆.沪港现行高中语文教材阅读部分比较研究［D］.上海：华东师范大学，2011.

［201］张辉.哈罗德·布鲁姆文学阅读理论研究［D］.沈阳：辽宁大学，2015.

［202］张金芳."新教育实验"阅读理念探究［D］.长沙：湖南师范大学，2014.

［203］张静茹.保定市小学图书馆阅读推广研究［D］.保定：河北大学，2014.

［204］张骏.台湾九年一贯语文新课程研究［D］.扬州：扬州大学，2008.

［205］张立娟.弗莱克斯纳现代大学思想及其实践研究［D］.苏州：苏州大学，2015.

［206］张世颖.中学语文教材中儒道经典选篇现状与教学研究［D］.四平：吉林师范大学，2014.

［207］张文婷.影视资源在小学语文阅读中的应用策略研究［D］.保定：河北大学，2015.

［208］张霞.国学经典诵读与小学生养成教育相融合的研究［D］.呼和浩特：内蒙古师范大学，2011.

［209］张雪.香港《中国语文课程指引》与内地《语文课程标准》比较［D］.上海：华东师范大学，2007：12.

［210］张亚莉.文学经典阅读与大学理念的重审［D］.杭州：杭州师范大学，2016.

［211］张艳丽.高中生文学经典阅读研究［D］.武汉：华中师范大学，2007.

［212］张益.小学语文综合性学习的理论与实践研究［D］.上海：

上海师范大学，2008.

［213］张颖．朱自清阅读教学思想研究［D］．济南：山东师范大学，2004.

［214］张勇．王阳明道德教育思想研究［D］．湘潭：湖南科技大学，2011.

［215］张媛．面向多维对象的幼儿教育软件评价指标体系研究［D］．开封：河南大学，2014.

［216］章阿朋．"新时期语文概念论争"辨［D］．长春：东北师范大学，2011.

［217］赵晖．中国公民教育目标与内容体系的建构［D］．北京：北京大学，2000.

［218］赵静．上海、台湾初中语文教科书文言文编选比较研究［D］．上海：上海师范大学，2010.

［219］赵坤．基于主题资源网站的课堂教学模式探究［D］．北京：首都师范大学，2005.

［220］赵蕾．论叶圣陶的语文习惯养成说及其现代启示［D］．长沙：湖南师范大学，2016.

［221］赵立波．人文发展与通识教育问题初探［D］．上海：复旦大学，2008.

［222］赵蒙．扬州中学早期（1927–1937）国文教育及现实启示［D］．扬州：扬州大学，2011.

［223］赵然冉．钱基博国文教育思想研究［D］．武汉：华中师范大学，2015.

［224］赵颖霞．晚清民国时期中小学国学教育的历史嬗变研究［D］．保定：河北大学，2016.

［225］郑廷娇．地方高校大学生人文经典阅读现状调查及对策研究［D］．长春：长春工业大学，2017.

［226］职通帅.人教版高中语文必修教材传统文化要素分析［D］.长沙：湖南师范大学，2015.

［227］钟升.高中国学教育的教材研究［D］.武汉：华中师范大学，2013.

［228］周丹.中学生经典阅读研究［D］.长沙：湖南师范大学，2008.

［229］周凤梅.小学国学经典诵读校本课程价值的研究［D］.呼和浩特：内蒙古师范大学，2011.

［230］周险峰.教育文本理解论［D］.上海：华东师范大学，2006.

［231］周欣.浅析台湾国文教育的本真特色［D］.长沙：湖南师范大学，2013.

［232］朱丽娜.台湾康轩版国中国文教材选文的价值取向研究［D］.桂林：广西师范大学，2015.

［233］朱咏红.经典阅读与人格教育［D］.上海：华东师范大学，2006.

［234］朱玉美.在沪华裔中学生中文经典著作阅读调查研究［D］.上海：华东师范大学，2013.

［235］祝秀荣.人教版与香港教育图书版高中语文教材现当代散文选篇的比较研究［D］.福州：福建师范大学，2016.

## 四、报刊文献

［1］关于实施中华优秀传统文化传承发展工程的实施意见［N］.内蒙古日报（汉），2018-09-13（005）.

［2］海芒.香港语文考试将改用新形式［N］.团结报，2000-10-24（002）.

［3］黄冲.83.6%受访者认为国人汉语应用水平下降［N］.中国青年报，2012-01-10（7）.

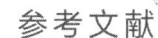

[4] 宋东伦. "台湾语文"的可耻［N］. 人民日报海外版, 2011-06-01（003）.

[5] 猩酋. 经与文化的管见［N］. 广智馆星期报.1932（191）：1-2.

[6] 张岂之. "经典"一词不宜泛化［N］. 人民政协报, 2014-05-12（009）.

### 五、汇编及论文集

[1] In D.G. Creamer（Ed.）, College Student Development: Theory and Practice for the 1990s［M］. Alexandria, VA: American College Personnel Association.

[2] 陈明. 原道［G］. 北京：中国社会科学出版社, 团结出版社, 1994.

[3] 复旦大学历史系. 新文化史与中国近代史研究［C］. 上海：上海古籍出版社, 2009.

[4] 李树. 中学语文教学百年史话［G］. 济南：山东人民出版社, 2007.

[5] 刘小枫, 陈少明. 古典传统与自由教育［C］. 北京：华夏出版社, 2005.

[6] 璩鑫圭, 唐良炎. 中国近代教育史资料汇编·学制演变［G］. 上海：上海教育出版社, 2007.

[7] 闫苹, 段建弘. 中国现代中学语文教材研究［G］. 郑州：文心出版社, 2007.

[8] 新学制课程标准起草委员会. 新学制课程标准纲要［G］. 上海：商务印书馆, 1925.

[9] 张隆溪. 经典在阐释学上的意义［G］//黄俊杰. 中国经典诠释传统：一. 台北：喜玛拉雅基金会, 2002.

[10] 浙江大学韩国研究所. 第十五届中国韩国学国际研讨会论文

集·哲学社会经济卷：韩国研究丛书之五十九［C］.浙江大学韩国研究所：浙江大学韩国研究所，2014.

［11］中国第二历史档案馆.中华民国史档案资料汇·第三辑：文化［G］.南京：江苏古籍出版社，1991.

［12］中国语文现代化学会.语文现代化论丛：第八辑［C］.中国语文现代化学会：2008.

［13］中央教育教学研究所.林砺儒教育文选［G］.北京：北京师范大学出版社，1981.

［14］朱有瓛.中国近代学制史料·第3辑：上册［G］.上海：华东师范大学出版社，1990.

## 六、电子资源

［1］国家前沿战略支撑平台."一带一路"数据库［EB/OL］.［2020-03-24］.http：//www.ydylcn.com/skwx_ydyl/sublibrary?SiteID=1&ID=8721.

［2］U.S.Department of Education.Fact Sheet–The No Child Left Behind Act of 2001［EB/OL］.［2018-11-24］.http：//www.nochildleftbehind.gov/.

［3］百度百科.第十次全国国民阅读调查［EB/OL］.［2020-03-24］.http：//baike.baidu.com/view/10481213.htm.

［4］百色市人民政府门户网站.百色概况［EB/OL］.http：//www.baise.gov.cn/html/kcdvd.html.

［5］百色市统计局.百色市2017年国民经济与和社会发展统计公报［EB/OL］.http：//www.tjcn.org/tjgb/20gx/35649_5.html.

［6］董少校.给孩子播下传统文化的种子［EB/OL］.（2014-09-18）［2019-04-10］.http：//edu.dahe.cn/2014/09-18/103497494.html.

［7］都安县政府网.2016年都安县国民经济和社会发展统计公报［EB/OL］.（2018-07-24）.http：//www.ahmhxc.com/tongjigongbao/11270_2.html.

［8］广东省立中山图书馆.广东省立中山图书馆首页［EB/OL］.［2020–03–24］.http：//www.zslib.com.cn.

［9］广西壮族自治区人民政府门户网站.广西概况［EB/OL］.http：//www.gxzf.gov.cn/mlgx.shtml.

［10］广西壮族自治区统计局.广西壮族自治区2018年国民经济和社会发展统计公报.［EB/OL］.http：//www.tjcn.org/tjgb/20gx/35941_4.html.

［11］广州图书馆.广州图书馆首页［EB/OL］.［2020–03–24］.http：//www.gzlib.gov.cn.

［12］贵阳市人民政府.贵阳市简介［EB/OL］.http：//www.guiyang.gov.cn/fzlm/ylfwzxgxx/20190109/i1970176.html.

［13］贵阳市统计局.2018年贵阳市国民经济和社会发展公报［EB/OL］.http：//tjj.guiyang.gov.cn/c8024/20190328/i2077523.html.

［14］贵州省人民政府门户网站.贵州概况［EB/OL］.http：//www.guizhou.gov.cn/dcgz.

［15］贵州省统计局.2018年贵州省国民经济和社会发展统计公报.［EB/OL］.http：//stjj.guizhou.gov.cn/tjsj_35719/tjgb_35730/tjgb_35732/201904/t20190404_3789972.html.

［16］杭州图书馆.杭州图书馆首页［EB/OL］.［2020–03–24］.http：//www.hzlib.net.

［17］胡锦涛.高举中国特色社会主义伟大旗帜 为夺取全面建设小康社会新胜利而奋斗——在中国共产党第十七次全国代表大会上的报告［R/OL］.（2012–06–11）［2022–02–09］.http：//fuwu.12371.cn/2012/06/11/ARTI1339412 115437623.shtml.

［18］胡锦涛.坚定不移沿着中国特色社会主义道路前进，为全面建成小康社会而奋斗——在中国共产党第十八次全国代表大会上的报告［R/OL］.（2012–11–18）［2019–04–08］.http：cpc.people.com.cn/

n/2012/1118/c64094-19612151-1.html.

[19] 江泽民.高举邓小平理论伟大旗帜，把建设有中国特色社会主义事业全面推向二十一世纪——在中国共产党第十五次全国代表大会上的报告［R/OL］.（1997-09-12）［2019-04-03］.http：//cpc.people.com.cn/GB/64162/64168/64568/65445/4526285.html.

[20] 江泽民.全面建设小康社会，开创中国特色社会主义事业新局面——在中国共产党第十六次全国代表大会上的报告［R/OL］.http：//www.gov.cn/test/2008-08/01/content_1061490.htm.

[21] 教育部.教育部 国家语委关于印发《中华经典诵读工程实施方案》的通知［EB/OL］.（2018-09-26）［2019-11-17］.http：//www.moe.gov.cn/srcsite/A18/s3129/201809/t20180929_350445.html.

[22] 李克强.阅读是一种享受，希望全民阅读能够形成一种氛围［EB/OL］.（2015-03-15）［2018-08-06］.http：//www.gov.cn/zhuanti/2015-03/15/content_2834273.htm.

[23] 南宁市统计局.2012年南宁市国民经济和社会发展公报［EB/OL］.http：// tj.nanning.gov.cn/tjsj/tjgb/t295243.html.

[24] 南宁市委宣传部.南宁简介［EB/OL］.http：//www.nanning.gov.cn/zjnn/lcjj/t659998.html.

[25] 齐鲁晚报.今秋山东省将全面启用中华优秀传统文化教材.［EB/OL］.http：//edu.sina.com.cn/zxx/2017-06-26/doc-ifyhmtcf2917485.shtml.

[26] 黔西南州人民政府网.黔西南州2018年国民经济和社会发展统计公报［EB/OL］.http：//www.qxn.gov.cn/ViewGovPublic/tjsj.2/246035.html.

[27] 深圳图书馆.深圳图书馆首页［EB/OL］.［2020-03-24］.http：//www.szlib.gov.cn.

[28] 首都图书馆.首都图书馆首页［EB/OL］.［2020-03-24］.http：//www.clcn.net.cn.

[29] 司马光.进资治通鉴表［EB/OL］.（2013-08-21）［2020-03-19］.

https：// www.douban.com/group/topic/42800075.

［30］习近平.我很不赞成把古代经典诗词和散文从课本中去掉［EB/OL］.（2014–09–09）［2019–04–09］.http：//politics.people.com.cn/n/2014/ 0909/ c1024–25628978.html.

［31］习近平.习近平谈中华优秀传统文化：善于继承才能善于创新.［EB/OL］.（2017–02–13）［2019–3–06］.http：//cpc.people.com.cn/xuexi/ n1/2017/0213/c385476–29075643.html.

［33］习近平.决胜全面建成小康社会 夺取新时代中国特色社会主义伟大胜利——在中国共产党第十九次全国代表大会上的报告［EB/OL］.（2017–10–27）［2022–02–09］.http：//jhsjk.people.cn/article/29613458.

［34］浙江图书馆.浙江图书馆首页［EB/OL］.［2020–03–24］.http：// www.zjlib.cn/Public/index.asp.

［35］中共中央办公厅，国务院办公厅印发关于实施中华优秀传统文化传承发展工程的意见［EB/OL］.（2017–01–25）［2017–10–24］.http：// www.gov.cn/zhengce/2017–01–25/content_5163472.htm.

［36］中国图书馆学会.中国图书馆学会主页.［EB/OL］.［2020–03–24］.http：//www.lsc.org.cn/cn/index.html.

［37］中国图书馆学会.全民阅读奖［EB/OL］.［2018–11–26］.http：// www.lsc.org.cn/cns/channels/1201.html.

［38］中国图书馆学会阅读推广委员会.全民阅读.［EB/OL］.［2020–03–24］.http：//www.lib–read.org.

［39］中华人民共和国国务院.国务院关于基础教育改革与发展的决定［EB/OL］.（2001–05–29）［2018–11–24］.http：//www.moe.gov.cn/ jyb_sjzl/moe_364/moe_302/moe_406/tnull_4730.html.

［40］中华人民共和国教育部.教育部关于印发《完善中华优秀传统文化教育指导纲要》的通知［EB/OL］.（2014–03–28）［2019–05–09］. http：// old.moe.gov.cn//publicfiles/business/htmlfiles/moe/s7061/201404/

xxgk_166543.html.

［41］中华人民共和国教育部．关于加强新时期中小学图书馆建设与应用工作的意见［EB/OL］．（2005–06–01）［2018.11.24］.http：//old.moe.gov.cn/publicfiles/business/htmlfiles/moe/moe_1793/201505/188172.html.

［42］中华人民共和国教育部．教育部，国家语言文字工作委员会关于在学校开展"中华诵·经典诵读行动"试点工作的通知［EB/OL］.（2010–07–13）［2019–04–08］.http：//old.moe.gov.cn//publicfiles/business/htmlfiles/moe/s3137/201007/xxgk_92852.html.

［43］中华人民共和国教育部．教育部办公厅关于在教育系统做好"中华诵"经典诵读工作的意见［EB/OL］.（2009–06–04）［2019–04–08］.http：//www.moe.gov.cn/srcsite/A18/s3137/200906/t20090604_78541.html.

［44］中华人民共和国教育部．教育部关于学习贯彻《国务院关于基础教育改革与发展的决定》的通知［EB/OL］.［2019–04–03］.http：//www.moe.edu.cn/jyb_xxgk/gk_gbgg/moe_0/moe_7/moe_16/tnull_130.html.

［45］中华人民共和国教育部．教育部关于印发《基础教育课程改革纲要（试行）》的通知［EB/OL］.（2001–06–08）［2018–11–25］.http：//www.moe.gov.cn/srcsite/A26/jcj_kcjcgh/200106/t20010608_167343.html.

［46］中文百科在线．尔雅·释诂［DB/OL］.［2018–11–06］.http：//www.zwbk.org/zh–cn/Lemma_Show/74522.aspx.

［47］遵义市人民政府门户网站．遵义简介［EB/OL］.http：//www.zunyi.gov.cn/zmzy/ljzy/zyjj/201710/t20171024_619767.html，2019/06/20.

［48］遵义市统计局．遵义市2017年国民经济与和社会发展统计公报［EB/OL］.http：//tjj.zunyi.gov.cn/xxgk/zpfl/tjxx/tjgb/201904/t20190425_814455.html，2019/04/25.